21世纪经济管理新形态教材·营销学系列

体育市场营销

（第2版）

吴 盼 ◎ 编著
［英］保罗·布莱基
（Paul Blakey）

清华大学出版社
北京

内 容 简 介

本书按照市场营销学经典理论的知识框架展开,结合最新的国内及国外的体育营销案例,对体育市场营销进行全面而系统的介绍,阐述了如何将市场营销的经典理论有效地运用于体育产业的营销实践中。

本书的特色在于案例新颖、丰富,在案例的选择上突出了"体育"特色,而不是选择一般行业的营销案例作为本书案例。此外,由于本书第二作者是海外作者,因此本书在阐述营销经典理论的时候,更多地结合了国外相关文献进行剖析,可以帮助国内读者了解国外的相关文献,拓宽视野。

本书适合于以下各类人群:正在学习体育市场营销理论或市场营销理论以及相关专业的本科学生;想要利用市场营销的知识帮助企业更好运营的体育或其他企事业单位的营销人员;对体育市场营销理论或营销案例有兴趣的大众读者。

本书封面贴有清华大学出版社防伪标签,无标签者不得销售。
版权所有,侵权必究。举报:010-62782989,beiqinquan@tup.tsinghua.edu.cn。

图书在版编目(CIP)数据

体育市场营销/吴盼,(英)保罗·布莱基(Paul Blakey)编著.—2版.—北京:清华大学出版社,2021.7(2025.1重印)
  21世纪经济管理新形态教材. 营销学系列
  ISBN 978-7-302-58119-2

Ⅰ.①体… Ⅱ.①吴… ②保… Ⅲ.①体育产业－市营销－高等学校－教材 Ⅳ.①G80-052

中国版本图书馆 CIP 数据核字(2021)第 084280 号

责任编辑:梁云慈
封面设计:汉风唐韵
责任校对:宋玉莲
责任印制:宋　林

出版发行:清华大学出版社
　　　网　　址:https://www.tup.com.cn,https://www.wqxuetang.com
　　　地　　址:北京清华大学学研大厦 A 座　　　邮　　编:100084
　　　社 总 机:010-83470000　　　邮　　购:010-62786544
　　　投稿与读者服务:010-62776969,c-service@tup.tsinghua.edu.cn
　　　质量反馈:010-62772015,zhiliang@tup.tsinghua.edu.cn
印 装 者:涿州汇美亿浓印刷有限公司
经　　销:全国新华书店
开　　本:185mm×260mm　　　印　张:13.25　　　字　数:308 千字
版　　次:2018 年 1 月第 1 版　2021 年 7 月第 2 版　　印　次:2025 年 1 月第 13 次印刷
定　　价:45.00 元

产品编号:091676-01

前言和致谢

体育产业是典型的朝阳产业,直至20世纪90年代中期,中国体育产业才具有较为完整的产业形态和较为完善的体育行业的制度。市场营销理论于19世纪末20世纪初起源于美国,直至改革开放之后我国的学者和专家才开始着手市场营销学的引进研究工作,可见我国对于市场营销理论的研究起步较晚。体育市场营销学,是将市场营销学的知识应用于体育产业中,它需要结合体育产业不同于其他产业的特点,运用市场营销学的相关知识以帮助体育企业或相关企业更好地进行营销管理,从而推动体育产业更好、更快地发展。理论总是落后于实践但却能用来指导实践,这是因为理论可以帮助后来者更快地了解并掌握实践技能。目前,市面上《市场营销》的教材较多而鲜有《体育市场营销》的教材,因此,本教材弥补了这一市场空缺。

本书有三大特色,特色之一是通过引入当前最新的国内和国外体育产业的营销案例,深入浅出地阐述如何将市场营销的经典理论有效地运用于体育产业的营销实践中;特色之二是案例新颖、丰富,在案例的选择上突出了"体育"特色,而不是选择一般行业的营销案例作为本书案例;特色之三在于,由于本书第二作者是海外作者,因此本书的一些理论视角从国内转向了国际,在阐述营销经典理论时,相较于其他同类教材而言,更多地结合了国外相关文献进行剖析,以此帮助国内读者了解国外的相关文献,拓宽视野。

从结构上来看,本书大致可以分为四大部分。第一部分是第1章,关键词是"概念",对体育市场营销的相关概念进行了介绍和界定;第二部分是第2章和第3章,关键词是"市场",通过对市场调研相关内容的介绍,帮助营销人员有针对性地制定STP战略;第三部分是第4章至第7章,关键词是"营销",按照营销的经典4Ps理论框架围绕产品、价格、分销、促销对营销策略进行了介绍;最后一个部分为第8章,关键词是"计划书",它是整本书理论知识的一个综合性、应用性总结,为读者提供了营销计划书的一个基本撰写框架。

本书希望至少能对以下两类群体起到启发和指导作用:一方面,对于相关企业的体育营销人才,需要一套具有针对性的,能帮助其拓宽视野、指导其营销业务开展的体育营销理论来武装自己,帮助企业从众多的竞争者中脱颖而出;另一方面,对于体育院校的学生,本书希望能够借用较新的案例和数据,帮助学生与时俱进地掌握市场营销的理论知识。除此之外,本书也适用于对体育市场营销理论或营销案例有兴趣的大众读者。

2018年1月,清华大学出版社出版了本书的第1版。为了与时俱进、推进教材信息化改革,本人受邀编写了更加适应社会需求的新形态教材(即本书的第2版)。与第1版相比,第2版在主体框架上没有变化,内容上也没有较大差别,主要的区别在于增加了一些新的案例,以更加丰富的形式(如图片、视频等)来解读体育市场营销的相关理论,并在每章后增加了在线自测题,帮助读者巩固所学知识。不论是第1版还是第2版,本书能够得以顺利地和广大读者见面,是一系列学术互动和有利条件的结果,本人由衷感激个人、群体和机构给予的支持和提供的机会。

感谢武汉体育学院体育科技学院2016年时任院长周贤江、副院长龙斌、财务处处长付江国、人文社会科学系主任王学实对青年教师出国访学的大力支持;感谢我的同事王新国和前同事陈昊对我在申请出国过程中给予的无私帮助;感谢英国伍斯特大学的Gareth Jones和Mick Donovan对我在英国访学期间给予的照顾,同时感谢本书的第二作者Paul Blakey对我的信任和帮助;感谢清华大学出版社白立军编辑的引荐以及梁云慈编辑的辛勤工作;感谢清华大学出版社,其"不拘一格降人才"的用稿标准让当时还只是讲师的我接到录用电话时欣喜万分。

最后,还必须要感谢2020年奋战在抗疫一线的白衣战士们。身为一名武汉人,能真实地感受到现在还能健康平安地坐在电脑前写下这段话是多么幸运,没有他们的牺牲与付出,这本书的第2版也无法顺利面世。

再次衷心感谢上述的个人、群体与机构,也真心希望本书的理论知识能够在我国体育产业蓬勃发展的过程中起到一点微不足道的作用,同时也恳请各界人士对本书的内容给予慷慨的批评指正。

吴　盼

目 录

第1章 体育市场营销简介 1

  1.1 体育活动的特性 1

  1.2 体育市场营销的概念 2

    1.2.1 "体育组织的市场营销"和"借助体育的市场营销" 3

    1.2.2 体育市场营销的定义 10

  1.3 体育市场营销的发展 13

    1.3.1 体育市场营销观念的演变 13

    1.3.2 体育市场营销的诞生与发展 18

  章节回顾 19

  在线自测题 19

第2章 市场调研 20

  2.1 市场调研——体育消费者 21

    2.1.1 体育消费者的购买行为模式 21

    2.1.2 体育消费者的购买决策过程 22

    2.1.3 影响体育消费者购买决策过程的主要因素 24

    2.1.4 影响体育消费者是否亲临比赛现场的因素 30

  2.2 市场调研——营销环境 31

    2.2.1 外部环境 32

    2.2.2 内部环境 42

    2.2.3 调研过程 45

    2.2.4 SWOT分析法 47

  章节回顾 48

  在线自测题 48

第3章 STP战略 49

  3.1 体育市场细分 49

    3.1.1 市场细分的相关概念 50

    3.1.2 市场细分的标准 50

3.2 目标市场选择 ·· 61
    3.2.1 企业的市场营销目标 ·· 61
    3.2.2 目标市场选择的标准 ·· 62
    3.2.3 体育目标市场选择模式 ··· 63
    3.2.4 体育目标市场营销策略 ··· 65
3.3 市场定位 ·· 67
    3.3.1 市场定位的概念 ··· 67
    3.3.2 市场定位的步骤 ··· 67
    3.3.3 市场定位的基础 ··· 68
    3.3.4 市场定位的工具 ··· 69
    3.3.5 市场定位的类型 ··· 71
章节回顾 ··· 75
在线自测题 ·· 75

第 4 章 体育产品策略 ·· 76

4.1 体育产品和体育服务的相关概念 ·· 76
    4.1.1 体育产品和体育服务的定义 ·· 76
    4.1.2 体育服务的特征 ··· 77
    4.1.3 体育产品/服务的三个层次 ·· 78
    4.1.4 产品组合的相关概念 ·· 78
4.2 体育品牌 ·· 79
    4.2.1 品牌名称、品牌标志和商标 ·· 80
    4.2.2 体育品牌化过程 ··· 81
    4.2.3 商标使用决策 ·· 85
4.3 体育产品的生命周期及营销策略 ·· 88
    4.3.1 产品生命周期的概念 ·· 88
    4.3.2 产品生命周期各阶段的特点及营销策略 ·· 90
    4.3.3 体育产品/服务的创新 ·· 94
4.4 体育产品质量评估 ·· 96
    4.4.1 体育有形产品质量评估 ··· 96
    4.4.2 体育无形服务质量评估 ··· 96
章节回顾 ··· 97
在线自测题 ·· 97

第 5 章 体育价格策略 ·· 98

5.1 影响体育产品价格的主要因素 ··· 98
    5.1.1 内部因素 ·· 99

| 5.1.2 外部因素 | 102 |

5.2 体育产品定价方法 — 106
- 5.2.1 成本导向定价法 — 106
- 5.2.2 需求导向定价法 — 107
- 5.2.3 竞争导向定价法 — 108

5.3 体育产品定价策略 — 109
- 5.3.1 新体育产品/服务定价 — 109
- 5.3.2 心理定价策略 — 110
- 5.3.3 体育产品组合定价策略 — 111

5.4 体育产品调价策略 — 111
- 5.4.1 涨价 — 111
- 5.4.2 降价 — 112

章节回顾 — 116
在线自测题 — 116

第6章 体育分销策略 — 117

6.1 体育分销渠道的相关概念与类型 — 118
- 6.1.1 分销渠道的相关概念 — 118
- 6.1.2 分销渠道的类型 — 121

6.2 影响渠道选择的主要因素 — 125
- 6.2.1 消费者 — 125
- 6.2.2 产品特征 — 126
- 6.2.3 组织本身 — 126
- 6.2.4 技术 — 126

6.3 体育渠道管理决策 — 130
- 6.3.1 选择渠道成员 — 130
- 6.3.2 激励渠道成员 — 131
- 6.3.3 评估渠道成员 — 133

6.4 体育场所 — 133
- 6.4.1 体育场和体育场馆 — 134
- 6.4.2 有效利用体育场所 — 135

章节回顾 — 135
在线自测题 — 136

第7章 体育促销策略 — 137

7.1 整合的体育营销沟通 — 137
- 7.1.1 体育沟通过程 — 139

　　　　7.1.2　沟通效果层次和AIDA原则 …………………………………………… 140
　　　　7.1.3　战略性体育沟通计划 …………………………………………………… 141
　　7.2　体育促销组合 ……………………………………………………………………… 142
　　　　7.2.1　广告 ………………………………………………………………………… 142
　　　　7.2.2　人员推销 …………………………………………………………………… 152
　　　　7.2.3　销售促进 …………………………………………………………………… 152
　　　　7.2.4　公共关系 …………………………………………………………………… 154
　　7.3　体育赞助 …………………………………………………………………………… 167
　　　　7.3.1　体育赞助的定义 …………………………………………………………… 168
　　　　7.3.2　体育赞助管理 ……………………………………………………………… 169
　　章节回顾 …………………………………………………………………………………… 179
　　在线自测题 ………………………………………………………………………………… 180

第8章　体育市场营销计划的撰写 …………………………………………………… 181

　　8.1　体育营销计划的组成部分 ………………………………………………………… 181
　　　　8.1.1　执行摘要 …………………………………………………………………… 182
　　　　8.1.2　背景 ………………………………………………………………………… 183
　　　　8.1.3　环境分析（SWOT分析） …………………………………………………… 184
　　　　8.1.4　体育营销优先事项和关键假设（或机会分析） …………………………… 185
　　　　8.1.5　体育营销目标 ……………………………………………………………… 186
　　　　8.1.6　体育营销战略和战术 ……………………………………………………… 187
　　　　8.1.7　资源需求 …………………………………………………………………… 188
　　　　8.1.8　控制和评价 ………………………………………………………………… 188
　　8.2　体育市场营销计划实例 …………………………………………………………… 190
　　　　8.2.1　执行摘要 …………………………………………………………………… 190
　　　　8.2.2　背景 ………………………………………………………………………… 192
　　　　8.2.3　环境分析 …………………………………………………………………… 194
　　　　8.2.4　营销优先事项和关键假设（或机会分析） ………………………………… 195
　　　　8.2.5　体育营销目标 ……………………………………………………………… 195
　　　　8.2.6　体育营销战略和战术 ……………………………………………………… 196
　　　　8.2.7　资源需求 …………………………………………………………………… 197
　　　　8.2.8　控制和评价 ………………………………………………………………… 198
　　章节回顾 …………………………………………………………………………………… 198
　　在线自测题 ………………………………………………………………………………… 199

参考文献 ……………………………………………………………………………………… 200

第 1 章

体育市场营销简介

学习目标：

本章将帮助你——

1. 了解体育活动的特性。
2. 区分"体育组织的市场营销"和"借助体育的市场营销"。
3. 了解体育市场营销的概念。
4. 了解体育市场营销的起源及发展。

毫无疑问，在现代体育产业里，理解并能够熟练地运用体育市场营销的技巧，对于任何一个体育组织而言都是至关重要的。不管你将来是成为体育明星的经纪人，还是为足球超级联赛工作，或者是为体育赛事拉赞助，抑或为国家体育主管部门寻求商业机会，甚至仅仅只是进行个人的体育商业活动，都需要用到体育市场营销的相关知识。

1.1 体育活动的特性

在介绍体育市场营销所有的相关理论之前，我们首先需要了解体育活动的特性。从职业角度来看，体育是一项娱乐，因为我们在体育方面付出金钱和时间是为了从繁重、枯燥的工作中解脱出来以享受片刻的休闲时光，我们甚至可以把对体育的消费当作一种丰富自己经历的投资。Mullin(2007)等学者认为，职业体育的特性使得每一位体育观众都能获得特殊的经历，这是因为：

- 体育具有"无形性、即时性、经验性和主观性"。体育不像有形产品那样有看得见的外包装，它是一种抽象的"形式"，这种形式可以是比赛，也可以是非对抗性的某种身体活动；体育比赛是一个即时消费的过程，在这个过程中人们可以对体育比赛进行解说或者争论；人们对体育进行消费实质上是在丰富自己的人生经历、增加自己的活动经验，从而带来记忆的增加；体育给人们带来的益处无法量化，且主观性强，即使是相同的比赛，每个人的主观体验也不尽相同。
- 强烈的个人和情感特征。体育迷们对体育活动会表现出极大的热情和参与感，团队运动也会使其成员之间产生强烈的情感联系。
- 生产和消费的"同时性"。有形产品的生产和消费通常是分离的，生产者生产出商品，一般需要经过一段时间才能卖到消费者手中进行消费，但体育比赛则截然不同,场上的参赛队员们在"生产"产品时场边的观众们就在同时进行"消费"。如果一场比赛的座位没有卖出去,那么它就"永远也卖不出去"了,因为不可能再出现一场一模一样的比赛,空缺的座位永远都"定格"在那场比赛的时间里。因此,"预售"对于体育比赛而言是非常重要的,这种特性意味着只有想办法将体育场的票更多地卖出才能给举办方带来利润。

- 对社交的促进作用。人们通常很少一个人进行体育比赛、练习或者独自去观看体育比赛,体育总是能把人们聚集在一起进行互动,而这种互动又增强了体育活动给人们带来的愉悦感,从而促进人们社交关系的发展。
- 易变和不可预测。有形商品的性状从购买到消费都是确定的,但体育活动的过程却时刻存在着难以预测的变化,因此不到比赛的最后没有人能确定比赛的结果,这也正是体育比赛的魅力所在。竞技对抗的联赛总是试图减少一些不确定因素,但还是无法避免诸如天气、对抗过程、观众的反应、运动员的损伤、裁判员的裁决等不确定因素对比赛过程的影响。有意思的是,这些却正是能增加观众观赛的兴奋点的因素。
- 体育比赛核心产品的不可控性。体育比赛的核心产品(见第 4 章)用于满足人们对休闲的基本需求,只有观赏性强的比赛才能吸引观众。但只要有比赛,就会有强者和弱者,试问哪个观众愿意每个星期都打着呵欠观看弱者的比赛呢?对营销人员而言,最大的挑战在于怎样使观众在参赛队伍不那么吸引人的情况下从体育比赛的形式产品和附加产品(见第 4 章)中体验到最大的激情。

想更多地了解伦敦维珍马拉松吗?扫一扫下方二维码吧!

职业体育的这些特性吸引了人们对体育产业的关注,如今各路媒体对体育产业的相关报道也在使这种"关注"变得越来越多。体育,特别是职业体育,很多时候能够使参与者投入生命的热情,而体育爱好者则因为喜欢模仿他们的偶像从而加入体育活动的行列,或者因为健康或社交动机而参与体育活动。体育活动的参与者希望通过体育活动使自己与那些体育精英之间产生某种联系,比如,伦敦维珍(Virgin)马拉松的参与者既有业余爱好者,又有体育界的职业精英,而体育市场营销正是为了满足这些需求而存在,并且得到了不断的发展。

1.2 体育市场营销的概念

如果对于体育市场营销概念本身有深刻的理解,我们就能更容易地理解体育市场营销的其他相关概念、观念、策略、工具和技巧。任何理论的学习,对于概念的掌握都是放在首位的,如果没有弄清楚概念,那么对于体育市场营销的学习将陷入不着边际、容易混淆和过于复杂的境地。在掌握体育市场营销的概念之前,我们首先需要分清以下两种说法。

1.2.1 "体育组织的市场营销"和"借助体育的市场营销"

在我们的意识中,一听到"体育"这个词就会想到"职业运动",毕竟很多媒体的报道让我们不得不注意到它们。但事实上,职业运动本身之外也为体育市场营销人员提供了一个更广阔的营销平台。因此,需要指出的是,本书的书名"体育市场营销",指的是整个体育产业的市场营销,而不仅仅是体育组织进行的营销活动。体育产业的市场营销,可以被理解为任何围绕体育活动发生的营销,即使其中参与的组织和体育本身并没有什么关系,但只要是借助体育产业而进行的市场营销,都是本书探讨的范围。

"体育组织的市场营销",其目的是促进消费者对体育产品或服务的消费,常见的是在竞技对抗(如曼联 VS 切尔西)、体育赛事(如英联邦运动会)、运动器材(阿迪达斯的高尔夫球具)的销售中进行的营销活动,当然还包括各种规模的运动队和体育俱乐部以各种方式在体育产业中对它们的产品或服务进行各种形式的营销。

"借助体育的市场营销"则包含了所有可能涉及体育商业活动的组织,这些组织可以是体育组织,也可以是非体育组织。随着近年来体育发展越来越趋向于商业化,我们可以发现不少非体育相关企业利用体育作为媒介将它们的产品或服务信息传达给体育爱好者。体育赞助已经成为这种方式的主流:英超体育足球场的冠名权(Emirates[①] 冠名了阿森纳体育场)、产品代言(姚明代言麦当劳)或者官方供应商/合作伙伴(宝马和英国奥林匹克协会的合作关系)。此外,从 2015 年起,英国电力与能源供应商 Opus Energy 决定进军足球领域,宣布连续两个赛季赞助当地的北安普顿足球俱乐部。该公司业务拓展部的负责人 Lynn Morrison 表示,"虽然传统的赞助活动也可以通过曝光度提升公司的商业影响力,但体育赞助同样是品牌提升地方知名度的一个途径"。该公司选择赞助球衣背部广告,在赛场、媒体照片和新闻报道中都获得了很高的出镜率。[②]

啤酒行业如何做体育营销

啤酒品牌是体育营销的常客。全球的啤酒品牌制造商,通过血雨腥风的市场洗礼,最后多把体育营销当作全球市场攻略的利器,以体育营销激发啤酒消费者的体育情感依恋和群体狂热下的品牌爱恋。但啤酒行业的体育营销有这么简单吗?我们来通过以下的几则案例看看啤酒品牌要如何将体育赛事与品牌基因相融合。

1. 百威:重点赛事中寻求突破

百威是啤酒行业中的佼佼者,也是体育赞助中的常客。然而在众多体育赛事中,世界杯和超级碗却一直都是百威的最爱。百威是如何利用重点赛事进行营销的?在营销过程

---

① 阿联酋航空公司。
② 禹唐体育 http://www.ytsports.cn/news-12554.html。

中,他们又采取了哪些手段呢?

1) 百威赞助世界杯篇

作为2014年FIFA巴西世界杯官方指定啤酒赞助商,百威啤酒正式拉开2014年世界杯欢庆系列活动的序幕。此次活动以"世界共举杯"为主题,纵贯全球,覆盖线上线下。据悉,百威不仅联手知名电商天猫,线上全力推广限量版世界杯铝罐,还携手了中国著名足球运动员孙继海及著名模特周韦彤。

百威啤酒与世界杯的合作可以追溯至20世纪80年代,而2014年已经是百威第八次赞助世界杯。在百威王国里,世界杯不仅是足球竞技,更是一场跨越种族和国界,共享足球精神的盛大欢庆派对。当谈到"世界共举杯"主题由来的时候,百威英博亚太区全球品牌总监林博锐说:"足球是世界上最受欢迎的运动,FIFA世界杯是属于全世界的盛大节日,而啤酒则是人们欢庆这一节日不可或缺的伙伴。在世界杯期间,每一个进球时刻,人们都用举杯这个动作来欢庆。百威啤酒非常荣幸能够赞助FIFA巴西世界杯,我们将通过'世界共举杯'系列活动,向足球这项伟大运动致敬,并给消费者和球迷带来无国界的欢庆体验。"

此次,除了线下的传统销售渠道,百威还再次发力电商平台,百威英博天猫官方旗舰店联手淘宝、天猫两大平台线上首发限量版铝罐。同时更在天猫平台上甄选消费者作为品牌大使,代表中国球迷远赴巴西观看世界杯,参加百威"中国之夜"派对,与"女神周韦彤"一起感受足球狂欢激情。

作为"世界共举杯"活动重要组成部分,百威啤酒宣布将把世界杯限量版铝罐的部分收益捐献给中国青少年发展基金会,用于在5所百威英博希望小学建造"百威逐梦球场",为贫困地区学生提供更好的运动设施,为孩子提供多接触足球这项运动的机会。

2) 超级碗传奇广告助推人气

2015年百威的超级碗广告《犬马情》延续了温情路线,更煽情却不做作,看到小狗和爱马相遇眼泪狂飙!他们不仅要赚钱,还要赚眼泪。凭借这则广告,百威在15年中第13次获得了《今日美国》最受消费者欢迎广告奖。超级碗的广告费为每30秒450万美元。

除了线上,百威还在线下发力。他们在洛杉矶时尚区(LA fashion district)展开了一场别开生面的超级碗广告营销活动。他们在广场上架起了一个真人版的"吃豆人"迷宫,为百威60秒的超级碗广告造势。

3) 体育纪录片下的百威

如果说赞助体育比赛还容易理解,那么百威拍摄体育题材的纪录片就有点让人看不懂了。然而,百威不仅做了,还不止一次。早在2014年世界杯期间,全球范围内,百威啤酒与美国福克斯电视台携手合作,首次将足球的文化、知识和历史与激情角逐的瞬间结合,共同拍摄了6集"世界共举杯"纪录片,讲述足球这项伟大的运动如何影响世界。百威希望通过该方式,推广足球精神及全世界对足球的热爱,与更多的媒体分享。该系列纪录片的主角分别为罗纳尔多、齐达内等著名球星,不仅展现了赛场上的竞赛精神,更表现了赛场外,足球给世界带来的感动和鼓舞。这正与刚揭幕的世界杯主题曲《四海一家》所传达的精神有异曲同工之处。如《和平之战》这一集,讲述了世界杯冠军巴西与海地两国之间的一场友谊赛,用体育竞技的方式鼓舞了饱受战火侵袭的海地人民的士气。据悉,这些纪录片将在全球超过55个国家播出。双方还会再次联手,打造一部名为《永不妥协》的纪录片,讲述四名运动员——纳斯卡冠军哈维克、终极格斗冠军劳塞、2012NBA最佳新秀欧文以及美国男足国门霍华德的励志故事。

2. 喜力啤酒:敞开"新世界"

相信很多熟悉欧冠联赛的球迷,一定不会对喜力啤酒感到陌生。这家来自荷兰的啤酒品牌拥有悠久的历史,可追溯到1864年,而如今在全球喜力已是享有盛名的国际品牌。喜力一直与体育赛事颇有渊源,其在体育赞助方面已经活跃了多年,其中最负盛名的应该是与欧洲冠军联赛的合作了。当然,喜力在全球化道路上,还不断完善自己的推广战略,包括后来开始赞助橄榄球世界杯以及冠名赞助了欧洲橄榄球冠军杯。除此之外,喜力也积极参与一些地方赛事,比如美网公开赛、上海网球大师赛等。

1) 借力欧冠联赛

喜力与欧冠结缘,始于1994年。在2005年以前,喜力主要在欧洲地区推广自己的品牌,因为那时候欧冠联赛主要观众人群集中在欧洲。到了2005年之后,随着欧冠转播在全球范围的扩展,喜力也调整了品牌扩张目标,进而转向全球推广的战略。由于欧冠在全球有着较高知名度和影响力,以及广大的粉丝基础,因此在欧冠比赛中的广告能使得喜力获得全球范围的曝光。喜力在扩大自己的曝光和知名度的同时,还使用其他的营销技巧来吸引消费者。据喜力全球活动经理推吉特介绍,喜力最看重的是如何利用欧冠来给球迷制造惊喜,从而达到吸引消费者的目的。他特意举例说,喜力举办欧冠奖杯巡展以及欧冠决赛夜活动,这样的形式能够极大地调动球迷的热情,从而对喜力产生特殊的品牌认知。

2) 橄榄球新战略

足球与橄榄球这两项运动各有特色,橄榄球球迷通常被认为忠实度要高于足球球迷。喜力赞助知名橄榄球联赛以及橄榄球世界杯正是看中了橄榄球球迷的这一特点。所以除了赞助足球,喜力还冠名赞助了欧洲橄榄球冠军杯,而这项赛事又被称为喜力冠军杯。同时,喜力也是2015年橄榄球世界杯的全球合作伙伴。

3) 牵手地方赛事

喜力啤酒是上海网球大师赛创始赞助商之一。2014年,喜力在温州、温岭、上海三地分别打造的"喜力网球屋",就吸引了大批消费者驻足参与,不少热情的球迷亲身体验了一把在运动场挥起球拍的快感。而在2014上海网球大师赛决赛现场,喜力也举办了各种精彩的球迷活动及互动体验,在比赛间隙,会有明星球员来到喜力空中包厢或是啤酒花园,现场的网球迷们从而有机会近距离一睹球星偶像的风采。赛事期间,喜力还为球迷们呈现振奋人心的"喜力时刻",玩转心跳!比赛休息时,镜头扫视全场,定位一位正在享用喜力的球迷,并送上喜力"铁金刚"。

4) 社交应用互动

喜力意识到了球迷参与互动对品牌推广的重要性,因为很多球迷在看球赛时,会用手机或电脑上网发送有关比赛的信息。于是,喜力在几年前开始与英国雅酷公司合作,推出了一款叫作"球星"的手机应用。球迷们在观看欧冠的同时,还可以打开这款应用分享有关比赛的看法,同时又可以与其他人展开有奖竞猜,答案越准确的人得分越高。有了互动性、社交性,欧冠的球迷们以及"球星"的玩家在不知不觉中就成了喜力的代言人。

5) 举办线下活动

喜力啤酒除了积极开发球迷线上活动以外,还会组织一些线下活动,比如喜力欧冠桌上足球比赛这样的球迷赛事。欧冠奖杯巡展、欧冠派对等也是喜力经常采用的手段。喜力的这些做法,很容易就提高了球迷观赛的乐趣,而且也提高了喜力的品牌认知度,从而拥有了更多忠实、可靠的消费者。

3. 健力士啤酒——体育营销中的大力士

作为世界啤酒的知名品牌,健力士啤酒很早就开展了体育营销,近年来举办国际冠军杯更是使其在全球的知名度进一步提高。其实,健力士啤酒在体育营销方面也是经历过转型的,从最初阶段的橄榄球以及本土小众赛事,再到如今大力进军足球,通过不断扩大自身在全球的影响力,健力士正逐渐走向成功。

1) 早期倾情赞助橄榄球赛事

健力士赞助了大量橄榄球联盟的赛事以及球队,是英格兰橄榄球超级联赛的主赞助商,也正是由于这个原因,英格兰超级联赛又称健力士超级联赛。同时,健力士还承担了伦敦爱尔兰人篮球队和波士顿爱尔兰猎狼犬橄榄球队的球衣赞助。而在 2008 年,健力士则成了中国国家橄榄球队、中国橄榄球协会的官方啤酒赞助商。在此之前,健力士在橄榄球赞助方面已经做到了独一无二,已经成为:英国橄榄球超级联赛冠名赞助商;国泰航空瑞信香港国际七人制橄榄球赛和上海七人制橄榄球锦标赛官方啤酒赞助商;爱尔兰橄榄球队、加拿大橄榄球队和美国橄榄球队官方啤酒赞助商。

2) 如今大力进军足球领域

2013 年,首届国际冠军杯(国际冠军杯有一个别称——健力士啤酒国际邀请赛,也叫吉尼斯啤酒国际邀请赛,这项赛事正是由健力士啤酒独家赞助举办的)在美国开幕,西甲豪门皇家马德里,西甲劲旅瓦伦西亚,意甲三强尤文图斯、AC 米兰和国际米兰,欧联杯冠军切尔西,英超劲旅埃弗顿,以及美国大联盟球队洛杉矶银河竞相献技,最终在迈阿密,皇马问鼎这项赛事的冠军。由于赛事引起了巨大的反响,健力士啤酒就将这项赛事延续了下去,且比赛的范围扩大到了中国以及澳大利亚,其实无论最终哪支球队获得赛事的冠军,健力士啤酒的营销目的毫无疑问将会达成。

除了举办国际冠军杯赛事,健力士啤酒还和很多足球俱乐部保持着良好的合作关系。在 2012 年,英超豪门阿森纳曾不远万里前往非洲的尼日利亚,与当地的球队进行热身赛,而在背后促成这一切的,正是尼日利亚健力士,即健力士啤酒设在尼日利亚的子公司。当时双方签订合作协议,未来三年内,健力士会成为阿森纳在尼日利亚的官方指定啤酒,这一项协议是双赢的。一方面,阿森纳扩大了其在非洲的市场和影响力;而另一方面,健力士则借助阿森纳提高了品牌知名度,从而促进了自己产品的销售。

3) 其他赛事领域也有涉猎

早在2007年,健力士黑啤酒公司就接替了生力啤酒公司赞助花式撞球亚洲巡回赛,并在承办赛事的两年间受到各国的好评,不过就在中国台北选手杨清顺于2008年拿下年度总冠军后该项赛事在2009年突然宣布停办。除了花式撞球,健力士啤酒还赞助了全爱尔兰式曲棍球锦标赛(All-Ireland Hurling Championship),不过由于赛事领域过于小众,并未在世界范围内引起很大的轰动,但对于扩大健力士啤酒在爱尔兰的销售,这样的赞助还是起到了很大的作用。

健力士啤酒的体育赞助基本可以分为两个阶段:2010年之前,健力士专注于橄榄球联盟以及赛事,同时也会参与英美等小众赛事的赞助;到了2010年,健力士逐渐意识到世界市场及全球化的重要性,开始将赞助目标转移到亚洲,同时向当今世界第一大运动足球进军,举办一年一度的国际冠军杯。虽然比起喜力、百威、嘉士伯等相对低调,但健力士已经找准了自己的方向,在体育营销领域不断发力,也为体育营销提供了一个优秀的范例。

4. "足球+啤酒"怎么少得了嘉士伯

嘉士伯作为一家历史悠久的啤酒集团,与体育赛事特别是足球一直有着深厚的渊源,其对足球赛事赞助有着近40年的历史。

1) 足球是制胜法宝

嘉士伯对各种级别的足球比赛的赞助可以说是源远流长,自1988年开始,来自丹麦的啤酒品牌已经连续赞助了7届欧洲杯赛事。嘉士伯赞助的其他顶级赛事还包括1990年世界杯、欧洲联盟杯、英格兰足总杯、欧洲超级杯、欧洲足协杯等。

从1992年开始,嘉士伯就成了利物浦的胸前广告赞助商,一共赞助了17年之久,在此期间,无数球迷都已经非常熟悉那件红色球衣上的嘉士伯Logo。虽然从2010年开始,嘉士伯就不再是利物浦球衣胸前广告商,但嘉士伯并没有就此结束与利物浦的合作关系,而是成了利物浦官方啤酒赞助商。嘉士伯还赞助过欧冠联赛,而且也是阿森纳俱乐部的啤酒赞助商,同时还是英超官方的啤酒赞助商。

通过与足球赛事结合,巩固品牌的忠诚度并改善品牌形象,嘉士伯巧妙地向消费者输出其品牌文化。通过足球赛事,嘉士伯希望传递一种信号,即这个啤酒品牌能为消费者带来意想不到的惊喜。

2) 倾力打造欧洲杯营销

嘉士伯自1988年起就开始赞助欧洲杯,是历时最长的欧洲杯赞助商之一。在2012年,嘉士伯更是将集团市场预算中的70%都投入这场盛会中,足以显示欧洲杯在嘉士伯营销战略中有着举足轻重的重要性。这次欧洲杯中更是增添了很多足球元素标新立异的易拉罐设计,推广到全球市场。

在倡导激情看球、快乐饮酒的同时,嘉士伯也深知啤酒品牌需要与骚乱和醉酒等负面形象进行切割,他们想了很多办法。嘉士伯雇用了很多"理性饮酒促销员",提醒球迷在大型人潮中相互关照,注意控制,不要饮酒过量,不要空腹饮酒,"理性饮酒"的标语会在嘉士伯球迷公园旗舰店的大屏幕上显示出来,在所有2012年欧洲杯赛场周边电子广告牌上也都会有该标语。

3) 借助社交媒体赢得消费者青睐

社交媒体的崛起,也使得品牌的体育营销策略有了相应的调整。嘉士伯自然也意识到了2012年欧洲杯和往届欧洲杯的区别。在2012年欧洲杯期间,早在预热阶段,嘉士伯就在各种社交网络上进行宣传,鼓励全世界的球迷下载嘉士伯"2012年欧洲杯应用程序",在欧洲杯31场比赛期间为嘉士伯最佳球员进行投票。通过投票,支持者能够决定比赛后哪名球员应获得嘉士伯最佳球员奖。球队支持者还可以在玩嘉士伯酒吧挑战赛的同时得知比赛的最新消息。而且,还能收看嘉士伯全球大使、丹麦著名门将彼得·舒梅切尔的实况比赛解说,并搜索足球数据和专题内容。数据显示,超过300万人通过苹果商店和安卓商店免费下载了该程序。嘉士伯借助手机的App应用和SNS互动,聚拢了大量的消费者,同时将欧洲杯与品牌紧密地结合在一起。

4) 高频率赛事曝光

嘉士伯需要足球这样的平台,来增加品牌曝光频率,从而向新兴的市场推广自己的品牌,甚至可以说是激活全球市场。于是,嘉士伯在前两年与英超展开了合作,双方签约三年。嘉士伯自然是非常看重与英超的合作,因为英超在全球的广阔受众,给嘉士伯带来了前所未有的曝光度以及曝光频率。不仅仅是数以亿计的电视观众观看英超,在社交媒体上英超也拥有规模庞大的粉丝。最关键的是,英超赛程的密集,以高频率的形式增添了嘉士伯的品牌曝光率,从而与欧洲杯这样4年才举行一次的赛事得到互补。

5) 别出心裁的电视广告

嘉士伯赞助英超后,借助英超的影响力拍了一段广告。广告的名字叫"The ride",内容汇集了英超的很多元素,包括杰拉德、大卫·席尔瓦等球员,教练,俱乐部董事会,彩票,球场保安,球迷等所有能在英超比赛上出现的人,并捕捉了他们坐过山车时的面部表情。"The ride"巧妙地利用乘坐过山车这一场景来比喻精彩不断、跌宕起伏的英超赛季,这对于英超的球迷来说太过熟悉了,很容易在他们身上引起共鸣。

6) 中国市场、中超以及球迷活动

嘉士伯中国在2014年3月宣布与中超联赛签约。这是继2012年赞助欧洲杯、2013年开始成为全球最大的足球联赛之一英超的官方啤酒后,嘉士伯再度"拥抱"足球赛事,这也体现了嘉士伯对中国市场的看重。除了官方赞助中超以外,嘉士伯还不遗余力地在中国开展一些线下活动,增强与消费者的互动。比如,2015年5月,备受关注的广州德比在恒大和富力之间展开,嘉士伯在广州中华广场举办了"一起喝彩,值得来杯嘉士伯"的看球活动。在活动中,嘉士伯邀请了前广州太阳神队名将袁俊晖,著名球评员丁伟杰、陈曦作为嘉宾,不断地与球迷在游戏中互动,使得活动现场气氛高涨。

而在前几年欧洲杯之际,嘉士伯还在大连等地举办了"有足球,就有嘉士伯"的啤酒节。嘉士伯再次成功利用足球营销,包括欧洲杯奖杯的3D立体模型、赛事精彩画面回放等足球元素,再加上即兴表演,营造出热烈的观赛气氛,为观众带去了不一样的观赛和啤酒节体验。

5. 与体育结合——青岛啤酒的年轻化之路

创立于1903年的青岛啤酒是我国啤酒品牌中名副其实的老字号。2003年,基于自身更加年轻、时尚的品牌发展目标,青岛啤酒提出了"百岁归零"的战略理念。在确立了品牌年轻化的战略后,青岛啤酒走上了一条体育营销之路。

1) 联姻奥运,确定"激情成就梦想"

2005年,青岛啤酒正式成为北京奥运会的啤酒赞助商。奥运会是激情与快乐的聚会,在这样的前提下,青岛啤酒确定了自己"激情成就梦想"的品牌口号。青岛啤酒确定品牌口号的一个多月之后,北京奥运会就发布了"同一个世界,同一个梦想"的口号。而两年之后的火炬传递口号也确定为"点燃激情,传递梦想"。三者一脉相承,让青岛啤酒在精神主旨上就与奥运会紧密结合在一起。

奥运期间,青岛啤酒在北京朝阳公园建立了奥运体验中心,这里汇集了舞台、品牌体验区、游戏区、纪念品专区和青岛啤酒博物馆。此外,在北京青岛啤酒还和奥组委一起在11个地方建立了文化体验区,北京之外,在青岛奥帆基地也设立了体验区。青岛啤酒在全国28个城市开设了文化广场,每个现场都可以观看奥运比赛直播,边喝啤酒边看奥运,使消费者通过青岛啤酒提供的平台充分感受奥运会的魅力。

2001年青岛啤酒品牌价值67.1亿元,到2004年,青岛啤酒便以168.73亿元的品牌价值成为中国最具价值的500大品牌之一,2008年品牌价值更是高达366.25亿元。青岛啤酒通过奥运营销,成功树立了年轻化形象,从2004年到2008年,18~29岁消费者在青岛啤酒整体消费者中的占比提升了14%,成为几个年龄段消费群中最大的消费群。

2) 从NBA到CBA,打造"炫舞激情"风潮

在与NBA的合作中,最具代表性的莫过于将美国的NBA啦啦操文化移植进来,创立青岛啤酒"炫舞激情"啦啦队选拔赛。这项赛事是由青岛啤酒公司与国家体育总局体操运动管理中心、央视体育频道、中视体育以及NBA中国共同打造的。

首届赛事经历全国100多个城市,超过10万名女孩长达半年的层层筛选,最终6名参赛者脱颖而出。全年赛事有3亿多人次通过电视观看,300多万人次参与互动,收视率屡创新高,成为央视体育频道的热门节目。6名突围者还获得了去美国参加训练营的机会,最终更是站上了骑士队和湖人队的主场向美国观众展示自己。此后的赛事规模逐渐扩大,涉足的城市也越来越多,更是邀请了众多国内外体育娱乐界大腕、NBA球星以及NBA专业的啦啦队员做评委。

虽然在2011年青岛啤酒就与NBA解除了合作伙伴关系,但是"炫舞激情"啦啦队选拔赛还是作为一笔遗产保留了下来。2012年底,青岛啤酒开始赞助CBA联赛,而从2013年的比赛开始,青岛啤酒打破了原有赛制,开始以各支CBA球队为单位进行团体比赛,并保留至今。在当下的体育产业风暴中,赛事IP处在产业链的上游,而青岛啤酒通过啦啦队选拔赛这一赛事IP让自己的品牌在体育领域内占据了稳定的一席之地。

青岛啤酒还特别注重在社交媒体上的营销，2014—2015赛季，青岛啤酒以"欢聚这一杯"为主题，通过微博全程跟踪了整个赛季的CBA联赛进程，而这一话题的讨论量超过了8万，让品牌与CBA真正融为一体。

3）投身足球，继续扩大版图

2013年恒大足球俱乐部（男足）登上亚洲之巅，将中国足球提升到新的历史高度。而青岛啤酒也借助这一良机，正式进军足球市场。2013年底，青岛啤酒正式签约亚冠联赛，成为首家联姻亚冠的中国品牌。与亚冠结合，青岛啤酒首先突破性地将自己的啦啦队宝贝带进了足球场，这也成为亚冠赛场一道别致的风景。此外，青岛啤酒联合亚冠，每场比赛最后评选出一位优秀球员，获得"青岛啤酒最佳球员"的殊荣。

2014年的巴西世界杯，青岛啤酒虽然不是官方赞助商，但是世界杯期间，全民皆球迷的状态还是给了青岛啤酒借势营销的机会。青岛啤酒为球迷量身打造了最热球队"我的足球语言秀"MV，让球迷一秒变身"预言帝"。球迷只需要选择支持的球队并上传自己的头像，网站就会自动生成有明星参与的支持对应球队视频。球迷更可以通过在社交媒体上分享预言秀视频、看球心得与神评论来赢得青岛啤酒提供的黄金足球、青岛啤酒足球罐和青岛啤酒淘宝旗舰店的优惠券。MV《明天看球不上班》更是通过当红歌手谢帝唱出了熬夜看球的球迷们的心声。

（资料来源：禹唐体育 http://www.ytsports.cn/news-8989.html）

事实上，美国的一项调查表明，体育赞助比传统广告的宣传效果更佳——64％的受访者比较愿意购买体育赞助商的产品，因为人们普遍不会对赞助商产生像对广告商一样的反感和抵触，从而使得品牌宣传能收到更好的效果。有统计资料表明，一个企业要想在世界范围内提高1％的品牌认知度，就需要花费2 000万美元的广告费，而通过赞助大型的体育比赛，如奥运会、世界杯等，同样的花费则可以将1％提高到10％。

§ 互动学习1.1

列举五个你曾经购买过的和体育有联系的非体育相关产品或服务，并想想为什么它们会选择和体育产生关联。

1.2.2 体育市场营销的定义

一些学者或组织对于"什么是市场营销"都曾给出过自己精辟的见解，例如"现代管理学之父"Peter F. Drucker认为"市场营销是如此基本，以至于不能把它看成一项单独的功能，从它的最终结果来看，也就是从顾客的观点来看，市场营销是整个企业活动"；美国学者Shank和Lyberger认为，"体育营销是把营销原理和营销过程应用到体育产品或服务以及借助于体育来进行营销的非体育产品的销售中去"；美国市场营销协会则认为，"营销（管理）是关于商品、服务、观念、定价、促销和分销的计划和实施，以创造符合个人和组织目标的交换过程"。

在这里,本书决定采用我国学者陈林祥对体育市场营销所下的定义:"体育市场营销是指为了满足消费者的需求,实现体育组织的目标,对产品、价格、分销和促销所进行的一系列活动的计划、实施和控制。"[①]从这个定义我们可以看出,在体育市场营销的概念中包含了以下几个关键词。

1. 需求

体育市场营销的出发点和落脚点在于"满足消费者的需求"。体育消费者,不管是想享受无形的体育服务还是想购买有形的体育产品,都是想用这些服务或产品来满足自己的某些欲望和需求。比如说,锻炼身体的欲望导致了对体育服装和运动鞋的需求,对"关系附属"的欲望导致了对五人足球联赛参与的需求,而对运动刺激的渴望又可以通过参加赛车比赛而得到满足。欲望产生了需求,而体育市场营销则可以满足这些需求。此外,有一些潜在的顾客并没有意识到他们自己本身的欲望和需求,这种情况又给体育市场营销带来了商机。例如,在3D TV、Wii 运动、VR 等产品发明之前,消费者并没有意识到自己可能对它们产生需求,但他们一旦开始接触这些产品,就发现它们确实可以满足自己的某些需求,可见,这些产品都是来自企业对潜在需求的开发。

§ 互动学习 1.2

回想一下你最近购买的体育产品或服务:它们满足了你的哪些需要或欲望?这些需要或欲望可以用其他方式得到满足吗?

2. 4Ps

4Ps 即产品(product)、价格(price)、分销(place)和促销(promotion),这四个方面被称为"市场营销组合",是指企业往往围绕这四个方面来设计并实施自己的营销策略,它由美国的营销学大师 Jerome Macarthy 于 1960 年在其第 1 版《基础营销学》中首次提出。从本书的目录可以看出,本书的基本框架正是 4Ps,因此在本书的后面几章中会分别对这四个方面进行具体探讨,在此不作赘述。

随着市场营销理论的不断发展,许多学者对 4Ps 进行了补充与完善,主要包括下面的 4Cs、4Rs、6Ps、7Ps。

1) 4Cs

4Cs 是指顾客(customer)、成本(cost)、沟通(communication)、便利(convenience)。该理论由美国营销专家 Lauterborn 在 1990 年提出,其主要观点是:企业所有的营销策略都应该以消费者为出发点,而不应以企业自身为出发点。因此,企业不应该只是想着如何将制造的产品售出,而应该想着如何将能满足消费者需求的产品售出;不应该只依据竞争者或者自我的盈利策略对产品进行定价,而是要通过一系列的测试手段了解消费者为满足需求愿付出的成本,然后依据此成本来为产品定价;不应以自身为出发点,想着销售网点怎么布置,采用什么样的分销策略,而是应该在选择分销渠道时关注消费者购买产品的

[①] 陈林祥.体育市场营销[M].北京:人民体育出版社,2013:9.

便利性;不应想着如何通过促销来提升销量,而是要在促销活动的开展中与消费者进行有效的互动沟通,了解消费者的真实想法和需求。

2) 4Rs

4Rs 是指关联(relevancy)、反应(respond)、关系(relation)、回报(return)。该理论由美国学者 Don E. Schuhz 在 20 世纪 90 年代提出,其最大特点是以竞争为导向,在新的层次上概括了营销理论的新框架。这种理论认为随着市场的不断成熟和日趋激烈的竞争,企业应着眼于与顾客的互动与双赢。因此,企业不仅需要积极地适应顾客的需求,而且还应该主动地创造需求,运用优化和系统的思想去整合营销,通过关联、关系、反应等形式与客户形成独特的关系,把企业与客户紧密联系在一起,将这种"关系"变成自己的竞争优势。

关联,是指企业与顾客应当是一个命运共同体,因此企业需要建立并发展与顾客之间的长期关系;反应,是指在处于变化的市场中,如何制订和实施营销计划已经不是最关键的问题,最关键的问题在于如何站在顾客的角度倾听其需求并且做出及时的反应;关系,意思是在当今的市场环境中,企业与顾客的关系已经发生了本质变化,抢占市场的关键已转变为与顾客建立长期而稳固的关系,企业不能仅着眼于短期利益而应转向重视长期利益,不应让顾客被动地适应企业的单向销售而应让顾客主动参与到生产过程中来;回报,包含了成本和双赢两方面的内容,追求回报,企业必然实施低成本战略,在充分考虑顾客愿意付出的成本的基础上实现成本最小化,形成规模效益,从而使得企业为顾客提供价值和追求回报相辅相成,既不一味地牺牲企业的回报以迎合顾客需求,也不忽视顾客的需求一味地追求企业利润。4Rs 的反应机制为互动与双赢、建立关联提供了基础和保证,同时也延伸和升华了在 4Cs 中提到的"便利性"。

3) 6Ps

20 世纪 80 年代,随着经济全球化的加速发展,越来越多的跨国公司登上了历史舞台,传统的营销理论由于缺乏国际视野,无法满足跨国公司开展国际市场营销活动的需要。因此,营销学界的泰斗菲利普·科特勒在 4Ps 的基础上加了两个 P:政治力量(power)和公共关系(public relations),认为两者可作为企业开展营销活动的可控因素加以运用,为企业创造良好的国际市场营销环境。科特勒认为,在国际国内市场竞争都日趋激烈、各种形式的政府干预和贸易保护主义再度兴起的新形势下,企业不应单纯地顺从和适应环境,而应当影响自己所在的营销环境,要运用政治力量和公共关系,打破国际或国内市场上的贸易壁垒,为企业的市场营销开辟道路。同时,他还发明了一个新的单词——megamarketing(大市场营销),来表示这种新的营销视角和战略思想。

4) 7Ps

1981 年 Booms 和 Bitner 建议在传统的市场营销理论 4Ps 的基础上增加三个"服务性的 P",即人(people)、过程(process)、有形展示/物质环境(physical evidence)。该理论中的"人"主要包括员工和客户。企业员工是企业组织的主体,每个员工做的每件事都将成为客户对企业服务感受的一部分,都将对企业的形象产生一定的影响,因此,应该让每个员工都积极主动地参与到企业的经营管理决策中来,真正发挥员工的主人翁作用。过程,是指企业应关注为客户提供服务时的"全过程",而不仅仅只是服务的某一阶段或部分阶段,通过互动沟通了解客户在此过程中的感受,使客户成为服务营销过程的参与者,从而及时改进自己的服务来满足客户的期望。有形展示/物质环境,是指在提供服务时为消费者呈现的环境、设施等有形物质。一个消费者体验某种服务时,在很大程度上来说,这种体验受到了他亲眼所见的设施的影响,以及他未见的却对提供服务起着关键作用的其他设施的影响。例如,体育观众在观看比赛的时候,除了提供服务的人员对其观赛体验产生着直接影响之外,场馆的各种可见或不可见的设施,都会对其观赛体验产生直接或间接的影响。由此可见,和4Ps相比,7Ps主要针对的是服务行业。

3. 计划、实施和控制

体育市场营销过程是一个逻辑严密、结构清晰的过程,简单来说,体育市场营销过程包含了三个阶段:计划、实施和控制。

在"计划"阶段,营销人员应考虑体育组织的整体运营方向,这种方向决定了体育组织的具体营销目标,即体育组织期望通过营销实现的目标。在制定体育营销战略时应列出为达到每一个体育营销目标所能采用的策略的大致构想,这其中既包括短期(最多一年)的也包括长期(2~3年)的。"实施"阶段就是将体育市场营销的计划付诸实践,而"控制"阶段则是用来确保体育营销的各种活动最终都能实现一开始制订的体育营销目标,将所有营销活动的开展都"控制"在计划的"轨道"之中,在这期间一旦出现偏差,就必须判断在哪里可以采取补救以及如何补救,或者是否需要修改计划以及如何修改。

1.3 体育市场营销的发展

1.3.1 体育市场营销观念的演变

企业并不是一开始就以市场营销作为企业的经营指导思想的。体育组织开始重视市场营销活动,开始以市场营销作为自己的经营指导思想,也是随着市场营销观念的演变发展而来的。市场营销观念经历了"以生产为重点"到"兼顾顾客、企业、社会三者需求"的演变过程。

1. 生产观念

生产观念是一种最原始、最简单的企业经营思想。它盛行于19世纪末20世纪初的初期资本主义阶段,当时的市场特点是消费者需求旺盛,而物资极度缺乏,企业认为只要把产品生产出来,消费者一定会购买任何他们买得到也买得起的产品。当时的企业只有两大任务:增加产量(让消费者买得到)和降低成本(让消费者买得起)。企业的想法很简单,即"我们生产什么,顾客就买什么"。

我国在计划经济年代,就奉行生产导向观念,当时生产出来的产品是"皇帝女儿不愁嫁",原因就在于我国当时正处于物资匮乏时期,产品是供不应求的,很多商品都要凭票供应。同时，当时的很多体育活动也都是按照生产观念的要求来组织的，如我国早期广播体操的全民推广，在公众无法选择的前提下，由体育事业部门设计出一套体操动作，借助于广播的简单传播，在全民范围内进行推广。在当时的时代背景和条件下，这种推广方式效率非常高，效果也特别好。

2. 产品观念

产品观念产生于 20 世纪 30 年代。这种观念认为，消费者喜欢高质量、多功能和具有某些特色的产品，企业应致力于生产高附加值的产品，并不断地加以改进和提高。当企业以产品观念作为自己的经营指导思想时，往往容易出现"营销近视"的问题，即只把注意力放在自己的产品上，而不是放在市场需求上，只看得到自己的产品质量好，看不到市场需求在变化，在市场营销管理中缺乏远见。

实际上，产品质量好只是企业成功的一个基础，还有很多其他方面需要引起企业的重视。比如，一个世界领先的社区体育系统的营销人员应该懂得如何吸引顾客、影响顾客的行为、协调股东之间的关系以及寻求更多的投资和赞助，而不仅仅是把自己的社区体育系统做得尽善尽美。对于所有的体育组织而言，这是显而易见的道理，但不幸的是，即使很多企业明白这个道理，也仍然有一些企业在体育市场营销方面做得不够。

在 Levitt(1960) 的"营销近视"理论中，这种比喻用来形容下列这些在市场营销过程中出现的情况：

- 仅仅关注于产品的生产和销售。
- 只注重利润。
- 混淆了促销和营销。
- 只关注短期。
- 缺乏调研。

以上这些因素会导致体育组织要么忽视了体育目标群体的关键特征，要么忽视了满足体育消费者的需求。此外，任何希望留住体育消费者的目标都会因企业无法充分利用体育市场营销战略和战术而无法达到，最后也终将导致企业需要重新制定战略、重新对资源进行分配、重新对产品和服务进行定位。因此，体育组织对"营销近视"一定要小心提防。

3. 推销观念

推销观念产生于 20 世纪 20 年代末，结束于 40 年代末，尤其在 1929 年至 1933 年的世界经济危机期间盛行。它是在生产过剩、供过于求、卖方市场向买方市场转化时期产生的一种营销观念。

推销观念认为，消费者一般不会购买非必需的商品，所以企业必须积极地推销和大力地促销，才可以刺激消费者大量购买本企业产品。企业的经营思想是我们能卖什么，顾客就买什么。

如果企业经过强力推销才能把产品销售出去，而不是因为顾客真正需要这种产品或者不管顾客是否满意，那么这种行为实际上存在着高度的风险。一项研究报告指出，上当的顾客会对 10 个或更多的人诉说自己不愉快的购物经历，这种"诉说金字塔"发展下去，对企业而言,显然带来的负面影响是不言而喻的。

推销其实只是营销一个很小的部分。营销是一个整体过程,它包括售前调研、售中沟通和售后服务,而推销只是"售中"环节的一小部分。"管理学之父"彼得·德鲁克曾经说过,"市场营销的目的就是要使推销成为多余,推销只不过是营销冰山上的一角"。如果企业生产出来的产品是通过售前的市场调研按需生产出来的,是完全符合市场需求的,那么不需要企业"推",产品自然而然就会顺利地被销售出去。

和前两种观念相比,这种观念虽然前进了一步,开始重视广告术及推销术,但其实质仍然是以生产为中心的。在这种观念的指导下,企业只顾千方百计地推销产品,不管售后顾客是否满意,这种观念是没有远见的,由此而生产出来的产品也是缺乏生命力的。

4. 市场营销观念

经过前面三个观念,企业终于认识到产品销售的关键在于产品是否满足了消费者的需求,只有满足消费者需求的产品才能顺利地销售出去。市场营销观念的核心原则直到20世纪50年代中期才基本定型。它的核心思想是:以消费者需求为中心,顾客需要什么就生产什么,即"以销定产",注重目标市场、整体营销、顾客满意和盈利率,和前面的所有观念相比,是一种新型观念。

Theodore Leitt 曾经对推销观念和市场营销观念做过深刻的比较,他认为推销观念注重的是卖方需求,而市场营销观念注重的是买方需求;推销观念的出发点是卖方的利益,只想着怎么让产品带来利润,而市场营销观念的出发点则是买方的利益,企业考虑的是怎么让消费者满意。

如果说我国广播体操的早期设计与推广体现了"生产观念",那么自1998年开始推行的中小学广播体操则体现了以学生需求为中心的"市场营销"观念。为了切实贯彻学校体育工作条例相关内容,继承和发展广播操的成果,针对不同学制和不同年龄学生身心的发展需要教育部于1998年5月组织创编了第一套中小学广播体操,并于2002年8月和2008年9月分别创编了第二套和第三套,充分体现了党和国家对青少年健康成长的重视。

营销经典案例:三个业务员的故事

5. 社会市场营销观念

社会市场营销观念产生于20世纪70年代。当时的西方资本主义出现了能源短缺、通货膨胀、失业增加、环境污染严重等经济和社会问题,从而导致消费者保护运动盛行。1971年,Gerald Zaltman 和 Philip Kotler 最早提出了"社会市场营销"(social marketing)这一概念,他们认为,虽然市场营销观念能够很好地满足消费者的需求和欲望,但它回避了消费者需要、消费者利益和社会长期福利之间隐含的冲突,所以世界各国的有关组织掀起了保护消费者权益及保护生态平衡的运动热潮,迫使企业营销活动必须考虑消费者及社会的长远利益。

如图1.1所示,社会市场营销观念要求企业的市场营销策略不仅要使企业获得利润以及满足消费者的需求,而且还要符合整个社会的长远利益,以求得三方利益的平衡与协调。

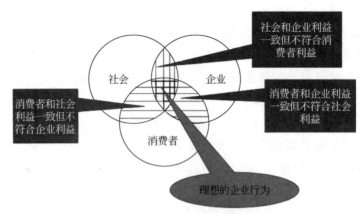

图1.1 社会市场营销观念

近年来兴起的"绿色市场营销",实际上是社会市场营销观念的一种突出表现。所谓绿色市场营销,是指企业在市场营销活动中要重视保护地球的生态环境,防治污染,充分利用并回收再生资源以造福后代。它强调的实际上也是社会的可持续发展,是社会市场营销观念在"环保"方面的强化。

2018年英国伦敦半程马拉松禁止使用一次性塑料瓶,参赛者需要补充水分时可在沿线13.1英里的水站用Ooho补充水分。Ooho是一种由海藻基膜制成的可生物降解的水包,参赛者既可以咬破Ooho的边缘喝水,也可以将之整个吃掉。

作为国内领先体育品牌的李宁公司不仅迎合消费者对运动功能的需求,打造出最具功能性和运动感的创新产品,在环保科技使用方面也积极带头,采用最新面料技术——咖啡碳纤维生产高品质的运动服装产品,在使用绿色环保原料上做出表率。咖啡碳纤维的生产技术可以将咖啡渣变废为宝。咖啡碳纤维具有独特的自身优势。多孔结构具有高吸附性,能够破坏细菌生存的湿润环境,用咖啡碳纤维制成的面料还具有快干、消臭、抑菌、抗紫外线和远红外等天然功能。目前,李宁的咖啡碳纤维产品已经开发到第三代,在原有的材料优势上,可以满足消费者更加多样化的需求。

案例学习

安踏集团的环保之路

2020年3月27日,安踏集团与世界自然基金会(瑞士)北京代表处签署合作备忘录,双方将共同探索建立长远的合作伙伴关系,共同推广"moving to nature 与自然同行"的环保理念,在野生动物保护、全球生物多样性保护及行业可持续发展等领域与世界自然基金会(WWF)逐步展开合作。

同时,在举行的世界自然基金会"地球一小时"活动中,安踏集团作为首席公益合作伙伴,倡导"与自然共生",共同"为地球发声",推动人与自然和谐共处,实现全球可持续发展。

近年来，安踏集团秉持可持续发展的理念，积极践行绿色转型实践，成果斐然：

碳强度减少36.7%。在生产环节中，致力减少温室气体排放，在业务快速扩张的同时持续加强碳排放管理，碳强度逐年递减，截至2018年底累计减少36.7%，引领行业绿色低碳循环发展。

煤与柴油消耗量为零。在能源方面，重视能源的使用效率和循环利用，倡导更多地使用可再生的清洁能源，进一步改善能源使用组合。目前安踏集团已在生产环节全面淘汰煤及柴油的使用，采用蒸汽推动的器械取代燃煤推动的锅炉；同时逐步降低汽油及天然气用量，以减少对化石燃料的依赖。

建立数十个云仓。在物流方面，重新设计产品储运方式，在全国多个重要物流节点城市布局云仓，截至2018年底已在全国建立数十个云仓。倡导物流资源社会化整合，全面规划物流路程，避免路线重叠，降低物流配送过程对环境的影响。注重循环使用纸箱，2018年循环利用箱数占发货箱数比达15.7%。

此外，安踏集团积极寻求以创新科技力量推动可持续发展，开发推广环境友好型产品，采用成本较高但更环保的方式和原料，减少化学物对环境造成的影响。

环保纤维面料服装累计1600万件。早在2014年，安踏集团就开始使用杜邦公司Sorona®环保纤维制作的面料，与尼龙相比，Sorona®材料的制程降低了37%的石油资源消耗，节省了30%的能源使用，减少了63%的温室效应气体排放。截至目前，已有1600万件安踏服装使用了Sorona®环保纤维面料。

无氟防水面料服装累计400万件。2017年，安踏集团推出"雨翼科技"无氟防水面料，除了不含氟之外，该面料使用的防泼水剂中60%的原材料从植物中提取，属于可再生原料，减少了纺织工业对环境带来的污染。目前累计有400万件安踏服装运用了"雨翼科技"。

有机棉面料服装累计293万件。为满足人们对绿色环保生态服装的消费需求，安踏集团2010年就开始使用有机棉，推出超过293万件有机棉服装。有机棉是一种纯天然无污染，并获得国际有机认证的棉花。作为可持续性农业的一个重要组成部分，有机棉在生产中以有机肥、生物防治病虫害、自然耕作管理为主，从种子到产品全程不允许使用化学制品，在生产纺制过程中也要求无污染。

更可持续棉花采购占比超10%。2019年7月，凭借良好的供应链管理及可持续发展理念的实践，安踏成为首家加入瑞士良好棉花发展协会(BCI)的中国体育用品公司，正式加入全球最大的棉花可持续发展项目。该项目旨在改善棉农生产方式，解决棉花生产过程存在的问题，在提高产量的基础上减少用水量、减少化肥使用量，营造更健康、更绿色、更可持续的棉花产业生态圈。目前，安踏集团更可持续棉花采购量占比超过年度棉花使用量的10%，近900吨，到2024年，这一比例将达到50%。

回收770万个废弃塑料瓶。同年9月，安踏推出"唤能科技"环保系列，采用以回收废弃塑料瓶为原料制成的再生涤纶面料，整个系列相当于从自然界回收了770万个塑料瓶，帮助全球海洋减少了八万分之一的塑料垃圾年流入量。

回收100吨咖啡渣。今年(2020年)第一季度，安踏成功开发环保咖啡纱系列，将咖啡渣回收利用到涤纶纤维抽丝中，为实现废弃物回收再利用提供了新的解决方案。第一季度推出的咖啡纱系列回收使用咖啡渣约100吨，是安踏践行环境保护和可持续发展的又一次有益探索。

99%的鞋使用环保胶水。全面使用无苯胶,并大力推广使用水性胶,最大程度减低有害化学品的使用,99%以上鞋产品均使用无苯水性胶。

倡导环保4用。制定严格的措施和守则规范不同种类废弃物的使用和处理,同时鼓励员工减少浪费,遵循"环保4用"守则:减少使用、循环再用、废物重用及替代使用,旨在减少废弃物的产生。

另外,安踏集团也在积极履行企业社会责任。在社会慈善领域,安踏集团积极创新公益实践,推出"扶体""扶智"双向扶贫项目"茁壮成长公益计划",关注青少年体育公益,帮助欠发达地区青少年在系统化的体育及素养教育中健康快乐地成长。自新冠肺炎疫情暴发以来,作为首批捐赠企业,安踏集团已捐赠近3200万元人民币用于支持医院和医护人员全力抗击疫情;截至目前,安踏集团在社会公益事业上已累计投入近6.18亿元人民币。

(资料来源:https://www.efpp.com.cn/news/104387.html)

1.3.2 体育市场营销的诞生与发展

体育市场营销的诞生可以追溯到1960年美国体育律师 Mark McCormack 和高尔夫球运动员 Arnold Palmer 的那次握手,他们一起成立了国际管理集团(IMG),从而出现了运动员的商业活动、体育电视产品和赞助洽谈等,但当时这些活动只在网球和高尔夫球运动中开展。

知识链接:IMG 国际管理集团

1984年的洛杉矶奥运会,麦当劳和可口可乐从赞助中获得了丰厚回报,至此,企业才发现了体育比赛中蕴藏的商业价值。随后,一些超级体育品牌的诞生,如皇家马德里和曼联,以及2008年英国的体育赞助市场总值达到了4.86亿英镑,再加上人们对体育新闻频道24小时的需求以及对网络体育新闻媒体的关注,意味着体育市场营销已经发展到了一个令人惊叹的程度。

小专题

奥运是门好生意

1984年洛杉矶奥运会,尤伯罗斯首创奥运会商业运作的"私营模式",大卖电视转播权和行业排他性赞助商权益,创造了2.25亿美元的盈利,把奥运会从烧钱的烫手山芋变成了人见人爱的香饽饽。

从那时开始,奥运会就不再只是一个单纯的体育比赛。在运动员激烈角逐的背后,是品牌商、广告公司以及媒体之间看不见的竞争。他们都希望能够获得奥运会聚拢的海量人群,也为此付出了数亿乃至数十亿美元的代价。

1985年,VISA还是世界第三大信用卡公司,当时其交易量仅有1 110亿美元,市场份额只占到20.3%,远远落后于其竞争对手美国运通和万事达。当时 VISA 并不是国际奥委会的首选合作伙伴,但当美国运通拒绝为奥运官方赞助商的名号投资800万美元后,VISA 以1 450万美元的价格获得了这份权益。当时,VISA 已经在进行一场针对美国运通的营销活动,因此它非常兴奋能借势推出一场主题为"Bring your Visa card, because the Olympics don't take American Express"(带着你的 Visa 卡吧,奥运会不接受美国运通)的营销活动。在1988年卡尔加里冬奥会上完成首秀后,效果立竿见影:VISA 的全球销量增加了18%,奥运会营销活动期间的信用卡交易量更是增加了21%。不久后,VISA 便成了世界头号信用卡品牌,并且一直保持着这个头衔。

也是在1988年,三星会长李健熙第一次接掌集团大旗,并将三星的发展方向定位为做"21世纪世界超一流企业"。当年,三星首次参与汉城奥运会,成为本地赞助商,并实现收入增长27%。奥运会巨大的品牌宣传效应坚定了三星与奥运合作的决心。1997年,恰逢无线通信设备领域原合作伙伴摩托罗拉与国际奥委会的谈判不欢而散,三星抓住这一良机迅速上位,通过连续三天24小时的谈判,与国际奥委会达成了 TOP 赞助协议。做出这一决定时,三星负债高达170亿美元,集团裁员30%,韩国也正面临金融危机,但为了改变自己"三流品牌"的形象并迅速走向国际市场,三星义无反顾地选择增加营销预算为 TOP 计划买单。事实证明,三星的选择是对的。2003年,三星取代摩托罗拉,坐上了全球移动通信市场亚军的宝座。2004年,三星进入全球最有价值品牌榜排名前20位,真正成为全球顶尖品牌,从"丑小鸭"成长为"白天鹅"。

(资料来源:http://www.goalturn.com)

章 节 回 顾

本章提出了体育市场营销的概念,介绍了体育市场营销的起源与发展。在体育产业发展如此迅速的今天,任何一个组织都有可能"借助"体育来开展营销活动。体育市场营销试图成功地将体育组织的产品或服务提供给顾客/消费者以满足他们的需求。本章只是对本书后续内容的一个简单概述,在后续的章节中会对本章所述及的概念及相关理论进行深入的介绍和探讨。

在线自测题

第 2 章

市场调研

学习目标：

本章将帮助你——
1. 理解消费者行为分析的意义。
2. 了解体育消费者的购买决策过程。
3. 了解体育消费者购买决策过程中的影响因素。
4. 了解市场营销的宏观环境和微观环境。

在上一章中，我们了解了体育市场营销的概念，并且知道了在体育市场营销中最重要的，也是首先必须了解的是体育消费者的"需求"。在本章，本书将给出一个市场调研的框架和方向。注意，本章并不介绍市场调研的具体方法或者任何数据统计方面的知识，因为每一个组织的调研目的和调研内容都不尽相同，从而采用的调研方法也各异，而且其中所涉及的统计学知识也超出了本书的研究范围。

市场上存在着各种主体，任何一个组织或企业，都需要通过调研了解市场。市场调研的主体框架如图 2-1 所示，本章将围绕该框架展开论述。

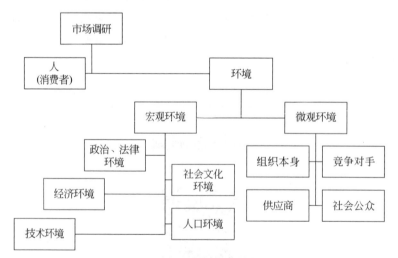

图 2.1 市场调研的主体框架

2.1 市场调研——体育消费者

体育消费者是体育市场营销活动关注的焦点,满足体育消费者的需求也正是体育组织存在的意义所在。因此,市场调研的首要对象应该是消费者,通过市场调研更好地了解体育消费者的需求可以使体育组织更有针对性地向消费者提供产品,最终让他们获得更大的满意度。那么,如何了解体育消费者的需求?本书认为,了解体育消费者需求的主要途径有两个:一是"问"——通过调查问卷、访谈等方法来收集市场数据,从对数据的分析中了解体育消费者的需求;二是"看",即观察——通过观察体育消费者的消费行为,分析体育消费者的需求。对于第一种途径,需要结合每一家公司的具体情况进行问卷的设计,在分析数据时还可能涉及统计学的知识,所以在此不作讨论,本书主要探讨第二种途径。

2.1.1 体育消费者的购买行为模式

众所周知,体育消费者大致可以分为两类:体育观众(或称为"观赏型体育消费者")和体育参与者(或称为"参与型体育消费者")。除了非常少的、显而易见的情况之外,在大部分时候,体育观众和体育参与者做决策的方式是非常相似的,所以在分析他们的购买行为模式时没有必要把他们分成两类人去分析,因此,本书下述所有的"体育消费者"既包括了体育观众也包括了体育参与者。

图 2.2 借鉴了心理学创始人 John B.Waston 建立的"刺激一反应"原理(S-R theory)模型。左边的方框表示消费者所受到的外部刺激,包括营销活动(4Ps)对其施加的刺激,以及其他外部环境的刺激——如国内经济形势的变化、政治局势的变化、技术创新带来的新体验等。消费者受到的种种刺激,都会作用于其"黑箱",黑箱中"购买者的特征"以及"购买者的决策过程"是外界其他人无法获知的,但其他人却可以通过右边的"购买者反应"来了解购买者的黑箱。研究该模式对于营销人员的重要意义在于,营销人员可以通过研究购买者的反应(消费者的行为),从而对消费者的黑箱进行分析,进而相应地对营销策略做出改进。比如,当营销人员发现消费者并没有对本公司的产品做出选择时(购买者反应),通过调研,营销人员发现消费者没有产生购买行为的原因在于消费者对本公司的广告产生了反感(黑箱),于是相应地对促销策略中的广告内容做出了修改(营销刺激),以此重新作用于消费者的黑箱,促使消费者产生积极的购买反应。从以上分析我们可以发现,

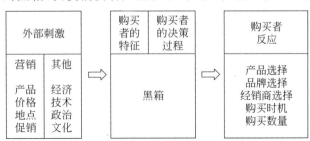

图 2.2 购买行为的"刺激—反应"模式

当营销人员运用该模式时,其顺序和消费者的决策顺序正好相反,消费者是从"刺激"到"反应",而营销人员则是从"反应"到"刺激"。

2.1.2 体育消费者的购买决策过程

所有的体育消费者都是站在自己的角度做出个人消费决策的,但凑巧的是,在个人做出决策的同时,还有很多其他的"个人"也做出了相同的决策(其实他们也只是站在自己的角度做出决策而已)。比如,45 000 人都决定去参加 Great North Run①;75 123 人都决定去 Old Trafford② 观看曼联对利物浦的比赛;11 000 人都决定去参加伦敦铁人三项。不仅仅是体育消费的决策,如果你足够细心的话,你会发现其实我们每个人每天都在按照图 2.3 所示的过程做出各种购买决策,虽然这里的 5 个步骤中消费者可能会由于购买产品的不同而省略掉其中的"评估选择"这一步骤(比如有时候消费者并没有备选项,因为他可能一开始就已经认定某种产品,因此也就不用做出对选项的评估),但大部分的决策仍然是按照这种过程做出的。

认识需求 ⇨ 收集信息 ⇨ 评估选择 ⇨ 参与购买 ⇨ 购后行为

图 2.3 消费者的购买决策过程

1. 认识需求

当消费者意识到他们需要某种体育商品的时候(这种意识在学术界被称为"问题识别"),并且当这种"需要"的重要程度足够引起一种行为来满足它的时候,消费者的购买决策过程就开始了。举个例子,"我期盼去滑雪已经好多年,这之前我只是曾经有那么一次仅有的滑雪经历。虽然我经常跑步和骑自行车,也酷爱其他户外运动,但我'需要'一种不一样的运动给我带来刺激与挑战,给我带来身心的愉悦,而滑雪就正好可以满足我"。

在这一阶段,体育营销人员的主要任务是通过调研识别出有相关需求的消费群体主要集中在哪些地理区域,以及这些体育消费群体对于期待消费的产品有何种具体或特殊的要求。

2. 收集信息

当体育消费者想为满足自我需要而进行体育消费时,他们一个很自然的倾向就是试图找出可以帮助自己做出决策的各种相关信息。如图 2.4 所示,信息的收集主要有以下两种途径:内部来源和外部来源。内部来源的信息主要由消费者个人以往的经验和/或记忆所产生,并且与影响决策过程的内部因素(指将在下一小节中提到的

图 2.4 收集信息的主要途径

---

① 世界上规模最大的半程马拉松赛,每年 9 月在英格兰东北部举行。
② 位于英国大曼彻斯特郡特拉福德自治市斯特雷特福德的一座专业足球场,是英超曼彻斯特联足球俱乐部的主场,被誉为"梦剧场"。

"个性""动机""知觉"等)密切相关。外部来源则包括私人、市场(商家)和公共来源。私人来源如朋友或家庭;市场(商家)是指商家在市场上发布的市场推广信息,如报纸广告、电视广告、传单、微博推送等;公共来源则是指一些权威机构,如健康协会、知名健康顾问、研究机构和权威中介组织等推荐的信息。例如,在上述的滑雪例子中,"我收集的信息包括:我曾经在瑞士观看过一场越野滑雪比赛(内部来源);从网上得知法国有一些非常棒的滑雪度假村(外部来源);我曾经在苏格兰Cairngorm山脉看到过越野滑雪路线的指示牌(内部来源)"。

在许多情况下,人们收集信息的范围受到了感知风险的影响。感知风险这个概念最初由哈佛大学的Bauer从心理学延伸出来,他认为消费者任何的购买行为,都可能无法确知其预期的结果是否正确,而某些结果可能令消费者不愉快。后来的学者将感知风险分成了时间风险、功能风险、身体风险、财务风险、社会风险和心理风险六种。因此,一个滑雪的度假计划可能会由于飞机航班延误(时间风险)、购买价格太高(财务风险)、活动风险太大(身体风险)等导致信息搜索范围增大而使搜索时间延长。

因此,在这一阶段,体育营销人员应通过调研了解消费者信息的主要来源,并且分析这些不同来源对消费者的影响程度,再根据不同的影响程度设计相应的信息传播策略。除此之外,营销人员还需要了解消费者的感知风险,与消费者进行有效的沟通,减少他们的顾虑,将他们的感知风险降到最低,从而促使他们尽快做出购买决策。

3. 评估选择

在一般情况下,消费者面临很多可以用来满足他们初始欲望的选择,这意味着对选择的评估就开始了。一般来说,消费者一开始都是在最大的可能性范围内进行评估,然后再逐渐缩小到一个较小的范围。评估选择的标准是非常重要的,因为它将直接导致最终决策的制定。还是以滑雪作为例子,"我对滑雪的欲望实际上是对越野滑雪而不是高山滑雪,所以并不介意是否有缆车送我上雪山,这样一来,在我的评估标准里就不会存在'必须有登山缆车'这一项。当然,这只是评估标准的其中一方面,我的标准还包括良好的雪况、方便的交通,以及雪道临近并且能提供舒适住宿的小镇或村庄,等等"。在这一阶段,体育市场营销人员需要了解消费者的评判"标准",针对这些标准把他们的产品/服务包装成"刺激物"以促使消费者选择本企业的产品/服务。

4. 参与购买

做出决策之后接下来就是体育消费的"参与"过程,但一些特殊因素在做出决策的最后阶段仍然起着关键作用,从而有可能导致消费者"一票否决"自己已经做出的决策。比如"来自他人的影响、所需的设备和服装无法备齐、滑雪后的社交活动等都有可能使我放弃一个已经做好的法国滑雪度假计划"。因此,体育市场营销人员需要和消费者保持持续的沟通,以尽量确保他们的所有需求都得到了满足,如果做不到这一点,消费者就可能在"参与前评估"(和第五步的"参与后评估"相对)的环节中对他们的决策产生怀疑。我们在很多购买中都有过这种"决策怀疑"的经历——这也是为什么消费者权益保护法允许在一段时间内消费者无理由退换商品。"决策怀疑"是一种认知失调现象,即需求和购买决策的不匹配。身为体育市场营销人员,我们需要考虑所有购买和决策的相关方面是否都满足了消费者的初始欲望和需求,如果没有,必须找出为什么没有,从而对营销策略做出相应的改进。

5. 购后行为(参与后评估)

"我最后决定去瑞士滑雪胜地 Gstaad 附近的 Sparenmoos,因为它符合我所有的评估标准。这场度假一开始就因为飞机晚点几小时而导致了我损失掉半天的滑雪时间,但是除了这一点以及滑雪场价格有点贵之外,其他所有方面都非常不错,符合我的预期。"体育市场营销人员需要知道以上这些"反馈",以此对产品/服务做出相应的改进。要知道,在网络科技如此发达的今天,消费者随时随地都可以对企业的形象进行抹黑。任何在公开场合不好的评价或者好的评价,都会对其他有可能参与相同活动的消费者产生直接的影响。

越野滑雪的这个例子表明在消费者的考虑过程中需要对大量问题做出决策,消费者在初次消费时,需要对大量的内部和外部信息进行搜索以找出几种可供选择的方案,该决策的复杂性足以触发认知失调。但是,如果在将来,同一个消费者产生了一个类似的欲望,那么消费者需要处理的信息和考虑的问题就会大大减少。例如,对于再次购买装备和服装所需要的信息,消费者可能只会在一个有限的外部来源内搜索,因为大部分的标准都可以被消费者以往获得的知识和经验(内部来源)所满足。特别是对于体育活动而言,体育活动本身以及和体育活动相关的信息,消费者在下次参与时都会由于经验而大大减少选择范围。从另一种角度看,随着对商品越来越熟悉,消费者会在更小的范围内做出选择,定式思维会起到重要作用,即消费者只会在内部来源内搜索信息。这一点告诉我们,即使公司已经对以前有瑕疵的产品/服务进行了改进,消费者仍然会基于自己的定式思维做出购买决策,从而不去考虑那些曾经让他们失望的选择(这种情况又称为"选择性扭曲",见下一小节)。由此可见,做好营销的每一环节,在消费者的整个消费过程中不让其产生失望,是带来"回头客"的关键。

2.1.3 影响体育消费者购买决策过程的主要因素

体育消费者在购买决策过程中受到了各种因素的影响,这些影响都作用于体育消费者的"黑箱"。如图 2.5 所示,体育消费者在购买决策过程中主要受到了外部因素、内部因素和情境因素这三个方面的影响。

1. 外部因素

1) 文化因素

文化,"是一套习得的价值观、信念、语言、传统和符号,由人们共同分享且代代相传"(Shank & Lyberger,2014,p.156)。文化可以分为核心文化和亚文化。"核心文化"是指全体社会成员共有的,如中华民族文化、日本的大和民族文化、欧美文化等;"亚文化"则是由核心文化派生出来的,指不同社会成员群体所共有的,往往跟民族(汉族文化、藏族文化等)、宗教(佛教文化、道教文化等)、地理(南方文化、北方文化等)、年龄("80 后"文化、"90

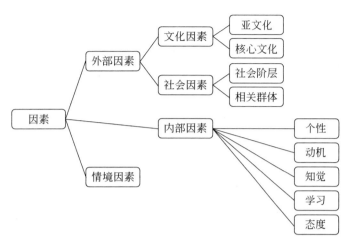

图 2.5 影响体育消费者购买行为的因素

后"文化等)相关。

事实上,许多人都认为这些文化因素正在渐渐失去地方特质,因为全球化的进程使文化越来越同质化,比如人们经常通过电影、电视、音乐等了解并学习其他国家的主流文化。Thomas L. Friedman 认为出现这种现象的原因是科技进步带来了文化界限和地域界限的模糊化,从而使得商业活动可以在全球范围内最有效率和效果最佳的地区开展,比如在中国生产,在印度研发及提供客户服务。

尽管如此,不同的文化仍然还是会导致不同的传统和不同的行为方式。仅从体育方面来看,美国最流行的四大体育运动是篮球、美式橄榄球、垒球和冰球,和中国流行的运动是不一样的;同样的,板球、英式橄榄球和 F1 这些在英国广受欢迎的体育运动在有些地区却并不怎么受欢迎。

2) 社会因素

社会因素主要包括社会阶层和相关群体两类。

社会阶层,是"按照一定等级标准,将人划分为具有相似价值观、生活方式和行为方式的社会集团"(Shank & Lyberger,2014,p.160)。职业、收入和教育决定了体育消费者所处的阶层,这就是为什么贫困地区的居民没有平等的机会参与某些运动,而大部分的英国体育运动都忽略了他们这些人的天赋和需求。一般来说,踢足球的人比骑马的人多,一部分原因是缺乏参与的条件(比如缺乏地理条件),但更多的是因为学习骑马的成本昂贵或者是根本不知道通过何种渠道去接触骑马这项运动。一些运动正是因为参与的门槛太高,把那些有天赋、有热情的人拦在了门外。社会阶层是体育营销人员在其营销计划制订过程中使用较多、较为简单的因素之一。

相关群体是指那些直接或间接影响体育消费者看法和行为的群体,可以分成初级群体、次级群体和渴望群体三类。

(1) 初级群体。初级群体是每个人都拥有的关系群,它对体育消费者购买行为的影响最为直接,如家庭、朋友、同事、同学、邻居等。其中,家庭对体育消费所能施加的影响可能是最大的。家庭成员之间会相互影响,父母影响着子女,反之亦然。在现代社会多元化的家庭结构(单亲家庭、离异家庭、双职工家庭和大家庭等)中,体育活动的参与度也有所不同。Key(2009)认为,最简单、必要的家庭影响,是父母可以让儿童获得参与体育活动的机会,能负担其参与体育活动的成本,并鼓励儿童在体育活动中积极表现。

(2) 次级群体。次级群体是并非每个人都拥有的关系群,如职业协会、党派、教会、学会、学生会等。次级群体对体育消费者的购买行为不产生直接影响而是产生间接影响,是因为人们和次级群体的接触面较小,接触时间较短,因此这类群体对于体育消费的影响较为有限。

(3) 渴望群体。渴望群体是指人们希望加入或作为参照体的个人或组织,如体育明星、影视明星、政治人物等。几乎所有的体育迷都会在公园或操场上踢足球的时候把自己想象成韦恩·鲁尼(Wayne Rooney)或者弗兰克·兰帕德(Frank Lampard);在骑自行车的时候把自己想象成维多利亚·彭德尔顿(Victoria Pendleton)或者布拉德利·威金斯(Bradley Wiggins);在赛跑的时候把自己想象成 Mo Farrah,甚至在最后 100 米的时候将自己"变成"Usain Bolt。只要有可能,体育迷们一定都会想要去 Old Trafford、Alpe d'Huez[①] 这些地方亲眼看见自己喜爱的体育明星;即使没办法亲临现场,也会守在电视机前看直播。此外,很多体育迷都喜欢穿球迷版球衣、锐步的足球靴、阿迪的跑步短裤,甚至理一个和布拉德利一模一样的鬓角,这些都是体育明星给体育消费者带来的影响,这些影响可以在不同程度上增加体育服装或体育装备的销售额,也会鼓励消费者亲自到现场去观看体育比赛或者刺激消费者在电子设备(如计算机、手机等)上的体育消费。

2. 内部因素

内部因素主要包括一些与心理有关的因素:个性、动机、知觉、学习和态度等。近年来,这些因素在体育市场营销中变得越来越重要,因为体育市场细分(见第 3 章)已经开始重视采用"生活方式"和"行为特征"等这些变量来细分和选择目标市场。

1) 个性

体育消费者之所以被体育活动、体育赛事或者其他体育产品/服务所吸引,是因为通过这些东西能反映出他们自己的内在。不同的人格特质在面对相同的环境时会呈现出不同的个人状态,展现出不同的信念和不同的态度。有很多可以用来描述性格特征的词,比如外向、内向、情绪稳定、急躁和冷静,等等。我们可以推断,如果一个人更喜欢个人运动,那么就意味着他拥有一些内向的特质,如可靠、细心等;如果一个人更喜欢集体运动,那么就意味着他拥有诸如随和、活泼和冲动等这些外向特质。Eagletion(2007)在研究中发现个人运动爱好者确实具有比较保守、被动和克制等这些内向特质。但有趣的是,在 Dobersek 和 Bartling(2008)的研究中却发现排球这种集体运动的运动员比较内向。自由式滑雪的运动员则呈现出混合特质,如喜欢交际、自信、乐观、情绪稳定、精神压力小以及

---

① 一个著名的爬山段,也被称为自行车运动的麦加,环法赛多次在这里举行。

很少焦虑,等等(Mueller 和 Peters,2007)。

当然,这些假定需要在更多的体育活动和体育产品/服务的范围内找到更加可信的证据,而且需要体育市场营销人员能够将性格特质和体育沟通手段富有技巧地联系起来。

2) 动机

"动机指导行为满足需求"(Shank&Lyberger,2014,p.146)。很多时候,人们参加体育运动的动机是为了取得某种进步,比如,掌握一项新技能(如改善你的网球正手),提高体育欣赏水平,或者在运动中使自己变得更善于社交。我们可以从两个方面来探讨体育消费者的消费动机——"动机方向"和"动机强度"。动机方向的一个例子是消费者在体育活动中保持积极的状态并控制营养摄入,从而让自己向更加健康的方向发展;动机强度则可以通过观察消费者参与体育活动的频率而得知,比如,两个健身爱好者,一个每天都去健身房健身,而另一个则一个月去两次,很明显他们的动机强度不同。如果体育营销人员希望以体育狂热者为目标对象,就需要通过动机强度的对比找到体育活动参与度高的人群。同样的,对于参与度不那么高的"休闲"运动爱好者,当体育营销人员以该类人群为目标对象时,也可以制定出与之相应的营销策略。

3) 知觉

"知觉是人们选择、组织和解释刺激的复杂过程"(Shank&Lyberger,2014,p.152)。我们从各种来源——朋友、电视或报纸杂志、互联网等,获得对运动员、运动品牌和运动本身的知觉。这些知觉指挥着我们的想法,最终会左右我们的体育消费决策。体育市场营销人员一直致力于通过体育市场营销组合中的促销策略来影响消费者对产品和服务的知觉。通常,人们会经历以下三种知觉过程:选择性注意、选择性扭曲和选择性保留。

(1) 选择性注意。"选择性注意"一词从字面上就很容易理解,它是指在外界诸多刺激中仅仅注意到某些刺激或刺激的某些方面而忽略掉其他刺激。选择性注意解释了即使消费者处在无时无刻不在的营销刺激中,他们往往也只会对那些能吸引他们眼球的部分商品感兴趣,这也是"眼球经济"一词的由来。调研结果表明,人们会更多地注意以下三种刺激物:一是与自己当前需要有关的刺激物;二是他们期待的刺激物;三是跟刺激物的正常大小、颜色等相比有较大差距的刺激物。

测一测自己的"选择性注意"

可见,由于"选择性注意"的存在,通过电子邮件或电话与消费者进行个性化沟通,可以成为体育市场营销人员影响消费者个人选择过程的一种手段。

(2) 选择性扭曲。"选择性扭曲"是指人们将信息加以扭曲,使之合乎自己意思倾向的知觉过程。所谓"一朝被蛇咬,十年怕井绳",向那些被蛇咬过的人推销绳子,即使绳子再好可能都难免失败,因为他们的惨痛经历让他们对所有蛇形的物品都敬而远之。由此可知,一次失败的消费经历可能会给消费者留下"难以磨灭"的印象,从而导致消费者的流失,给公司造成难以挽回的损失,因此,对于选择性的扭曲,营销人员应尽量避免使之产生。

(3) 选择性保留。体育消费者还会经历"选择性保留"这一过程,即只有关键的信息才会被消费者保留下来,比如说胜利的喜悦或者个人经历中最开心的时刻。能被感知的才能被称为现实,不同消费者有着不同的感知和现实,因此,图像的描绘是至关重要的,体育营销人员可以通过向目标市场的消费者描绘使用体育产品或服务时的"美好画面"来吸引消费者从而达到良好的宣传效果。

4)学习

"由于经验的影响,'学习'是一种反应倾向的相对永久性变化"(Shank&Lyberger,2014,p.153)。体育消费者的"学习"包括以下三种方式。

(1)通过信息刺激影响行为。一些信息会使消费者产生积极/消极的感觉或行为反应。即使能在游泳池游上一小段距离也代表了对你努力的回报,所以这种动力会让你更多地练习以游得更远,而一个小朋友被水呛到则可能意味着对他来说是一个不太好的童年经历,从而导致了他此后对游泳运动产生畏惧。因此,体育市场营销人员可以通过向消费者展示"回报信息"来鼓励他们更多地消费。

(2)通过解决问题影响认知。通过设定目标可以刺激消费者对体育活动的消费,例如让消费者把目标定为"完成一次马拉松"。在实现目标的过程中,体育杂志、网络或者GPS(全球定位系统)产品都可以为消费者提供相关的信息,从而带动这些相关产品的销售。

(3)通过观察他人学习社交。体育活动的规则可以用来制约人们的行为——如果触犯了规则将会受到惩罚,所以可以通过别人的行为来学习体育规则。体育明星("明星效应"尚存争议,但至今仍频繁地被体育市场营销使用)也会对参与型和观赏型消费者的消费行为产生潜移默化的影响,消费者会学习或模仿体育明星,从而改变自己在体育消费中的行为表现。

5)态度

"态度是对某些既定对象的学习想法、感觉和行为"(Shank&Lyberger,2014,p.155)。包括以下三个组成部分:

- 认知的——如持有的观点;
- 情感的——如反映的情绪;
- 行为的——如采取的行动。

过去的经历和很多其他因素(外部因素)都能够影响我们对体育活动、体育产品/服务的态度。比如,如果有人拿着摄像机采访你,问你对女子无挡板篮球(netball)是怎么看的,你可能会对着镜头说出如下这些话,它们都代表了你对该项运动的态度:

这是一个需要速度的集体项目(认知的);

通常主要是学校的女学生参与(认知的);

相比之下我更喜欢篮球(情感的);

它可以帮助你长高(认知的);

我不打这种球(行为的);

我经常看我的女友代表学校打球(行为的)。

体育市场营销人员越来越重视对消费者的想法和感受进行调查,如 Queste 和 Lardinoit 就在 2001 年评估了体育消费者对国际和本地赞助商赞助 2000 年悉尼奥运会的态度和购买意图,用以制定体育营销策略来提高消费者对体育产品/服务的满意度。

3. 情境因素

情境因素是一些暂时性的因素,包括物理环境、社会环境、时间和先前状态等。它们出现在某个特定的时间或地点,能够即刻对体育消费者的决策产生影响。

(1) 物理环境。比如天气条件。天气确实能对体育消费施加影响——阻止我们外出跑步、滑雪或骑自行车,这就是温布尔顿的中央球场和威尔士的 Millenium 体育场都安装了滑顶的原因。

(2) 社会环境。社会环境使近年来参与大型体育活动(如半程马拉松、公开水域游泳比赛)的人数有所增加,"能和成百上千的人共同参与"是很多人积极参加这些活动的原因。同样,人们喜欢打高尔夫球或者英式橄榄球,其拉动因素被证明很可能是因为这些体育活动中存在更多的社交机会。

(3) 时间。"时间"可能是所有影响体育消费决策的因素中最重要的因素了。近几年,休息时间大大增加是因为大型家用电器把我们从烦琐的家务中解救出来,然而,我们却把这些休息时间更多地花在了加倍努力工作上(至少很多人自我感觉都花在了工作上),从而导致我们能花在运动上的时间和精力仍旧十分有限。这就是为什么会有下午五点半才开始的 Twenty20(T20)板球比赛的存在,它们就是针对那些没空看比赛的家庭而设计的。同样的,40 分钟的六人制足球也是为那些没有时间观看 90 分钟足球比赛的"大忙人"而产生的。

(4) 先前状态。"先前状态"(antecedent sates,或"心理状态"——psychological state)可能刺激体育消费的产生,也可能对此产生反作用。所谓"先前状态",是指一些暂时性的情绪,如快乐、焦虑、得意、忧伤、沮丧等,它们都会对消费者买什么和如何评价产品/服务造成影响。比如,当你感到疲劳时,你可能会通过参加体育活动来缓解这种"疲劳"的先前状态,让身体得到放松,也可能会觉得体育活动会让你感到更累而选择不参加,而像广告建议的那样,来一瓶红牛帮你恢复精力。先前状态对于营销人员而言有很多参考价值,比如第 7 章促销组合的人员推销这一方式,在采用时就需要利用好潜在消费者的先前状态——销售员应当尽可能地挑选先前状态呈现出积极一面的路人向其宣传产品,而不是那些看起来心情欠佳的路人;再比如当某健身房需要对会员进行满意度调查时,不管是采用问卷调查的形式还是访谈的形式,都应尽量挑选会员先前状态没有呈现出消极一面的时候进行,否则调查所得的结果很可能会受到顾客先前状态的影响而不具参考价值。

2.1.4 影响体育消费者是否亲临比赛现场的因素

前述的这些因素,还对体育消费者是否亲临现场观看体育比赛有重要影响。体育比赛每年卖出上百万的门票,但这"上百万"的数字所占的人口比例之少可能超乎你想象:2010 年英国国家统计局的资料显示,在对苏格兰进行的一项调查中,调查时间的前四周内到赛事现场观看过比赛的观众仅仅占调查人数的 12%。但是,从另一方面来看,即使当时没有比赛,一些铁杆粉丝也喜欢参观或者使用那些体育明星比赛过的地方,比方说 Aintree Experience(英国越野障碍赛马的举办地),还有英国柴郡的奥顿公园摩托车赛道。Mad Sunday 是 Isle of Man TT① 赛事的一个著名比赛地点,由于它在非比赛日对外开放,所以许多摩托车爱好者慕名而来,他们在真实的比赛赛道上模仿着专业赛手,体验着比赛的刺激。

§ 互动学习 2.1

调查一下当地的哪些比赛场馆/地点是对外开放的。

有哪些场馆/地点你曾经进去参观或者使用过?

当你在场馆/地点里面的时候,脑海里有没有出现哪位体育明星?

影响体育消费者是否亲临体育赛事比赛现场的因素可能包括:

- 比赛本身的吸引力。如果比赛水平高、竞争激烈,就会增加场馆的上座率。
- 经济因素。经济因素是吸引消费者观看比赛的主导因素。经济萧条会使体育组织考虑体育比赛的门票价格与其经济价值之间的关系,它们总是希望能保持住自己门票的价值,但有时候不得不降价以吸引更多的消费者。但有时即使降价也无法达到刺激消费者购买的目的,比如,Watford FC② 在 2010/11 赛季即使已经将票价降低了 20%,仍然不得不眼睁睁地看着它们卖出的票比上一赛季少 2 000 多张。
- 竞争因素。随着电视、计算机和手机技术对体育产业的渗透,体育比赛的现场观看和电视直播(可以直播、录播或者剪辑)之间的竞争越来越激烈了。体育比赛的现场票越来越难卖,这也是导致季票和套票越来越受欢迎的原因。
- 人口因素。年龄、性别、教育等因素在决定观众群方面起着重要作用,我们将在第 3 章的"市场细分"中详细探讨它们的重要性。
- 场馆因素。近几年,诸如"座椅的舒适度""场馆设施""拥挤程度"和"场馆布局"等这些因素越来越重要,主要基于以下两个原因:①体育消费者对场馆的期望值有所增加,这可能跟"竞争因素"有关,因为他们也可以选择在家中舒适的沙发上观

---

① 英国曼岛摩托车赛。
② 沃特福德足球俱乐部,是位于英格兰赫特福德郡沃特福德的职业足球俱乐部,现时在英格兰足球超级联赛作赛。

看比赛直播；②Hillsborough惨剧①使随后的立法要求创建全座位足球场，使得消费者对其他比赛类型的体育场也产生了同样的要求。
- 体育参与。体育为自己代言，越来越多的体育产品/服务消费，如体育报纸、电视、杂志、网络和比赛周边商品的销量逐年上升，意味着体育参与水平越来越高，人们对运动的兴趣越来越大，从而导致越来越多的人想要亲临比赛现场感受运动的魅力。
- 粉丝识别。"物以类聚，人以群分"，和演唱会一样，能够聚在一起的通常都是某位明星的粉丝。因此，体育粉丝们往往会在体育场馆里寻找更多志同道合的人，相较于一个人在家孤零零地坐在电视机前看比赛，亲临比赛现场更容易让这些粉丝之间产生共鸣，享受在家中无法享受到的比赛气氛。
- 情感和社交因素。通过亲临比赛现场，可以加强人们在关系或情感上的联系。与朋友、家庭等参考群体之间的隶属特征，加上体育活动的社交特征，使得人们在体育活动的参与过程中变得更加热情和更擅社交。Wann et al.(2008)发现相较于个人运动，在团队运动中能观察到更高水平的良性压力、自尊、团队关系、娱乐氛围和家庭氛围，而在个人、非侵略性的运动（如体操和高尔夫）中，人们则更加看重运动中的美学因素。因此，喜欢参与团队运动的人，往往也更倾向于前往比赛现场观看比赛，因为他们对情感、社交的需求要大于喜欢参与个人运动的人群。

2.2 市场调研——营销环境

体育产品或服务该如何呈现给目标市场的消费者？要想找到这个问题的答案，除了前面章节学习的知识之外，还必须知道如何分析营销环境。在分析营销环境时，要考虑对体育组织而言市场上有哪些潜在的影响因素。我们可以将影响企业营销活动开展的各种因素分为外部因素和内部因素，不可控因素主要来自企业所处的外部环境，可控因素则主要来自企业的内部环境，对内部环境的分析有助于帮助企业了解自己可以为目标市场带来哪些利益或者会受到哪些限制。外部环境由宏观环境和微观环境共同组成，其中对宏观环境的分析包括政治、经济、社会、技术、自然和法律环境（PESTEL分析），宏观环境是企业无法控制只能适应和加以利用的环境，而微观环境则由消费者、竞争者、媒体、股东等组成，它们是企业无法控制但可以对其施加积极影响的环境；对企业内部营销环境的分析通常又被称为营销审计。体育组织会对以上信息进行整理和提炼，以用于其后进行的SWOT分析，从而为下一阶段，即"计划"阶段提供决策依据。

---

① 1989年4月15日，在英国谢菲尔德市希尔斯堡体育场举行的利物浦队对阵诺丁汉森林队的英格兰足总杯半决赛中，由于球场结构问题和组织秩序混乱，在比赛开始后尚有5 000名利物浦球迷未能入场，警官开启了大门却没有给予必要的引导，致使5 000人拥向同一看台，拥挤造成了严重的踩踏伤亡，使96人丧生，200多人受伤。

2.2.1 外部环境

扫一扫下方二维码,了解一下"火山灰事件"

体育组织需要关注自己所处的体育产业环境,此外还应关注其他的产业或整个社会环境,每一个环境都应该从地区、国家、国际的不同层面来考虑,这些环境对于任何一个体育组织而言都是至关重要的,因此,对它们进行持续的监控有助于为企业制定和实施决策提供有用的信息。这些因素的不可控性会导致不可预见的情况出现,从而可能会使体育消费者感到失望。例如,2010年4月的欧洲"火山灰事件"导致了欧洲大量航班被取消,数以万计旅客滞留,影响了体育活动的开展,很多体育赛事不得不临时取消,比如当时的卡耐基挑战杯橄榄球联盟,法国的Lezignan和英国的Widnes Vikings之间的对战就因为当时航班的取消,导致法国队无法抵达英格兰参赛。

1. 宏观环境

PESTEL分析法[PESTEL由political(政治)、economic(经济)、social(社会)、technological(技术)、environmental(自然)和legal(法律)这几个英文单词的首字母组成]是分析宏观环境的一种典型方法,是PEST或STEP分析法的进一步发展,用以分析体育组织所处的各种外部环境。一个成功的体育组织必须能够通过分析既定的信息来预测它对组织将会产生哪些影响,但这并不意味着体育组织可以"控制"这些影响,因为体育组织实际上只是在利用这些信息,开展对自己有利的营销活动。每一种因素都可能给体育组织带来机会或者威胁,如国家实行计划生育政策(政治因素)可能会带来更低的人口出生率和人口老龄化问题。

1) 政治因素

政治因素可能会给企业带来机会,同时也会给企业带来"意外的"责任。不管是地方还是国家的法律法规,都应该被充分考虑在内,主要包括以下内容:

- 政治稳定性——例如国家政局是否稳定,是否会有战乱等隐患;
- 价格政策——例如,法律对转播权的价格是如何规定的;
- 税法——例如,企业所得税、个人所得税等;
- 劳动法——例如,最低工资的水平是多少;
- 经济法——例如,博斯曼法案[①]对足球运动员转会费的规定。

2010年夏天,英联邦政府宣布将之前彩票中用于支持体育运动的比例从16%增加到20%,同时,对英国体育局、英格兰体育局以及青年体育基金会也进行了结构上的改革;在学校体育方面,英联邦政府决定在英格兰范围内对奥林匹克和国际残奥会的对抗项目加

---

① "博斯曼法案"认可有欧洲联盟公民资格的足球运动员,在与俱乐部合同期满之后,有权在不支付任何转会费的情况下到欧盟任何国家踢球;其次,有欧洲联盟公民身份的运动员在欧洲联盟任何地方踢球时,有关"外国运动员限制"的规定予以废除。

大重视力度。这些政策的调整,势必会推进英国体育产品或服务的创新或升级,同时也要求体育组织更有效地和消费者进行营销沟通,鼓励其更多地参与到体育产业的活动中来。

2)法律因素

随着法律的不断健全和完善,体育活动也越来越多地受到法律的约束。对年龄歧视和残疾歧视的立法,对健康和安全的立法,对雇佣和竞争的立法等都影响着体育组织的生产成本和社会责任,进而影响着它们对产品和服务的供给。体育管理当局负责规范和监督体育活动,对所有参与体育竞争的组织拥有管辖权,其和法律机关的合作越来越密切以解决体育运动中出现的种种问题。比如,美国BALCO禁药丑闻中就有一些涉及其中的个人被判刑。类似地,英国的足球俱乐部和体育零售商之间如果共同定价就会被处以巨额罚款。

想了解更多关于"美国BALCO禁药丑闻"的信息吗?扫一扫吧!

3)经济因素

国家和全球的经济环境不仅对体育组织有影响,对任何一个身处其中的组织来说都影响重大。经济萧条意味着更高的失业率、更低的购买力和更小的股东信心,与此相反的是经济高涨,其意味着更低的失业率、更高的购买力和更大的股东信心。经济学家们把经济因素分为宏观经济因素(如就业水平、商业周期和汇率等)和微观经济因素(如收入水平)。宏观经济因素是整体经济表现,而微观经济因素是会直接对组织和消费者产生影响的因素。体育产业通常会根据这些经济因素对自己的生产规模进行调整,同步扩大或缩小自己的规模,但体育消费者对体育产品和服务的消费则并不总是呈现出和现实经济形势一致的方向,这是因为随着人们对体育消费越来越重视,体育产品和服务开始渐渐成为生活的必需品而非奢侈品,因此,即使经济形势不好,一些刚性需求的体育消费也不会大幅减少。

具体来说,经济因素主要包括以下几个方面:

- GDP水平——通常,一个地区的GDP水平越高,代表该地区的收入水平越高,市场越有消费潜力;
- 经济周期——经济周期包括了繁荣、萧条、衰退、复苏四个阶段,每一阶段对于企业的影响都不同,企业应判断目前经济形势处于哪一阶段;
- 失业率——该地区的失业率是否过高,并且趋势如何;
- 通货膨胀率——目前该地区的通货膨胀水平如何;
- 利率——利率水平直接影响了人们的储蓄和信贷倾向,从而进一步影响人们的消费倾向。

需要注意的是,值得营销人员关注的绝对不仅仅是某一个潜在市场的"收入水平",而应该是当地的"购买力"。我们可以从下面的公式中看出这两个概念彼此联系而又相互区别:

$$购买力=收入-储蓄+信贷$$

看起来在该公式中"收入"是购买力的基础,所以如果收入越多,购买力水平应该也相应越高,实际上即使该地区的消费者收入水平不够高,信贷水平足够高,也表明市场还是有潜力可挖的,但需要评估低收入人群由于提前消费而无力偿还贷款对企业而言可能产生的风险;反之,即使该地区的消费者收入水平很高,但人们倾向于把钱都存起来,对于营销人员来说该地区也不是一个合适的目标市场。

4) 社会因素

诸如家庭、朋友、同事和媒体等社会因素,都会对我们的态度、兴趣和选择产生影响。我们的社会经历也会对我们的世界观、我们的思想进而对我们的行为,或者更具体地说,对体育产品和服务的消费行为,产生一定的影响。

社会因素主要包括以下几个方面:

- 人口——人口规模或人口增长率(决定了潜在购买者的规模)、人口分布(决定了销售点的选择)、人口结构(如年龄结构、性别比例等)、人口质量(如文化素质、身体素质等);
- 文化——社会文化会影响体育粉丝对科技的应用程度,比如是否喜欢在微博上发表对比赛的看法;
- 态度——对诸如"20世纪90年代耐克在柬埔寨和巴基斯坦雇用童工制造足球鞋"这类事件持何种态度;
- 兴趣——人们对哪些方面普遍存在着兴趣,如大量体育迷对互联网的兴趣,他们可以从网上获取最新的体育新闻,在直播网站上观看赛事直播并可以同步和其他志同道合的网友交流;
- 社会阶层——不同的体育运动吸引了不同社会阶层的人,如虽然高尔夫和马术的大门看起来对所有人开放,但实际上只有像足球或篮球这种大众运动才是人人都有经济能力参与的。

如果营销人员能够理解人口动态(如英国的老龄化问题)、能够理解社会文化的价值(如英国的文化造就了其传统体育运动——足球和板球)、能够理解体育之所以得以传承是因为人们对更健康的生活方式不断追求,就能够不断发掘新的体育细分市场。例如,英式橄榄球联盟通过推广休闲英式橄榄球,吸引了35岁以上的老运动员和50岁以上的中年人。营销人员可以通过开发赛后的精彩活动(如一些有趣的拓展训练)来培养比赛团队的团队精神,这些活动也可以使每周训练和比赛时的体能得以提高。

5) 技术因素

每个年龄阶段的群体、所有的体育组织和体育消费者都在每天和技术打交道。技术的含义很广泛,既包括互联网和硬件(如手机、笔记本电脑、平板电脑)技术,又包括软件(如IOS系统、微软系统,还有诸如浏览器、播放器、数据库等应用软件)技术。

进一步来说,技术因素的影响包括以下几个方面:

- 对产品供应方面的影响——提高了产品质量,增加了分销渠道;
- 对成本构成的影响——提高了初始成本的利用率;
- 对价值链的影响——提高了物流效率;

- 对体育消费市场的影响——技术传播速度的加快提高了体育消费市场对新事物的接受速度。

计算机和手机可以让消费者每分每秒接收到体育信息,并且可以使信息不断更新和更加精确。2010年世界杯英格兰和斯洛文尼亚的一场比赛,BBC网络直播高峰时期达到了80万观众同时在线,这还不包括另外1 540万电视机前的观众。技术进步同时也带来了电子竞技的蓬勃发展。2015年的《英雄联盟》S5决赛最高同时观看人数达到了1 400万,独立观众达到了3 600万。这样的数据已经能和传统体育项目NBA比肩(2015年NBA总决赛,美国ABC电视台的平均收看人数为1 994万);2019年《英雄联盟》全球总决赛在20多个平台上用16种语言进行了转播,在为期5周的120场比赛中,全世界粉丝观看了超过10亿小时的内容,平均每分钟收视人数达到了2180万。显然,体育组织如果忽视技术对体育消费习惯和消费期望的影响,是相当危险的。

技术是一把双刃剑,技术更新和技术传播步伐的加快使得利益相关者之间交换信息的速度加快,但同时对企业而言也意味着更大的压力,因为消费者期望从企业那里更快地得到产品和服务。营销人员要利用技术优势,顺应潮流,让技术成为营销的得力助手。

案例学习

一、看李宁如何借力大数据寻找最佳代言人

首先,基于大数据的人群洞察——找到品牌与消费者的最优连接者。2014年李宁的合作伙伴时趣帮助李宁在社交媒体上进行全方位的人群洞察,在年轻化、女性群体身上找到了自己新品系列的基调:小清新、运动、时尚、阳光。找到了这个具有与李宁新产品系列属相相似的"连接"——韩国顶级女团少女时代成员郑秀妍(Jessica)。

其次,匹配明星信息——确保信息精准抵达。通过数据中心采集、清洗、存储、计算并整合新浪微博海量微博内容数据及相关用户数据、关系数据等做横向和纵向的对比,把Jessica粉丝的集中倾向属性和李宁新产品系列基调进行了综合匹配,确保了其推送信息可以精准抵达目标消费者,并且这个抵达过程速度极快,范围很广,单位抵达成本小得惊人。

最后,建立预测响应机制——优化后续营销活动设计。根据用户在社交媒体上的活动建立数据收集模型,通过模型完成数据的加工和分析,为品牌下一步的产品策划与营销提供更加有意义的数据参考。

正是因为这样,在李宁首度宣布与Jessica合作当日,李宁官微创下自身官微互动纪录,#型自西卡#也成为热门话题榜冠军,参与互动的30%以上的网友都明确表示具有购买欲望。当"LI-NING X Jessica"跨界合作产品在李宁官方商城正式开始预售时,瞬间就吸引了数以万计的用户蜂拥而至。

(资料来源:节选自http://www.siilu.com/20140926/111317.shtml)

二、创意VR体验！运动品牌们是怎么利用VR做推广的

根据 YouVisit 发布的虚拟现实品牌驱动指数,75%的福布斯世界最有价值的品牌(不包含中国企业)有不同形式的面对消费者或员工的虚拟现实或增强现实体验或者他们自己的创新性技术。运动品牌们也已纷纷入局,试图从VR广告中分一杯羹。

你受够传统广告的轮流轰炸了吗？你对现在的广告已经审美疲劳了吗？

VR广告的出现无疑给这片泥泞的土地开辟出了一条更加新颖有趣的道路。其"沉浸式"体验的介入让消费者以一种前所未有的直接感官来体验产品与服务。VR广告也迅速成为运动品牌们的"新宠"。

1. 在商场里玩雪橇犬,The North Face(北面)也是敢

没办法去北极体验雪橇犬？没事,The North Face 让你在商场里就能过把瘾！

在韩国某个商场内,The North Face 的工作人员布置了雪地的场景,让店内的顾客穿上他们的羽绒服,坐在雪橇上,并带上 Oculus VR(虚拟现实眼镜)体验一把狗拉雪橇的快感。

令人惊喜的是,当顾客摘下眼镜,这一切居然成真了！在工作人员指引下,一群雪橇犬冲破泡沫墙带着顾客在商场飞奔了起来,可以看到 The North Face 在指定点悬挂的秋冬新品,只要在疾驰过程中人们能够抓住这件衣服,便能免费得到它。

此番 The North Face 将营销活动与实体店相结合,给消费者以惊喜。看着一群雪橇犬在商场里飞奔,充满视觉效果,十分吸引眼球,引得路人围观,增加二次传播的可能性。

这已不是北面第一次应用 VR 技术。之前,北面就联合 VR 技术厂商 Jaunt 合作,在北面的零售店为消费者提供虚拟现实体验。

2. 为推广新球鞋,耐克让你化身内马尔

如今,巴西球星内马尔已经成为耐克品牌的标志,还传出了内马尔将取代 C 罗成为耐克头牌球星的消息。耐克在推广巴西球星方面也可谓是不遗余力。

为了推广新毒蜂(Hypervenom Ⅱ)足球鞋,耐克在 YouTube 上放出了一个虚拟现实体验,叫作"内马尔效应"。整个体验中你可以从内马尔的视野内来看全场情况,开始于聚焦到内马尔的眼中,他正准备开始任意球。你可以感受到他轻松消除对手的防御,带球进攻以及射门进球的场景,让你有一种身临其境的感觉,仿佛自己就是巴西球星。而360度的全景允许用户看到所有体育场周围的动态。包括一些插入视频的隐藏信息,比如复活节彩蛋,甚至是裸跑者。一些观众可能会觉得有点奇怪,当转头看内马尔背面的时候,你会发现你的视角就是内马尔的视角,仿佛那个视频里过人、射门、进球、庆祝的,就是你自己。这就是使用当前最热门技术之一的一个聪明的营销举措。

3. 阿迪达斯搞了一个虚拟墙,就是想和你互动起来

阿迪达斯在英国牛津街的伦敦旗舰商店安装了一面虚拟互动性实境墙,让消费者预先订购新的产品。虚拟现实墙应用了触屏和高精度的实时3D科技,让不存在的产品真实地在虚拟的货架上呈现,使消费者能够体验并选择适合的产品。

墙面从地面直抵天花板，由四个46英寸的触屏平板荧幕显示器组成。荧幕上有三个鞋展示的专栏，随着顾客手的触动，鞋会真实旋转。鞋随着顾客的点击会不断出现，单个的鞋能够点击进一步地查看详细情况。

由于有限的零售空间，消费者在实体店内的选择往往也受到限制，但是，虚拟现实墙能给予消费者在购物时更多的选择和体验。

作为一种极具活力的新型产业模式，VR已经被越来越多的品牌运用到营销活动中，VR广告的崛起也已经成为定局。

（资料来源：禹唐体育 http：//www.ytsports.cn/news-8411.html）

6）自然因素

一个地区的地理和气候特征对体育活动的开展有着重要影响。体育设施建造的类型和特性也是体育活动环境的关键因素。位于英国温布尔登（Wimbledon）的中央球场在2009年进行了大修，任务之一就是给球场装上滑顶，以保证在英国6月阴晴不定的天气下举行的温网锦标赛不受影响。2009/10赛季，苏格兰恶劣的暴风雪天气给人们出行造成了不便，却给滑雪运动创造了极好的条件，使Cairngorm山脉的Aviemore小镇增加了500%的滑雪者。

自然环境的可持续发展也越来越被人们所重视。不管是奥运场馆、重大赛事的足球场，还是其他的一些重要场馆，在建造时都必须符合碳排放量的相关指标。2006年的德国世界杯，是第一个设置"绿色目标"来限制碳排放的体育赛事。赛事的举办方采用了一些方法来提高能源的使用效率，如采用高效照明技术和倡导公交出行，同时还用收集的雨水来浇灌草坪，以及采用可回收的饮水瓶。有趣的是，2010年的非洲世界杯导致的碳排放量被估计为德国世界杯的六倍，其主要原因可能在于大规模的场馆建造和举办城市之间较远距离所产生的交通量。环保方面的要求，是今后体育组织举办体育赛事面临的一个重大挑战，因此，如何将自己的"绿色理念"传达给消费者，对于体育组织而言也至关重要。

需要指出的是，PESTEL分析中的各种因素之间可能会产生相互的联系。政治因素通常会对经济因素产生影响，比如政府对财政支出的调整，会对就业率进而对体育产品和服务的消费产生影响。为了应对全球变暖，各国政府之间签订国际合作协定制订可持续发展目标，影响着体育场馆的设计、建造和运营。试想一下F1（和它的能源消耗），如果对它实行更多的"绿色限制"将意味着什么?

同时,体育组织也必须识别在所有的 PESTEL 因素中,哪一些和它们最相关、影响最大。当一个体育组织需要寻求银行贷款时,对其而言最重要的无疑是"利率"这一经济因素。

对于像耐克这样的大公司而言,其涉及业务众多,因此用 PESTEL 分析其各个商业领域是必要的,特别是其旗下的子公司,如匡威、Hurley 这些品牌,它们满足了不同细分市场上消费者的需求。

全球化意味着我们在使用 PESTEL 分析时,还需要考虑"当地"(locally)、"国家"(nationally)、"国际"(globally)这些因素,因此又产生了 LoNGPESTEL 这个缩写。现在,越来越多的体育服装和设备厂商将生产基地设在远东,当存在运输成本、汇率波动和工资上涨这些因素时,它们就会影响到这些公司当地产品的零售价格。

2. 微观环境

企业面临的外部微观环境包含了与企业经常打交道的利益相关者,如消费者、员工、供应商、股东、媒体和竞争者等,与这些群体协调好关系对于企业而言至关重要。

1) 消费者

商业存在的意义就在于向消费者提供利益以满足他们的需要、欲望和需求。对客户的要求进行持续跟踪并且对其未来需求做出预测,可以帮助企业更好地满足顾客。在科学技术如此发达的今天,我们完全可以利用信息技术来获取这些相关信息。体育产业里的"会员制"(特别是在高尔夫俱乐部、健身俱乐部里被广泛使用)是一个很好的营销策略,因为它为那些会员赋予了一个"VIP"的身份,用以刺激他们更多地消费。会员卡给体育组织提供了重要的消费者个人信息,同时也意味着消费者对体育组织的忠诚度。尽管现在是买方市场,消费者在消费时拥有强大的议价能力,但体育运动的特性要求体育组织必须努力将一般消费者变成粉丝、把粉丝变成"铁粉",因此客户关系的建立与管理,对于企业提高顾客的"忠诚度"而言尤为重要。

2) 员工

在体育产业中,由于员工和消费者的接触最为直接,对企业的运营有着重要影响,所以员工的聘用、培训和激励意义重大。现代企业越来越扁平化的组织结构增加了员工的工作量,因此企业需要持续不断地对员工进行职业培训。体育活动的特性使体育行业的工作呈现出"短暂性"这一特点,和其他行业相比,很多体育行业的工作都是兼职、短期并且薪酬较低,这就导致了体育行业严重依赖志愿者。很多体育赛事如果招不到志愿者根本就无法举办。高质量的员工对于需要直接面对顾客的体育组织而言十分重要,所以很多企业努力为他们的员工提供高质量的培训和优厚的待遇。2012 年伦敦奥运会,举办方向负责场馆建设和安保的人员提供职业培训的机会,让他们获得相关的国家职业资格证书,这样即使在场馆建成之后也能让他们得到长期的职业发展。值得称道的是,这种做法增强了人们的就业能力,在赛后为社会的长远发展做出了贡献。

3）供应商

提供足够数量物美价廉的商品、在需求激增时保证货物的及时供应，能做到这些的供应商，对体育组织而言无疑是宝贵的合作伙伴。如果供应商变动价格，势必会导致商品的零售价格受到影响，进而会影响价格敏感型消费者的消费。不同的体育组织在选择供应商时可能会有不一样的标准，即使是同一企业，在不同的时期，标准也可能不同。比如，在爱国主义盛行时期，"本国制造"甚至成了选择供应商的标准。Lusso 是一个总部位于曼彻斯特的自行车服装生产商，它标称自己是"地道的英国手工制造"，在英国这样一个具有高度爱国主义情操的国家，该生产商相对于其他生产商而言显然具有爱国的优势，并且给下游的公司客户造成了一种它的服装是"高级货"的感觉。

值得注意的是，提到供应商，人们的第一反应往往是原材料和设备的供应，但实际上除了原材料和设备的供应之外，供应商还涉及资金和人力资源的供应。因此，银行和劳动中介公司也属于供应商。

4）媒体

体育组织在媒体上正面或反面的曝光是社会公众对体育组织的一种监控，这种曝光会对其在目标市场的销售产生一定的影响，因此，如何协调好与媒体的关系对于几乎所有的体育组织而言都是一个重要任务，这也是一些企业会专门聘请专家来帮助它们处理这一关系的原因。在任何时候都以高调的姿态出现，对于体育组织而言可能意味着时刻会将自己曝光在镁光灯下，所以积极处理与媒体的关系是 PR（公关经理）的关键任务。当听到 Tiger Woods、Lewis Hamilton、Northern Rock（北岩，英国知名户外休闲服饰品牌）这些词的时候，很多人会不自觉地将它们和网上那些经常看到的图片和文字联系起来，这种"洗脑"自然而然地就会对消费者的购买行为产生影响。

5）股东

股东可以分为内部股东和外部股东，其区别在于是否在企业内担任职务。所有的企业都是法人，要么为私人所有，要么为组织或政府所有。股东享有企业的决策权，同时也有分享企业利润的权利。体育组织有各种各样的所有权形式，而且有的形式比较复杂，例如，Team Sky 自行车赛的企业团队为 Tour Racing Limited 所有，Tour Racing Limited 又由来自英国天空广播公司（BSkyB）的两个董事会和来自英国自行车协会的两个董事会组成，但它还是由 BSkyB 出资并且为其所有。看到这里你可能已经晕了，但不难理解的是，不同组织的经营方向取决于它们不同的商业目标，从而会呈现出不同的股东特点。

6）竞争者

不同的市场存在着不同程度的竞争。企业会将自己的市场份额和竞争对手的市场份额进行比较，其比较结果影响着产品/服务的定价和质量。在英国，一旦某企业的市场份额超过 25% 就被认定为达到了垄断的程度，法律就会对这种企业进行约束，以确保它们不会过度涨价。BSkyB 在英国体育市场就是一个典型的垄断例子，因为它垄断了英超的转播权。欧盟已经颁布了法律对垄断进行限制，通过对转播权的招投标，来确保所有比赛的转播权不被某一家公司独占经营。为了努力营造一个公平竞争的环境，对体育赛事转播权的管理和立法将会是一个持续的过程，而最终受益的，仍将是体育消费者。

收集和分析关于目标市场上竞争者种类和性质的相关信息是十分重要的。所有的体育组织在任何一个市场上都会面临竞争者，收集竞争者的优势和劣势的信息可以用来帮助组织找出新的商业机会或可能出现的威胁。考虑竞争者对我们战略和策略将会做出的反应也是一个分析竞争对手的好方法，可以让我们提前应对竞争对手对我们施加的影响。但在分析竞争对手之前，首先要明确的一个问题是，谁才是我们真正的竞争对手？从广义上来说所有与本企业争夺同一目标用户群的企业都可视为竞争对手，但事实上只有那些有能力与本企业相抗衡的才是我们真正的竞争对手。因此，在确定竞争对手的数量时，最多不应该超过6个。因为对于企业而言，研究竞争对手需要花费大量的成本，如果将一些根本不能算得上是竞争对手的企业也纳入研究范围，显然是对资源的一种浪费。其次，在确定竞争对手时，既要考虑那些综合实力强的，也不要忽略那些综合实力弱但某一方面有很强竞争力的。最后，没有永恒的敌人，也没有永恒的朋友，竞争对手也会随着环境的变化而发生变化，营销人员应将这些变化也考虑在内。

对竞争对手的分析应该具有逻辑性和系统性，对于企业所处的竞争环境可以从以下这几个方面入手进行分析：本企业在竞争环境中发挥作用的关键力量；其他潜在的竞争力量有哪些，在将来是否会发生变化；竞争对手的优势和劣势；本企业的战略是否能有效针对市场上的竞争力量。最常用的竞争环境分析模型是波特的"五力模型"[①]，其后这种模型被Smith(2008)用于体育产业中。

尽管波特的"五力模型"考虑了现有的竞争对手和将来可能出现的竞争对手，但没有对竞争对手的行为做出预测。因此，波特的"竞争对手分析模型"（见图2.6）对此进行了完善，给出了分析竞争对手的四个关键方面：竞争对手的未来目标、竞争对手的自我假设、竞争对手的现行战略以及竞争对手的企业实力。未来目标和自我假设可以让本企业了解竞争对手的意图，而现行战略和企业实力可以让本企业了解竞争对手的能力。例如，竞争对手现在的表现是否正在向它们设定的目标迈进，其进一步的投资需求和非金融目标，即可持续发展能力，是否也可以被本企业识别。竞争对手的目标市场、策略（质量、价格、品牌形象等方面的特征）、管理能力、营销能力、创新能力、生产能力、融资能力等信息，都可以帮助本企业推测竞争对手会对自己的营销战略做出何种反应。这种反应可能是大幅降价，也可能由于无法改变的既定的市场营销战略而不采取任何反应，甚至有可能做出前后矛盾的反应而让体育组织无法预测。

竞争可以表现为多种形式，因此我们可以将竞争分为"直接竞争""替代型竞争"和"间接竞争"。在同一个体育部门提供一样的产品或服务就属于直接竞争，如私人健康俱乐部（如David Lloyd）和当地的休闲健身中心就属于直接竞争，尽管它们的所有权模式并不相同，但它们向同一目标市场提供了相同的产品和服务，因此就产生了直接竞争。当体育组

---

① 五力模型由迈克尔·波特（Michael Porter）于20世纪80年代初提出，该模型认为行业中存在着决定竞争规模和程度的五种力量——同行业内现有竞争者的竞争能力、潜在竞争者进入的能力、替代品的替代能力、供应商的讨价还价能力以及购买者的讨价还价能力，这五种力量综合起来影响着产业的吸引力以及现有企业的竞争战略决策。

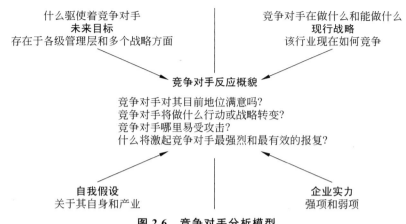

图 2.6　竞争对手分析模型

织提供的产品和服务不同但存在足够的相似性以用于多种场合,替代型竞争就出现了。例如,Tacchini Zip Polo 的短袖网球服在打高尔夫球的时候显然也能穿。最后,间接竞争来自非体育产业,比如是看一场足球比赛还是去一家餐厅吃饭?虽然它们满足的是不同的需求,但消费者如果不得不在同一天的同一时段进行这样的选择,那么间接竞争就产生了。

值得注意的是,体育比赛的竞争存在双重形式。比赛的目标是赢,所以竞争是固有的,但同时也要求运动员和运动队之间进行合作共存,以使比赛得以长期存在。处于同一体育联盟下的不同队伍,其之间的商业竞争是比较温和的,因为失败的商业表现会给俱乐部带来融资的困难从而可能使联盟的所有成员都遭受损失。一些专业运动队由于饱受债务折磨而惨遭降级,最引人注目的是在 2009/10 赛季中的朴次茅斯①。当然,出现这种情况的一个主要原因是比赛本身的管理问题。此外,同一部门的体育组织如果经济差距过大,就会导致比赛结果提前预知,降低比赛本身的可观赏性。利润和损失的巨大差距可以从英格兰板球的一个例子中看出来:2009 年,Durham CCC 盈利近 20 万英镑,而 Essex 却遭受了 21.6 万英镑的亏损。英式橄榄球联盟也已经发起了提议仿效美国体育联盟创立的 NBA、NFL② 和 MLS③,即希望根据每个队在联赛中的特点,用限制开支的方式调节薪酬的支出,这种办法有助于体育组织的可持续发展和促进比赛中的公平性。

§互动学习 2.2

为一个你熟悉的体育组织分析其最直接的竞争对手,分析内容包括:

---

①　朴次茅斯在当时的总债务高达 8 000 万英镑,此外,未能购得弗兰顿球场附近的土地意味着朴次茅斯扩充球场的计划将难产。沉重的债务也使得朴次茅斯在当时已经连续 2 个月未能按时向球员支付薪水,而且由于拖欠其他英超俱乐部转会费,朴次茅斯已经被禁止买入直到还清债务。
②　National Football League,即美国国家橄榄球联盟,是北美四大职业体育运动联盟之首,也是世界上最大的职业美式橄榄球联盟。
③　Major League Soccer,美国职业足球大联盟,是美国最高等级的职业足球联赛。

1. 产品特性。
2. 优势。
3. 劣势。
4. 机会。
5. 威胁。
6. 目前的市场份额。
7. 目前的营销活动。
8. 对该体育组织的营销活动可能做出怎样的反应。

2.2.2 内部环境

所有的体育组织必须对自己的内部运营状况做一个全面的评估,因为它们会影响到体育市场营销活动的效果。和之前那些不可控的外部环境不同的是,内部环境是体育组织可以控制的,但"可控"绝不意味着对企业内部环境的分析是一个简单的过程,因为它需要分析体育组织现在和过去进行营销活动的大量信息。比如说,市场规模、销售增长率、现行市场的趋势;消费者的满意度;营销活动计划及其实施的效率和效果;市场营销组合的应用情况。此外,它还可以包括对企业其他相关信息的分析,如企业文化、企业结构、企业形象和企业的内部资源(员工、财政状况和设备等)。

对于一个既有的体育组织而言,上述的每一个因素都是已经存在的,因此,对这些因素进行分析的目的主要是明确公司未来营销活动的发展方向。关于公司的基本信息几乎都可以从"公司计划"这类文件里找到,如愿景宣言、核心价值、组织目标等。愿景宣言陈述了公司存在的目的——是什么、怎么做、为谁做、在未来将会如何发展,它为体育组织市场营销战略计划的制订指明了方向,并且与公司的发展目标(体育组织期望达到的、可量化的陈述)保持一致。但是,有时候一个公司的愿景可能相当主观甚至不切实际,所以在分析时需要谨慎对待。对于一个即将成立的体育企业而言,所有的信息都不能和商业惯例相悖,并且能保证对将来开展体育市场营销活动有所帮助。

大部分的体育市场营销书籍都没有给出这个重要阶段的具体操作细节,所以导致学生对所需要收集信息的类型和性质不能有一个全面的了解,这是因为具体情况必须具体分析,没有一个通用的模版供所有企业套用,但是下面这个案例也许可以帮助你对上述所学内容有更深刻的理解。

 案例学习

公司分析——耐克

1. 公司层面的优势和劣势

1) 董事会

耐克的董事会里既有经营董事也有独立董事,这种组合能帮助企业做决策时"跳出思维盒子"(优势),但耐克缺乏可以提供"新视角"的年轻董事成员(劣势)。

2)人力资源

耐克在海外市场的劳工政策仍旧是一个劣势,但耐克已经制订了方案使其能更好地解决该问题。

3)环境分析

(1)内部环境。耐克的管理者对公司的内部环境进行分析并且依此做出决策。耐克的市场调研让公司可以紧跟市场潮流。根据对产品和价格的调研结果,耐克决定继续将主要精力放在高端市场,同时增加中低端产品的市场份额以扩大耐克的产品范围(优势)。

(2)外部环境。耐克之前对劳工问题和工厂环境问题的忽视虽然已经做出了改进,但其市场形象已经受到影响,导致销售额下降,可见社会和消费者需要更有"社会责任感"的企业(劣势)。

4)战略制定

(1)战略目标。"成为世界领先的运动品牌",显然这一表述更像是一种愿景而不是目标,因为对于它所提供的产品和服务来说,这种目标不够具体,此外还省略了在分销渠道和消费者方面期望达成的目标(劣势)。

(2)公司目标。耐克并没有公开公司的总体目标,但是有一个和公司目标有关的公司责任,即"在项目的合作中起带头作用,始终维护'耐克大家庭'——队友、消费者和那些为耐克提供服务的人的利益"(劣势)。

(3)宏大战略。耐克不断创新,为顾客提供质量顶尖的运动装备(优势)。

(4)竞争战略。通过产品差异化实施差异化的市场营销战略(优势)。

5)战略实施

(1)公司文化。耐克的公司文化注重员工的忠诚度和团队合作精神。在耐克,员工被称为"运动员",管理者被称为"教练","开会"则被称为"抱团"(优势)。

(2)领导能力。耐克的高层管理特色体现在实施团队管理这个方法上,因此,它的高层管理由经验和知识丰富的人员组合而成(优势)。

(3)激励措施。员工的斗志对于公司来说是一个挑战(劣势)。

6)战略控制

(1)标准的建立。耐克建立了一个全面的盈利标准,既可以用来评估自己的表现,又能够用来和竞争对手进行比较(优势)。

(2)表现评估。耐克全面检查了上述标准,并将现实结果和该标准进行比较,以判断实施的战略是否达到或超过业绩标准。

2. 活动层面的优势和劣势

1)市场情况

(1)市场份额(优势)。

(2)基于电子商务的分销渠道(优势)。

(3)广告和促销(优势)。

(4) 产品(优势)。

(5) 市场调研(优势)。

2) 分销

经营分布情况。耐克的经营网点遍及亚洲和南美洲,可以更好地帮助其实现全球化的战略目标(优势)。

3) 研发

耐克一直在进行基础研究,并且侧重于应用型研究,这些研究成果有利于体育和健身行业各方面的发展。

(资料来源:改编自 www.condor.depaul.edu)

基于内部环境分析中一些信息之间的共性,Drummond 和 Ensor 把这些信息归纳为两类:组织资产和组织能力。组织资产包括金融资产、有形资产、公司结构、人力资源和信息系统,此外,还包括基于顾客的资产(体育品牌形象和声誉、市场主导地位)、基于分销渠道的资产(分销渠道的规模和质量)、基于内部自身的资产(成本结构、创新文化)和基于外部联合的资产(市场准入、独占经营协议)等。组织能力则和体育组织在三个决策层面上的技巧和能力相关——策略层面(管理技巧)、活动层面(融资、营销)和运营层面(对活动的实施),同时还与三个不同层级相关——个人、团队和公司。

这种公司层面的信息分析对公司市场营销活动的开展有直接帮助,但它还需要"战略业务单元"[①](strategic business unit,SBU)中的信息进行补充。企业利用审计工具(如"组合分析")分析组织目前的运营情况,从中找出企业现在的优势以制定合适的战略。"波士顿矩阵"(Boston Consulting Group,BCG)可能是最著名的"组合分析"模型,该模型简单直观,主要用以分析 SBU 或者体育产品/服务产生和使用的现金流(见图 2.7)。

横坐标"相对市场占有率"用来预测某项业务或某种产品/服务产生现金流的能力,纵坐标"需求增长率"用来预测企业所需要的现金投资。由图 2.7 可知,"金牛"产品在一个需求增长率缓慢的市场上是一个市场领导者,因此不需要太多的投资就能保持高利润(如 Nike Air Jordan's);"明星"产品占有很大的市场份额,带来了很多现金流,却需要更多的投资以保持它较高的销售增长率(如 Nike+);"山猫"产品不是市场领导者所以不能产生太多的现金流,但是如果有投资就能保持高的需求增长率(如 Nike 手表);"瘦狗"产品需求增长缓慢且市场占有率较小,可能会产生现金流,但基本上可以放弃(如 Nike 自行车)。

一个关键问题在于,如何对这些产品进行综合考虑,用可以产生现金流的"金牛"产品带动"山猫"产品的发展,使之变成"明星"产品,同时"金牛"自己还能保持"金牛"的地位。

波士顿矩阵往往被诟病模型太过简单,忽视了影响销售增长率和市场占有率的其他因素,如发展中的相对优势、体育产品的生命周期和其他金融措施(投资回报率和市场规

---

① 战略业务单元是公司中的一个单位,或者叫作职能单元,它是以企业所服务的独立的产品、行业或市场为基础,由企业若干事业部或事业部的某些部分组成的战略组织,Taylor Made 阿迪达斯高尔夫就是一个战略业务单元的例子。

图 2.7 波士顿矩阵

模)。但无论如何,它的原理——在业务范围内识别潜在的成功产品,是值得我们借鉴的。学术界已经出现了一些其他更高级的分析矩阵(如 GE 矩阵),但是它们依赖于内部数据(通常主观性太强)及对数据权重的分析,而且这种类型的信息非常敏感,有可能涉及商业秘密,所以不太容易获得。

2.2.3 调研过程

基于数据的体育市场营销决策过程需要一个系统的方法对数据进行收集、分析和整理。从各种来源收集而来的数据必须具有代表性,而且要有条理性、前瞻性、综合性地去分类、分析和利用这些信息。

在调研过程中,企业通常用"营销信息系统"(marketing information system,MIS,如图 2.8 所示)来协调各种事项。营销信息系统是由人员、机器和计算机程序所构成的一种相互作用的有组织的系统,这个系统可以有计划、有规则地收集、分类、分析、评价与处理信息,从而为企业营销决策者制定规划和策略提供有效的信息。

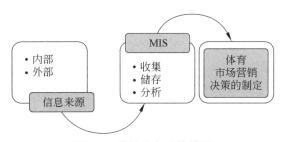

图 2.8 营销信息系统模型

要始终记住信息处理过程的主要目的是理解体育消费者在做出决策的过程中考虑的所有信息,因此企业需要重点关注以下几个方面(Mullin et al.,2007):

- 谁(who)——谁是体育消费者,是特定的体育细分市场的消费者,还是竞争对手的体育消费者?
- 什么(what)——什么是体育消费者追求的利益,什么是影响需求的因素,竞争对手的体育产品/服务是什么?
- 在哪里(where)——在哪里作出的购买决策,在哪里产生的体育购买行为?
- 何时(when)——何时作出的购买行为?
- 为什么(why)——为什么体育消费者要买?
- 如何(how)——体育产品/服务如何被使用,体育消费者购买多少?

一个好的 MIS 应该能够获取体育消费者和一个体育组织所有"接触点"产生的信息。信息技术的运用意味着体育消费者的购买行为和购买意图可以被追踪。体育组织可以通过向我们发送沟通信息来刺激我们的购买欲望,比如,Road Runner Sport 就非常个性化地向那些在网上购物车里放了东西却没有结算的消费者发送电子邮件,以试图将他们的购买意图转化为实际的购买行为。

一个好的 MIS 和一个 GIGO(garbage in-garbage out)系统的区别在于能否对数据流进行管理。Mullin(2007)等学者认为对信息流的管理应包括以下五个步骤:
- 尽可能广泛地收集数据。如买票的人、集团、体育参与者、电子杂志的订阅人、等等。
- 处理数据,包括合并、筛选、清除和复制。
- 单独建立一个数据处理库。
- 将数据用于所有的体育市场营销活动。
- 对活动的数据信息进行有效的追踪。

MIS 是一个能协调处理内部信息和外部信息的系统。内部信息来源包括销售记录、咨询记录、顾客账户(如年卡客户、公司赞助商等)、投诉或表扬信息等;外部信息来源包括体育市场报告、人口调查数据、体育媒体覆盖情况、体育细分市场的初步相关信息(人口统计、地理情况、行为表现、心理特征等)。

在 MIS 处理信息的基本过程中,初步研究过程是其首要步骤,它是所有体育组织都必须经历的一个信息处理过程。初步研究是一个复杂的过程,这一过程包括:解决在制定调研目标时产生的具体问题;设计和实施合适的调研方法;分析、解释和报告调研结果。由于体育消费者数量庞大,所以这一过程的成本较大,而且需要专业技术来处理信息,因此体育组织往往把这个过程外包给第三方调研机构(如 Performance Research)。初步研究在开展体育市场营销活动的前、中、后每一阶段都需要用到,以评估体育组织的决策和决策实施的效果。应用研究是后续的信息处理步骤,和前述的初步研究不同之处在于,它研究的是体育组织面临的特定问题,在体育营销和管理领域是一种公认的工具,例如"经济危机下客户如何看待体育赞助""F1 赞助商的品牌形象和品牌意识"以及"关于欧洲足球运动衫销售情况的调查报告"等。

关于"该采用定性研究还是定量研究""如何解决数据可靠性、有效性的问题"以及"抽样分析方法"等这些问题是"体育研究方法"这类课堂上所探讨的内容,虽然它们对一个成功的体育市场调研起着重要作用,但它们并不是体育市场营销课堂上需要深究的问题。

2.2.4 SWOT 分析法

最后,我们来了解一下体育市场营销信息分析过程的简单工具——SWOT 分析法。它可以对我们从企业内部和外部收集而来的信息进行提炼和筛选,将其更富有逻辑地归纳为优势(strength)、劣势(weakness)、机会(opportunity)和威胁(threat)四个方面,从而更有效地为下一步——体育市场营销战略的制订提供帮助。它是一种常用、简单、可靠、高效的体育市场营销分析工具。

在运用 SWOT 分析法时,最重要的一点是要谨记:"优势"和"劣势"来自对企业内部环境的分析,属于内部因素;而"机会"和"威胁"则来自对外部环境的分析,属于外部因素。记住企业可以对内部因素进行控制,但无法左右外部因素。SWOT 分析法把所有的信息都放在一个矩形表格里,如图 2.9 所示,将企业目前面临的情势放在四个部分里,对这些因素进行分析,从而"发挥优势,克服劣势,利用机会,规避威胁"。

内部环境因素 外部环境因素	优势——S	劣势——W
机会——O	SO战略 发挥优势,利用机会	WO战略 利用机会,改变劣势
威胁——T	ST战略 发挥优势,规避威胁	WT战略 克服劣势,规避威胁

图 2.9 SWOT 分析矩阵

在对信息进行 S、W、O、T 四个方面的归类分析基础上,SWOT 分析法可以进一步解决如下问题:
- 体育组织有哪些机会可以利用以进一步发挥优势(SO 战略)?
- 体育组织在何处面临可以防御的竞争(ST 战略)?
- 体育组织需要做出哪些改变以保护自己不受外部环境的负面影响(WT 战略)?
- 体育组织需要优先处理哪些情况(WO 战略)?

需要注意的是,在使用 SWOT 分析法时,还应该遵循下述基本原则:
- 在分析体育组织的优势和劣势时,应实事求是;
- 分清楚哪些情况是企业现在面临的,哪些是将来可能面临的;
- 分析时不要孤立分析,而要做比较分析,即哪些比竞争对手强,哪些比竞争对手弱;
- 尽量简化,不要过于复杂;
- 尽量具体。

尽管SWOT分析法可以将大量的信息处理成更容易理解的形式,但它同时也暴露出缺点——分类太过简化,因为有些因素可能对应一个以上的类别,比如行业的技术进步对于企业而言既可能是机会也可能是威胁。但是,SWOT分析法仍然提供了一种有效的信息处理方法,用以帮助体育组织找到自己的竞争优势,明确自己未来的战略方向。

章 节 回 顾

所有的体育消费者都受到内部因素(他们自己本身)和外部因素(他们周围的环境)的影响,消费决策就是这些因素综合作用的结果。对于体育产品/服务的提供者而言,体育消费者的消费行为需要付出时间和努力来理解,这样才可以让体育消费者享受其消费体验并一次又一次地成为回头客。信息是体育组织做出体育市场营销决策的重要依据。体育组织需要对来源于内部环境和外部环境的信息进行分析,内部环境对体育组织来说是可控的,而外部环境则是不可控的。在信息分析过程中,需要用到一些分析工具(如 MIS 和 SWOT),它们都能帮助体育市场营销人员识别哪些信息对于市场营销计划阶段而言是至关重要的。

在线自测题

第 3 章

STP 战略

学习目标：

本章将帮助你——

1. 认识细分体育市场时可以利用的变量。
2. 掌握目标市场营销策略。
3. 理解市场定位的重要性。

在市场调研收集数据之后，体育组织需要对这些数据进行整理和分析，找出对企业而言有潜力的目标市场。如图 3.1 所示，目标市场营销三部曲是指市场细分（segmentation）、目标市场选择（targeting）和市场定位（positioning）。首先企业需要通过市场细分区分出不同的客户群体；其次进行目标市场的选择，即评价和比较客户群体，从中选择最有潜力的一个或几个作为自己的目标客户群体；最后，进行目标市场定位，即针对顾客对该类产品某些特征或属性的重视程度，为本企业产品塑造与众不同的、令人印象鲜明的形象，并将这种形象生动地传递给顾客。这三步环环相扣的过程，又简称为 STP 战略。

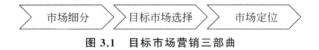

图 3.1　目标市场营销三部曲

3.1　体育市场细分

体育市场细分开始于对所有可用的体育消费者相关信息进行提炼的阶段。在多数情况下，整个体育消费市场可以被分为若干个子市场，由于同一个子市场上的消费需求呈现出相似性，因此体育市场营销人员可以制订更具针对性的营销策略以刺激子市场上消费者进行消费。体育市场细分是企业在选择目标市场和实施市场营销组合之前所进行的一个计划活动，具体来说，就是识别具有相似需求的体育消费者。本章在前面已经分析了体育消费者的消费决策过程和影响这一过程的因素，体育市场细分就是利用这些因素进行分析，从而为下一阶段体育市场营销战略计划的制订指明方向。

3.1.1 市场细分的相关概念

1. 市场细分

市场上消费者存在的个体差异导致了消费需求的多样性,且消费需求变化较快,再加上企业经营资源的有限性,因此任何一个体育组织的产品和服务都不可能满足整个体育市场消费者的所有需求,而只能从中选择一部分进行满足。

市场细分就是指按照细分标准,将整个市场划分为若干个消费群的市场分类过程。要注意的是,市场细分是对需求不同的消费者进行分类,而不是对产品分类,一个消费群就是一个细分市场(或称为"子市场")。

2. 同质市场和异质市场

市场细分还涉及两个概念,一个是同质市场,一个是异质市场。同质市场是指在该市场上消费者对某一产品的要求基本相同或极为相似,如火柴市场、白糖市场等;异质市场则是指在该市场上消费者对某一产品的要求不尽相同,如手机市场、服装市场,等等。显然,生活中的绝大多数市场都是异质市场。由于同质市场上的消费者需求共性较大,对营销人员而言无须区别对待,因此市场细分的实质就是对异质市场进行细分,将异质市场划分为若干个同质子市场的过程。

3.1.2 市场细分的标准

体育市场细分四个最常用的标准是人口细分、地理细分、心理细分以及行为细分。

1. 人口细分

我们可以按照人口的一些相关变量对市场进行细分,如年龄、性别、种族、所处的家庭生命周期阶段等。此外,有的学者会将"收入""教育程度"和"职业"单独划分到"社会经济细分"里面去,但笔者认为这种做法没有必要,因为它们通通都是跟人口相关的。这些变量的大部分都可以从二手数据来源找到,如民意测验的结果,或者国家体育管理机构的统计结果。每一个人口变量都可以单独作为一个细分标准,但是体育营销人员有时需要把这些变量结合起来,以便更深入地了解单个体育消费群体,这种"结合"是制订体育市场营销策略的依据。

1) 年龄

我们可以按照年龄把体育活动的参与者从学龄到成年早期进行分类。显然,由于身高和技术水平上存在差异,所以儿童应该和他们的同龄人而不是成年人在一起比赛。在许多项目中,为了促进公平竞争,把成年早期分成了 19 岁以下和 19~23 岁两类。青年人和中年人这两类人群参与体育活动的程度近年来有显著增加,相应地他们购买的体育服装和设备也增加了,比如在大街上看到中年人穿着莱卡运动服已经不是一件稀奇事;在媒体上我们也经常能看到一些足球运动员或者赛跑运动员还在运动场上和他们的"80 年代"做斗争。这些都说明,运动并不是 35 岁以下的人才能享有的权利。

营销人员可以将年龄和其他变量(如收入和性别)结合起来分析,从而预测体育消费者的消费行为。比如,观看无挡板篮球超级联赛的观众和观看足球超级联赛的观众在构成上是不一样的,一部分原因就在于票价(和收入相关)不同,另一部分原因可能在于他们在上学时期所在学校的文化环境(和性别相关)不同,这些分析可以帮助我们找出潜在的体育观众和体育活动参与者。

在我们小时候(9~10岁)参与体育活动时,性别上的差异就决定了我们参与体育活动的类型——你见过有多少男生打无挡板篮球?实际上无挡板篮球的国际协会并没有制止11岁以上的男生参与该项运动,但文化却导致了在英国学校女生打无挡板篮球而男生踢足球,无挡板篮球相对较低的技术壁垒鼓励了女性对这项活动的参与。实际上,许多重要的体育活动,非常适合女性参与,如私人健康俱乐部和在公共体育中心举行的仅限女性参与的活动。此外,有一些体育活动甚至只针对女性观众,如 Royal Ascot 赛马会①的"淑女日"。不过,越来越多的项目适合男性和女性共同参与,比如伦敦马拉松、集体障碍赛跑和动感单车课程等。

2)民族背景

包括种族、宗教和国籍。英格兰和爱尔兰是文化多元化的国家,所以在考虑涉及"民族"的问题时会变得过分敏感。笔者认为运动并不存在民族界限,比如,即使一个不会说法语的人也可以在法国加入当地的跑步俱乐部,当你和当地人一起运动时,通过分享运动的快乐,自然而然地你就被当地人接受和尊重了。不过,确实有一些运动会专门针对某种特定的种族群体开展营销活动,比方说,约克郡县板球俱乐部在一些地方(如 Huddersfield 和 Bradford)成立了"黑人和少数民族发展中心"(Black and Ethnic Minority)。但是,坦白说,体育市场细分本质上是一个淡化"歧视"的过程,所以如果某公司只想服务某类种族群体,可以尽管一试;但与此同时如果你还想兼顾另外一些群体的体育消费,当然也没问题。

更多关于 Royal Ascot 赛马会的信息,扫描下方二维码了解

3)家庭生命周期

"家庭生命周期"这一传统变量已经不像之前那么受营销人员重视了,因为现代社会单亲和离异家庭越来越多。这种现象给营销人员识别家庭市场带来了一定的困难,但另一方面,也给营销人员带来了机会,因为单亲家庭和离异家庭可能更重视与孩子共处的时间,所以他们会更加重视与孩子一起参加体育活动,比如带孩子参加体育训练营或者观看比赛等。因此,如何针对家庭制定票价、比赛时间和场馆氛围等,对营销人员而言是非常重要的。

4)收入、教育、职业和社会阶层

收入、教育、职业和社会阶层这几个因素往往是相关的,通常来说,更高的教育程度意味着能获得一个更高收入的职业,从而进入相对较高的社会阶层。即使在生活中偶尔会

---

① 设立于1711年,已经有300多年历史,一直是世界上最豪华、最奢侈的赛马会,传统的英国人对此非常自豪。这项赛事更是英国上流社交圈的大事,从皇室贵族到一般平民都会在这天大肆庆祝。

出现例外,但在预测各个阶层的体育消费行为时,这些变量还是会被营销人员广泛采用。参与体育活动可能会带来不同程度的花费,主要体现在体育服装和设备购买上,有一些"任性"的有钱人醉心于购买昂贵的体育装备,但真正使用它们的时间却很少,通常是"装备齐全,一窍不通"。像高尔夫、网球、航海和滑雪这些运动之前都是典型的"贵族运动",近年来随着人们生活水平的不断提高,参与这些运动的人越来越多,"分界线"也变得不像之前那么明显。但是,很多体育比赛的昂贵门票还是把处在社会底层的人拦在了门外,比如如果一家四口想去看一场英超比赛,即使购买最便宜的门票,差不多也得花上200英镑。

小专题

体育与阶层

——为什么世界杯的欧洲球队在变"黑"?为什么越是"高大上"的体育项目白人越多?不是身体素质原因,而是经济原因。

如何区分伪球迷?观看法国队比赛是个好方法。酒吧里,如果同座一脸困惑询问:"这是法国队?难道不是尼日利亚或者喀麦隆吗?"此时你还想认真看球,就可转身寻找下一桌了。

2014年6月21日世界杯瑞士对法国的比赛,堪称伪球迷的灾难之作。双方移民后裔比重都超过一半,让人恍惚间连呼上当,以为看的是洪都拉斯VS厄瓜多尔。为保持观众的专业水平,法国真是煞费苦心。电影中金发碧眼的帅小伙不见了,取而代之的是黑人球员博格巴、萨尼亚、阿尔及利亚后裔本泽马等。

历届世界杯法国队名单构成

年份	法国后裔	移民(后裔)
1986	19	3
1998	12	10
2002	12	11
2006	6	17
2010	9	14

不仅法国移民球员增加,球员肤色变"深"是欧洲趋势。德国的土耳其后裔帮助他们2000年后重新崛起,荷兰、英格兰、比利时首发阵容都不止一位移民后裔,球队中的移民比例都远超总人口比例。

为什么会出现这种现象?最流行的解释是身体素质。黑人的身体素质更优越,适合运动,当然挤掉白人。但阿尔及利亚人、土耳其人、摩洛哥人的各项身体指标不可能比西欧人更出色，为什么他们的移民后裔比重比黑人、欧洲人都高？即使是黑人，也不能凭身体素质通吃。相比讲求配合、团队协作的足球，拳击更为直接，更拼身体，但黑人运动员只在20世纪中期称雄一时，现在苏联国家的拳手已将美国黑人的地位抢了过来，更有趣的是，黑人统治拳击之前，拳坛霸主是一个被广泛认为羸弱的民族——犹太人。

对，你没看错。两次世界大战期间，犹太人曾是美国拳坛最活跃的族群，20世纪二三十年代1/3的拳击手是犹太人，1910—1940年，犹太人赢得了26个世界冠军，诞生了传奇拳王本尼·伦纳德、巴尼·罗斯。彼时的犹太人在欧洲备受压迫，大批前往北美新大陆，根基不深，穷困潦倒。拳击成就让他们一脚踢开病夫的招牌，第一次在美国社会站了起来。

这种现象还是身体素质决定的吗？

上升的梦想

移民后裔获得成就的比重高显然与身体素质没多大关系。实际上，这与体育本身的特点有关。

体育是一项身体的锻炼，也是一种社会活动。围绕体育的组织、规则、文化、多重社会、政治、经济因素，出现一个伟大的运动员，一个伟大的赛事，或者一个广受欢迎的项目，必定有适当的社会环境，仅凭身体素质或者人数众多并不保证获得成就。

欧洲移民后裔在足球上的成功，和他们其他上升通道狭窄有很大关系。布尔迪厄在著作 *The Weight of the World* 中，采访了法国的边缘人群，多数人都在抱怨移民后裔"无所事事，破坏社区"，同样贫困的白人也抱怨阿尔及利亚青年"不工作，不吃苦，充满暴力欲"，是"麻烦的来源"。在德国，土耳其后裔占移民总数2/3，平均收入只有德国人的一半，受教育程度偏低，因此，足球成了土耳其裔年轻人跨入上层最快捷的方式。

统治美国拳坛的犹太人，其时正在经历融入美国社会的痛苦。1911年，纽约城区75％的妓女是犹太人，50％的妓院由犹太人所拥有。1921年，纽约州监狱20％的犯人是犹太人，他们包揽了几乎全部的走私犯罪。

"二战"结束后，退伍军人权利法案和民权运动兴起，增加了美国少数族裔的上升渠道，1950年后犹太拳击手迅速从拳坛隐匿。在此前后，另两支拳坛重要力量是爱尔兰人和意大利人，他们先后称雄职业拳击，并在犹太人从走私和卖淫行业退出时接管过去。如今，成功融合进美国主流社会的犹太人被视为智慧和精明的化身，意大利人和爱尔兰人则仍与黑帮形象紧密相连。

拳击和足球虽然需要刻苦训练，其入门的门槛却不算高，一旦成名回报率极高。比较类似的如篮球、橄榄球，它们都富有观赏性，商业化程度高。这些项目吸引了移民等较低阶层。另一些项目虽然商业化运营，富有观赏性，却少见来自较低社会阶层的球员，比如冰球。美国四大联盟中，冰球联盟（NHL）非裔球员最少，现役与退役球员总共78人，还不如NBA一年的球员多。

2010 年美国种族人数以及其在各项运动中所占比重

单位：%

种族	2010 年美国人口		
非洲裔美国人	13		
亚裔	5		
拉丁美洲/西班牙裔	16		
白人/欧洲人	65		
种族	NBA	MLB	NFL
非洲裔美国人	78	9	67
亚裔	1	2	2
拉丁美洲/西班牙裔	4	27	1
白人/欧洲人	17	62	30

这是由于装备价格高昂，且入门成本高，超出了较低阶层的承受能力，无法如拳击、足球那样在简易的场地刻苦练习，因此失去了这条上升通道。与足球和篮球相比，冰球更像是中产阶级的自娱活动。

不同阶层的格调

一些运动是阶层上升的途径，另一些则是上升后追逐的目标，比如马术。马术是奥运会上最贵的项目，贵到为成绩一掷千金的东德、苏联都选择放弃。此外，赛艇、高尔夫等都是这种类型。这些运动因为门槛过高，自动将低社会阶层的人排除。较高阶层的人因经济、政治、社会地位的优势把控着这些运动。悠闲的时间、奢侈的设备、雍容宽阔的场地，这一切造成了资源丰富的贵族与贫乏阶层间不可逾越的高墙。

回顾体育的发展历史，体育都带有强烈的阶级特点。古希腊时期，体育本身就是贵族的特权，平民没有时间也没有金钱参与。《奥德赛》中，伊卡萨的奥德修斯为了向科浮岛国王 Alkinoös 展示其贵族荣耀，亲自上阵扔铁饼，以示技巧之娴熟。

奥德修斯扔铁饼

这种贵族垄断的状况一直维持到工业革命前。此后，逐渐有了闲暇和金钱的民众扩大了体育基础,赌博活动点燃了运动的热情,贵族失去了以往的特权。

1660年,英国乡间绅士们为了在赌桌上有更好的收获,创建了世界上第一支专业板球队。从此,板球俱乐部盛行,球员的交流和竞争促进了运动发展,同时加剧了狂热的赌球风气。

早期英国的板球运动

18世纪后,英国的城市化和工业化加深,更多的民众聚集到城镇,被体育运动所吸引。1848年,为了让牛津和剑桥间的足球比赛更加规范,第一份正式的规则《剑桥规则》诞生,更规范的体育形式又促进更广的区域定期比赛,形成了专业的联赛。1888年,基于俱乐部的英格兰足球联赛开始,第一运动随着英帝国的扩张,传播到世界各地。

职业俱乐部联赛建立后,凭借闲暇时间丰富经常获胜的贵族因失去了时间优势,被职业球员挤了出来,转而寻找更符合其地位的运动,马球、高尔夫、斯诺克等在此时获得青睐。

贵族的心态和寻求阶层上升的移民正好相反:他们希望将自身与社会其他阶层区分开,不希望下级阶层加入。体育参与方式是实施这种社会区分的有效方法,越昂贵、费时、占地的运动,越可能被贵族选中。

对普通民众来讲,体育最大的乐趣是比赛的刺激可以缓解生活的乏味与辛苦,因此他们更偏向于价格低廉、场面火爆的运动。

2015年北京市大众高尔夫运动参与者的年收入分布情况

年收入/元	人　　数	百分比/%
5万以下	16	5.9
5万至10万	22	8.1
10万至20万	30	11.0
20万至30万	44	16.2
30万至50万	73	26.8
50万以上	87	32.0

阶级分层最为明显的英国社会，体育项目的差别非常醒目。直到近半个世纪，在民主化的强大压力下，英国贵族才开始亲近工人阶级的运动。皇室成员偶尔出席足球的比赛，伊丽莎白女王还询问贝克汉姆的脚伤，以示亲民。

进入20世纪，大众传媒的发展造就了许多体育明星，各国家的联赛成为体育的关注中心。2013年，世界上收入最高的运动员梅威瑟一年进账1.05亿美元，其构成也极富拳击这项平民运动的特点：全部来自比赛奖金，没有一分钱来自广告代言。这种明星不会得到上流社会喜欢，但平民的狂热足够梅威瑟占据世界收入最高运动员的宝座。

搅局者

除贵族和平民运动，还有一种体系，能让最贫穷的人从事贵族运动，在没有文化积淀和社会支持时，凭借有规划的训练摘金夺银，这就是举国体制。

举国体制依赖于强有力的行政力量，以便调集和动员一国之内所有资源，集训某一运动项目。历史上拥有这种动员力的都是社会主义国家，登峰造极的是东德。

1968年到1988年的20年间，东德共获得519枚奥运奖牌，仅落后苏联（774枚）和美国（624枚），虽然人口只有1 600万，面积只有11万平方千米。

东德最擅长的奥运项目，是女子田径、游泳和体操。女子运动由于观赏性不足，市场化程度弱，多数国家都是爱好者自己出钱训练，与职业联赛的强度不能相比。东德集中了全国的运动科学家，挑选适龄女子，制订精确的训练计划，其强度甚至高于联赛中的职业运动员。

同时，东德还利用举国体制的优势，动员另一项资源——兴奋剂来提高运动成绩。柏林墙倒塌后，诸多档案解锁，东德有计划地使用兴奋剂的事件被查明：至少10 000名运动员，在指令下长期服用各类禁药，至少100名运动员死亡。大部分优秀运动员都在服用禁药，几乎所有的奥运会奖牌获得者都包括在内。

东欧剧变后，中国就成为世界上举国体制的代表。虽然没有获得东德那样的奖牌成就，中国的举国体制也显露出威力——在跳水、击剑、体操、举重等一系列商业化程度低，观赏性弱的项目上屡获世界冠军。

欧洲贵族伙伴们惊呆了，本来没有平民参与且昂贵的个人化项目应由他们尽情表演，没承想被毫无运动基础的东方国度击败。但这并不是最致命的，当趿拉着拖鞋，叼着半根烟的小镇青年成群结队打起"斯诺克"，"英特纳雄耐尔"真的要实现了。

（资料来源：http://daxianggonghui.baijia.baidu.com/article/21167）

2. 地理细分

地理细分既简单又复杂。地理细分可以用"本地""地区""国家"和"国际"来划分。现代社会交通的便利显然增加了跨地区参与体育活动的机会：本书的英国作者曾经坐飞机到西班牙的Girona①去观看Vuelta a Espana②自行车比赛，当时在Lloret de Mar③花了

---

① 赫罗纳省，位于西班牙东北海岸加泰卢尼亚自治大区。
② 环西班牙自行车赛。
③ 罗列特，是一个地中海海滩小镇，位于西班牙布拉瓦海岸，距离巴塞罗那仅75公里。

一整天观看试赛,然后第二天租车开了 180 千米到 Andorra 观看山道阶段的试赛。伦敦马拉松每年有来自 40 多个国家的长跑爱好者参加,芝加哥马拉松参与者的国籍甚至达到了 100 多个。由于科技带来的便利,使得英超球赛的门票可以在世界范围内(特别是远东地区)售卖,因此对于职业足球俱乐部来说,国际市场和本地市场一样重要。"全球化"的发展带来了运动的全球化,使世界各地的体育迷都能和本地支持者一样享受运动带来的激情。但由于文化的差异,一些体育活动还是只能做到当地化而非国际化。比如,英超和英式橄榄球联盟就很不一样,因为足球和英式橄榄球在世界范围内的受欢迎程度是不同的。你认为在迪拜或者北京举办一场英超比赛(比方说切尔西对曼联)的可能性有多大?但是,英式橄榄球联盟则致力于在本地推广该项运动,它们的目标市场在当地,希望能鼓励当地居民支持他们的队伍。

欣赏一下 2019 年环西班牙自行车赛的 21 个赛段线路吧!

地理细分不仅和人们住在哪里相关,还跟人们在哪里工作有密切关系。由于体育活动本身鼓励和强调社交性,所以"工作地"这一细分方法往往被营销人员用来瞄准个人或团体。公司款待就属于这一类,有很多运动都适合于公司款待,比如,赛马、篮球、足球、英式橄榄球等。如果策略运用得当,这种市场将会非常有前景。

一种更高级的方式是将地理细分和人口细分结合起来,即"地理—人口细分"。它建立在"相同的地理区域的人口具有相似的生活方式"这一前提的基础之上。"马赛克理论"[①]是体育市场营销人员可以运用的一种"地理—人口细分"方式,它的应用基于两个假设:一是在同一片区域居住的人有相似的人口特征;二是可以根据不同城镇和城市社区具有的不同人口特征对人口进行分类。按照这种分类方法,英国有 10 种类型的社区和 15 种主要社会经济群体。

3. 心理细分

如果采用心理细分或者生活方式细分的标准,则需要对体育消费行为有更深刻的理解。AIO(activities, interests 和 opinions)量表可以用来分析为什么体育消费者会做出某种消费决策(具体方法可以参见下面的"小专题")。比如,相当具有前景的青年人体育市场和极限运动相关,如 BMX 自行车、冲浪、滑水和摩托车越野赛等,因为这些运动充满个性和富有冒险性。越来越多的媒体曝光率证明了参加这些极限运动的人在不断增加,并且越来越多的公司开始赞助这些极限运动。是否足够了解这一细分市场对网络社交的狂热以及对高超运动技巧的追求,是体育营销人员能否成功吸引他们注意力的关键。

🔍 小专题

怎样用 AIO 量表分析消费者

目前测量生活形态最常见的方法是 Wells & Tigert(1971)所发展的 AIO 量表,他们

---

① 通常是指若干非重大的信息或信息片段,结合起来可以形成有重要价值的信息。

建议采用适当的描述语句,直接询问研究对象的活动、兴趣及观点。

活动(activity)指一种具体明显的行为;

兴趣(interest)指人们对于某些事物或主体产生的兴奋程度,能够引发特殊且持续性的注意;

观点(opinion)指个人对外界环境的刺激所产生的疑问,以及所给予的口头上或文字上的回应。

案例:利用生活形态 AIO 细分淘宝买家

淘宝网 2009 年 3 季度的买家研究中,加入了 15 个生活形态语句,基本涵盖了 AIO 的内容,因此,本书以此为基础尝试对淘宝买家进行分群研究。

对生活形态量表进行多次分析尝试后,筛选出 12 个语句。经项目分析可知,这些语句的得分在高低分组均存在差异,与量表总分显著相关,Cronbach's Alpha 信度达到 0.932,建构效度中 KMO 值为 0.939,Bartlett 球形检验的值为 24513.93(df=66),达到显著,非常适宜进行因子分析。最终萃取出 4 个公因子,依次为保守理财/消费/社交、意见领袖、追求名牌/流行、购物倾向实惠/尝新等,累积方差贡献率为 77.9%(详见下表),解释效果较强。

Rotated Component Matrixa(旋转后因子载荷阵)

生活形态语句 N=3 087	共同度	公因子			
		保守理财/消费/社交	意见领袖	追求名牌/流行	购物倾向实惠/尝新
钱是省出来的,不学会省钱就不会富裕	0.778	0.828			
我不喜欢负债消费	0.727	0.722			
我只喜欢结识和自己有共同语言或爱好的朋友	0.698	0.710			
身边的人购物时经常征求我的意见	0.839		0.805		
我比身边的人更关注产品或服务信息	0.846		0.778		
我乐于和他人分享购物经验	0.809		0.640		
我愿意多花钱购买名牌产品	0.804			0.844	
购买商品时,还是有广告的品牌比较可靠	0.755			0.767	
我喜欢追求流行、时髦与新奇的东西	0.716			0.622	
我喜欢尝试新的品牌	0.760				0.705
我更在意自己喜欢的品质好的商品,是不是品牌无所谓	0.832				0.697
即使价格便宜,好东西的品质也会不错	0.789				0.616
特征值		2.555	2.383	2.269	2.146

续表

生活形态语句 N=3 087	共同度	公因子			
		保守理财/消费/社交	意见领袖	追求名牌/流行	购物倾向实惠/尝新
方差贡献率		21.288	19.854	18.907	17.887
累积贡献率		21.288	41.142	60.049	**77.936**

Extraction Method：Principal Component Analysis.(提取方法：主成分分析)
Rotation Method：Varimax with Kaiser Normalization.(旋转方法：用 Kaiser 方差最大旋转)
Rotation Converged in 8 Iterations.(旋转收敛于 8 个相互作用)

利用 4 个公因子得分对 3 087 个有效样本进行谱系(hierarchical)聚类分析,分别得到 3~5 群的分群结果,再将有效样本按照 7∶3 的比例分成分析样本和验证样本,对分群结果进行判别分析,综合比较后,判定 4 群较为合适,此时 3 个判别函数均有统计意义,典型相关系数均在 0.7 左右,判别效力较好,使用组内协方差阵计算时,分析样本和验证样本的正确率分别为 82.7%、85.2%,交叉核实法的正确率为 82.6%;使用各组的协方差阵计算时,分析样本和验证样本的正确率分别为 83.1%、85.1%,达到较高水平。

通过比较因子得分均值差异,可以给各族群命名,并结合基本人口特征(数据表格略)、在淘宝的网购行为详细描述其特征：

Cluster by Ward Method Factors Mean	实惠派达人 N=909	名牌达人 N=1104	实惠派谨慎跟随者 N=493	普通跟随者 N=581
保守理财/消费/社交	0.126	0.109	0.820	-1.100
意见领袖	0.600	0.387	-0.860	-0.944
追求名牌/流行	-0.670	0.793	0.132	-0.571
购物倾向实惠/尝新	0.524	-0.351	0.681	-0.729
方差分析获知,不同群体在各因子上的得分存在显著差异;并经 Scheffe 两两检验				
颜色越深越倾向该因子				

实惠派达人：他们具有意见领袖的特质,广泛关注产品和服务信息,非常愿意与他人分享,并经常指导他人购物;他们愿意尝试新品牌,喜欢物美价廉的商品。与总体相比,实惠派达人女性更多,30 岁以上的比重更大,已婚者更多,大专学历更多;他们每周浏览一次淘宝的频率明显高于总体,更倾向有购物需求才会来淘宝,大多数情况下会购买商品。

名牌达人：他们非常愿意多花钱购买名牌产品,信任广告品牌,喜欢追求流行、时髦与新奇的东西;具有意见领袖的特质,比较关注产品和服务信息,愿意与他人分享,并乐于指导他人购物。与总体相比,名牌达人高学历更多,高收入(个人和家庭)的比重更大,31~35 岁的比重更大;他们每周浏览 4~5 次淘宝的频率明显高于总体,更倾向平时没事就逛淘宝,大多数情况下会购买商品。

实惠派谨慎跟随者：他们的理财观念、消费观念和交友观念都偏保守;很愿意尝试新品牌,更喜欢物美价廉的商品;平时不关注产品和服务信息,不善分享购物经验。与总体相比,实惠派谨慎跟随者女性更多,低年龄的比重更大,单身更多,低收入(个人和家庭)的比重更大;他们浏览淘宝每月一次以下的比例明显高于总体,更倾向有购物需求才会来淘宝,大多数情况下不会购买商品。

普通跟随者:他们的理财/消费/交友观念不保守;平时不关注产品和服务信息,不善分享购物经验;不论是对新品牌、物美价廉的商品,还是对名牌产品、广告品牌和流行的东西都不刻意追求。与总体相比,普通跟随者男性更多,25岁以下的比重更大,低学历的比例更大;他们每天都逛淘宝的比例明显高于总体,更倾向平时没事就逛淘宝,大多数情况下不会购买商品。

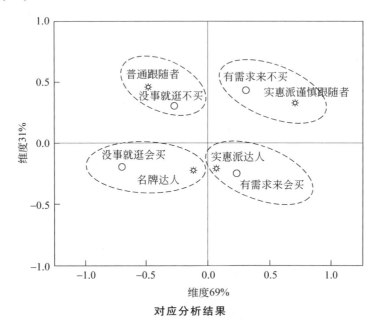

对应分析结果

后续研究备忘

本次分析只探讨了运用生活形态细分用户,后续还将深入分析各群体用户在网购行为和心理上的差异。

另外,本次研究仅作为一种尝试,引入的生活形态语句涵盖面有待扩展,之后的调研中将不断补充,进而形成适用于网购群体的生活形态量表,更加有效地为UED发挥效用。

本分析中借助了TGI指数进行分析,又称"倾向性指数",可反映目标群体在特定研究范围内的强势或弱势,其基本目的是精确地描述目标群体的特征,分析消费者的购买行为、态度、生活形态和媒体接触习惯,为更有效地制订市场营销战略和广告计划提供可靠的依据。

TGI指数=[目标群体中具有某一特征的群体所占比例/总体中具有相同特征的群体所占比例]×标准数100。

(资料来源:https://m.fang.com/blog/9516689/11285488.htm)

4. 行为细分

分析体育消费者的行为可以帮助营销人员掌握体育消费的数量、频率和购买动机,营销人员可以根据体育消费者对体育品牌、体育产品/服务、运动队或组织的忠诚度来设计有效的关系营销策略,以加强和消费者之间的有效沟通。体育消费的数量和频率可以用在第 2 章里所提到的 MIS 数据库来追踪:雁过留声,当你在网上买东西的时候,其实你已经留下了大量信息。类似地,通过识别体育消费者消费时所追求的利益,营销人员可以通过营销策略来加强这种获得利益后的满足感,从而鼓励他们更多地消费。比如,Durchholz 和 Woratschek 在 2011 年德国女足世界杯之前就通过调研确定了将价格和促销作为重要的消费行为决定因素。

3.2 目标市场选择

在市场细分的基础上,体育营销人员应该比较各个潜在的子市场,分析并评估这些子市场,为本企业找到最有潜力的一个或几个细分市场。

3.2.1 企业的市场营销目标

本书之所以在目标市场选择之前先阐述企业的市场营销目标,是因为这两者是分不开的,只有首先明确企业的营销目标,才能相应地选择出适合企业的目标市场。要注意的是,不要将企业的营销目标和企业的营销策略相混淆。体育市场营销目标是意图的陈述——它表明了组织期望实现什么;体育市场营销策略是用来达到每一个体育市场营销目标所用的具体方法。打个简单的比方,你的度假目的地就是你的目标,而策略就是通过何种方式(汽车、火车还是飞机)到达那里以及如何规划到达的路线。此外,体育市场营销目标受到体育组织一系列整体目标的影响,体育市场营销策略则涉及体育营销组合的组成部分,每一个组成部分都是为了达到它们自己的目标。

一个体育市场营销目标需要包含以下三个目标之一:利润、收益或市场占有率,它们每一个都跟"销售"密切相关——利润目标需要考虑销售成本;收益目标需要考虑产品/服务的销售潜力;市场占有率目标需要考虑竞争者。当针对一个具体的体育细分市场时,需要制订许多的体育营销目标,每个都应该有与之对应的体育营销策略。

根据 Lamb(2009)的观点,体育市场营销目标至少需要指明以下四种方案之一:

- "促进"销售量以提高市场占有率;
- "保住"市场销售份额;
- "稳住"销售额:在市场份额下滑时用减少成本的方法使利润最大化;
- "减少"销售:在市场上缩减产品。

此外,体育组织在后期需要总结和评估营销目标是否已经达到,因此,体育市场营销目标必须具有下列特征,才能够被用于后期的全面评估:

- 相关性——与体育组织的任务和目标相关;

- 具体性——集中实现一个目的；
- 可衡量性——可用数据量化；
- 挑战性——有难度，但可以实现；
- 时效性——聚焦于一段时间内。

除了上述方法，我们还可以用 SMART 标准来评判体育市场营销目标：specific（具体）、measurable（可衡量）、achievable（可以实现）、realistic（从实际出发）、time related（具有时效性）。

实际上，体育市场营销目标无非涉及以下几个方面：消费者满意度、体育组织对市场的认识、体育产品/服务的水准、观众和参与者的人数。这些目标看起来不多，但真正要想达到所有这些目标，体育组织需要实施有效的营销策略。

3.2.2 目标市场选择的标准

1. 市场大小

市场大小包括市场目前的大小和发展潜力两个方面。一般情况下，体育目标市场不可以太大，因为如果太大就相当于细分不够，市场上的消费者之间缺乏足够的相似性；但也不可以太小，因为如果太小就说明销售潜力不大。但也有特殊的时候，比如利基市场（或称为"小众市场"）就有可能给企业带来丰厚的利润，因为该市场上的消费者之间共性水平相当之高，并且需求独特——有多少人会买像 Trail Running 或者 Triathlon 这类杂志呢？又有多少人会在家摆一个高压氧舱天天在家吸氧？利基市场就是这样，虽然小众，但人数足以满足供应商对需求量的要求。

有的细分市场从目前来看规模不大，但从长远来看却相当具有发展潜力，因此对于企业来说仍然会是一个不错的选择。当然，企业也不能以市场的吸引力作为唯一的选择标准，尤其应尽量避免"多数谬误"，即和大多数竞争者的逻辑一样，认为最大和最好的市场最具吸引力，从而大家蜂拥而至，都将其选为目标市场。这种情况会造成过多的企业在市场上争夺同一目标用户群，造成过度竞争和社会资源的浪费，导致其他市场消费者的需求被忽略。

2. 符合企业的目标和能力

一些细分市场可能具有很大的吸引力，但如果其市场规模与企业的目标和能力并不匹配，进入之后不但不能促进企业的发展、实现企业的目标，而且还会分散企业的资源，那么这样的市场就应该考虑放弃。此外，如果企业本身的规模小，则不应贪大求全、盲目地选取多个细分市场；如果企业的能力强，资源雄厚，则可以选择多个目标市场，以合理分配和有效利用企业的各项资源。

3. 可到达性

可到达性是指体育组织和其目标市场之间是否能进行信息沟通。在信息技术如此发达的今天，几乎所有的体育市场都是可达到的，但是对于体育组织而言，需要比较不同细分市场信息沟通的成本，比如，是用广告还是赞助作为切入目标市场的沟通手段。通过比较各种细分市场上的信息沟通预算，从中找出性价比最高的细分市场对于控制企业的成本而言显然是重要的。

4. 相对的稳定性

细分后的市场本身已经是一个具有消费共性的子市场,因此在这个市场上体育消费者的行为、态度和生活方式等都表现出了较大的相似性。但对于营销人员而言,了解这种"静态"的相似性还不够,还需要根据收集而来的数据分析和比较备选目标市场的"动态"变化。所有的企业都不喜欢"变化",因为变化意味着风险,如果某个子市场相对于其他子市场而言,其市场上的消费者比其他子市场更稳定,那么该子市场对于体育组织而言就意味着优于其他子市场。

5. 不太激烈的动态竞争

从静态来看,如果细分市场上已经存在大量的竞争对手,且这些竞争对手具有强烈的竞争意识,那么该细分市场则不是一个合适的选择;从动态来看,如果一个细分市场相较于其他细分市场很容易吸引新的竞争对手,并且新的竞争对手能够轻易地进入细分市场,那么该细分市场也不是一个合适的选择。从行业利润的角度来看,最合适的细分市场应该是进入壁垒高且退出壁垒低的市场,因为在这样的市场中,一个新的公司很难进入,但管理不善的公司则很容易全身而退从而保持整个行业的利润最大化;如果市场进入和退出壁垒都很高,那么公司就难以撤退,必须坚持到底,这时候可能会使亏损一步步加剧;如果市场进入和退出壁垒都较低,虽然公司可以自由进退,行业的利润也会呈现出稳定状态,但总体水平却不可能达到最高;最坏的情况是,进入壁垒低而退出壁垒高,这样一来当经济形势好的时候,人们蜂拥而至,但是在经济衰退的时候,却很难退出,从而导致整个市场生产能力过剩,无法盈利。

在现实的具体操作中,体育目标市场选择可以基于体育场馆的距离或驾驶时间,也可以通过市场调研对潜在子市场的历史销售数据进行研究。体育组织可以根据其市场营销目标来选择一个或多个目标市场,当选择多个体育目标市场时,体育市场营销预算将决定体育市场营销策略实施的方式——是在多个目标市场同时并行还是错开实施营销策略。

3.2.3 体育目标市场选择模式

1. 密集单一模式

密集单一模式又称为产品单一市场模式,是最简单的目标市场选择模式——企业只选择一个子市场作为自己的目标市场,并且只向该市场推出一种产品,例如某企业只生产儿童溜冰鞋。

与其他四种模式相比,该模式最大的缺点是风险大,因为市场和产品都非常单一,企业不易适应市场变化,一旦有强大的竞争对手进入市场或者消费者的需求发生变化,企业就将面临很大的风险。

2. 产品专门化模式

从图 3.2 中我们可以看出产品专门化模式的含义是企业专门生产一种产品,并且向多个目标客户群进行销售,例如某企业虽然只生产运动饮料,但不仅向运动员市场推广,也向普通消费者市场推广。

这种模式的优点在于企业容易实现规模化生产,产生规模经济,也有利于企业在该产品上树立起良好的声誉和口碑;缺点在于一旦其他公司有更好的技术能生产更好的产品,那么该公司的产品就容易被取代,从而导致该公司的销售额大幅下降。

3. 市场专门化模式

市场专门化是指企业针对某一目标客户群提供各种不同的产品,例如某球迷组织不仅出售足球比赛门票,还同时向球迷销售足球队的周边产品、提供餐饮服务等。

这种模式通过经营不同品种的产品降低了企业的经营风险,也有利于通过专门服务某一目标客户群来树立自己品牌在该市场上的知名度,获得良好声誉;缺点在于一旦该目标市场的消费者人数减少,或者需求发生变化,就会削减该公司的销售额。

4. 有选择的专门化模式

有选择的专门化,又称为"多样分散模式"或"选择性专业化",是指企业在对细分市场进行详细的调研之后,认为其中的某几个市场都具有较大潜力,从而有目的地选择了多个目标市场,并向这些目标市场提供不同的产品。这些目标市场之间可能存在很少或根本不存在联系,例如某企业既生产儿童溜冰鞋,又生产青年人泳衣,同时还兼营老年人用的保健实心球。

这种模式也可以有效地降低企业的经营风险,即使某个细分市场失去吸引力,企业仍然可以在其他的细分市场上获利,但这种模式一定要以各目标市场都具有较大的潜力为前提,并且符合企业的目标和能力。

5. 完全市场覆盖模式

完全市场覆盖又称为"全面市场覆盖"或"全面进入模式",是指企业在尽可能多的细分市场提供尽可能多种类的产品,分别满足各类消费者的不同需求,以期全面覆盖市场。能采用这种模式的通常只有实力雄厚的公司,如阿迪达斯、耐克等。

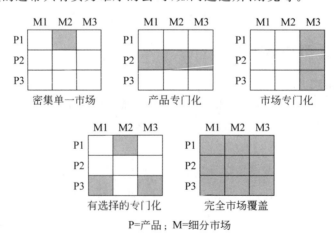

图 3.2 目标市场选择模式

3.2.4 体育目标市场营销策略

如图 3.3 所示,目标市场营销策略可以分为无差异营销策略、差异性营销策略和集中性营销策略三种。其中,无差异营销策略是企业在选择上述"产品专门化"模式时采用的策略,差异化营销策略则是实力雄厚的公司采取"完全市场覆盖"模式时所采用的策略,而集中性营销策略则适用于企业集中力量进入一个或少数几个细分市场,实行专业化的生产和销售。

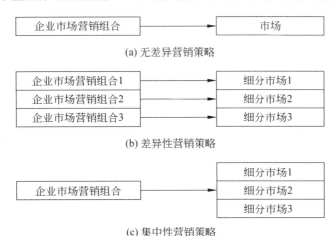

图 3.3 体育目标市场营销策略

1. 无差异营销策略

从图 3.3(a)中我们可以看出,企业并没有做市场细分,而是把整体市场作为一个大的目标市场,采用一种市场营销组合对待整个市场。例如,可口可乐公司在 20 世纪 60 年代以前,就曾经只以单一的品种、统一的价格和包装、同一个广告主题向市场推广可口可乐;我国的广播体操在早期的推广中也采用了这种营销策略,不论是在学校、企业,还是在国家机关或社区,都采用同一套广播体操,并没有注意到这些人群身体素质的不同。

这种目标市场营销策略忽视了消费者需求的差异性,只生产单一的产品,从而容易实现规模效益,有利于降低企业的生产、仓储和运输成本;不对市场进行细分,可以降低企业的营销调研成本和广告成本。由此可见,这种策略适用于需求同质的市场,并且消费者对产品的需求量大,企业可以大批量生产。

案例学习

回力运动鞋就是短缺经济时代无差异营销的案例

曾是中国民族工业曙光的回力运动鞋,在 20 世纪 70 年代,几乎就是运动休闲鞋的唯一象征,谁拥有一双崭新的回力鞋,那感觉就是和今天谁的足下蹬着一双耐克鞋一样神气。中国女排也曾穿回力排球鞋夺得第 23 届奥运会冠军。然而,随着改革开放后大量的国际品牌进军中国市场,设计新颖、时尚,具有多功能的运动休闲鞋层出不穷,更能满足不同消费者的需求。相比之下,回力运动鞋的营销理念还停留在无差异市场营销阶段,长此以往,自然跟不上时代的要求。

(资料来源:陈林祥.体育市场营销[M].北京:人民体育出版社,2010:113)

2. 差异性营销策略

差异性营销策略就是在对市场进行细分之后,选择多个目标市场,针对每个细分市场分别制定不同的营销策略。例如,健身俱乐部针对不同的细分市场,制订出符合不同人群需求的健身方案;体育用品企业针对不同性别、不同收入水平的消费者推出不同品牌、不同价位的产品,并在这些目标市场上采用不同的广告主题来为产品宣传。

这种营销策略适用于产品品种多、每种品种产量不大的企业。它的优点在于能很好地迎合每一个目标消费群的需求,同时,由于企业在多个细分市场上经营,所以这种策略有利于降低企业的经营风险。缺点在于,一方面企业需要针对每一个子市场设计独立的营销计划,这就使得企业在市场调研、营销管理等方面的成本增加;另一方面企业的资源比较分散,不利于形成竞争优势,在企业内部甚至可能会出现彼此争夺客户资源的情况。

3. 集中性营销策略

集中性营销策略也称为"聚焦营销",是指公司的业务不是面向整体市场,也不是分散在多个细分市场上,而是选择一个或少数几个细分市场作为企业的目标市场。通常这种营销策略适用于刚起步或规模较小的企业。

该策略优点是可以集中企业有限的资源迅速进入和占领特定的细分市场,同时,企业生产和营销的集中化,有利于降低企业的成本;缺点在于如果目标市场突然发生变化,如需求暴跌或突然出现强劲的竞争对手,由于公司资源的"孤注一掷",可能会导致公司对市场变化措手不及。

在企业准备"孤注一掷"进入某一特定细分市场之前,需要考虑该目标市场是否符合以下几个条件:

- 目标市场的需求和企业的业务专长及目标相一致,有利于企业在未来的竞争中处于有利位置。
- 目标市场应具有一定的发展潜力,给企业利润留下了一定的增长空间。
- 长期来看,目标市场现有的市场结构有利于企业盈利。
- 目标市场有利于推动新旧产品的更替,使企业扩大销售,提高市场份额。

3.3 市场定位

3.3.1 市场定位的概念

市场定位是由美国营销学家 Al Ries 和 Jack Trout 在 1972 年提出的一个重要的营销学概念。它是指在目标市场的消费者心中对体育产品/服务/组织塑造一种特殊的形象,这种形象的塑造是在和同类竞争对手进行比较的过程中实现的。这种形象的塑造可以通过营销活动进行,但是对它在消费者心目中的演化过程(可能是好的也可能不好)却无法左右,比如企业自认为自己的广告创意可以给消费者留下好的印象,但由于每个人的想法是主观的,所以也有可能会有消费者对该广告产生反感。体育消费者在做出购买决策之前,通常会在脑海里把所有可能的选择都评估一遍,一个成功的市场定位策略能够使得自己的体育产品/服务从这些"选项"中脱颖而出。从根本上说,体育市场定位是将体育产品/服务的特性融合到市场营销的沟通过程中。需要注意的是,即使是相同的体育产品/服务,也能选择多个不同的细分市场,从而需要多种市场定位策略与之相匹配。例如,同样都是 Slazenger[①] 的网球拍,但因为它们是针对不同熟练程度(从初学者到精通者)的球手而设计的,所以它们的价位不同,企业在宣传它们的时候所突出的产品特色也是不同的。

简而言之,市场定位就是在目标客户心目中树立产品/服务独特的形象。

实际上,体育市场定位和体育品牌之间有着紧密的联系,本书会在第 4 章中对体育品牌进行详细的探讨,在学过第 4 章之后相信大家会对这一点有更深刻的体会。

3.3.2 市场定位的步骤

1. 调查研究影响定位的因素

理解"定位"概念的关键点在于弄清楚体育消费者对某种体育产品/服务的属性到底有怎样的认识,所以在确定企业的市场定位之前,首先需要做的就是通过市场调研对市场进行全方位的了解,市场调研可以用来识别消费者对产品/服务的期望值,以及每一种属性的相对重要性,从而使体育组织在体育目标市场上更好地使用定位策略。对市场的调研可以从以下三个方面展开:

1) 竞争对手的定位情况

既然要在目标客户心目中树立起产品"独特"的形象,那么就需要将自己的产品与竞争者的产品区分开来,因为有比较才有鉴别。阿迪达斯和耐克虽然都是运动品牌,但给消费者的"感觉"还是有所差别的——耐克通过聘请乔丹作为形象代言人,将篮球领域作为突破口,相较于阿迪达斯的成熟魅力,耐克在自己的品牌形象中注入了更多的年轻活力,

---

① 英国的皇室贵族品牌。从 1881 年到现在已有 120 多年历史,一直以来经营与贵族运动有关的产品,如高尔夫球、网球、马球、板球、曲棍球等,其中马球为英国皇室专用品牌。

从而赢得了更多青少年的青睐。

2)目标消费者对产品的评价标准

所有营销活动的开展都必须围绕消费者的"需求",不了解消费者对产品的需求,不了解消费者对产品的评价标准,就无法获知企业的产品应该是"什么样"。企业应通过市场调研,了解目前目标市场上消费者欲望的满足程度和状态,洞察消费者的哪些潜在需求还没有被满足,哪些评价标准还没有达到,从而为后续选择产品的竞争优势即定位提供方向和灵感。

3)企业自身在目标市场上全部的竞争优势

在全面了解"外部"的竞争对手和消费者之后,企业应对自身做一个"全面扫描",即尽可能多地在自己身上寻找区别于竞争对手的竞争优势,为下一步"选择竞争优势和定位策略"打好基础。

2. 选择竞争优势和定位策略

竞争优势是指优于竞争对手的能力,也称为企业的核心竞争力,这种竞争优势可以是现在既有的,也可以是挖掘潜在的。选择竞争优势的过程,实际上是企业将自己的竞争优势与其竞争者各方面实力相比较的过程。

企业最终确定的竞争优势应该是稀有的,即只有极少数现有竞争对手或潜在竞争对手拥有的能力,并且这些竞争对手和自己的目标市场尽可能地不产生交集;此外,竞争优势还应该是竞争对手难以模仿的,即使对手想要模仿,也需要花费大量的时间或资源才能模仿,即模仿的成本较大,竞争对手有可能知难而退。

3. 确定或修改定位方案

在企业初步确定了定位方案之后,需要在市场实践的过程中评估定位方案实际取得的效果,一旦发现效果不佳,则需要修改定位方案,重复上述调研和选择的过程,对企业的产品进行重新定位。

4. 准确传播企业的定位

企业形象的定位往往是通过"广告词"传递给目标顾客的,所以在这一步骤中,企业的主要任务就是通过设计一系列的宣传活动,将企业独特的竞争优势准确地传递给消费者,以期在消费者心目中形成特殊的偏爱。

如何做到"准确"?对于企业而言,首先应通过调研把握消费者获取信息的渠道,并且了解在这些渠道中哪一种或者哪几种相对于其他传播渠道而言是消费者最信赖的;此外,企业还应该通过对销售数据的收集和分析揣摩消费者的心理,站在消费者的角度思考问题,要把自己产品的定位转换成消费者容易明白、乐于接受的定位,才能成功地将企业形象"植入"消费者的心中。

3.3.3 市场定位的基础

企业在思考定位的时候,可以按照下面几个方面进行。

1. 功能定位

功能是指能满足消费者需求或向消费者提供利益的体育产品特征。企业在向目标市场宣传自己的定位时可以强调自己产品功能的强大,将产品定位为同类产品中的领先者。例如耐克公司把它的一个运动鞋系列定位于最佳跑鞋,在宣传的时候强调穿着该款跑鞋可以提高使用者的运动成绩。

2. 用户定位

企业在宣传的时候可以将自己的产品定位为专为某类使用者量身定制。例如,李宁公司曾经在其广告中强调,其产品可以提高非明星运动员的比赛士气,而且该款产品具有高科技含量,可以帮助运动员提高比赛成绩。

看看这些"功能饮料"的"功能定位"

3. 价格定位

企业在宣传定位的时候可以从价格的角度出发,将自己的产品宣传为性价比最高的产品。例如,福建某体育用品公司生产销售一种价位很低的羽毛球拍,虽然产品质量相对于其竞争对手而言确实不高,但市场反应仍旧很好,就是因为其本身的定位强调性价比高,而不是绝对的质量高。

4. 象征定位

象征定位,即声望和用户个性的表达。很多时候消费者购买某种产品实际上是在购买某种"象征"——身份的象征、地位的象征、潮流的象征等,消费者在消费这些产品时会对自我意识、自我认同、归属感、情感起到加强的效果。企业在宣传产品的时候,可以通过强调本产品在使用场合、产品类别等方面的某种"象征",使体育消费者产生深刻的印象。

5. 体验定位

体验定位,是指通过宣传体育产品的特色、使用类别和使用场合,向体育消费者提供感官刺激和认知刺激,比如彪马希望通过颜色、设计、包装和零售环境来唤起消费者的购买热情。

3.3.4 市场定位的工具

1. 知觉图

为了能对体育市场定位有更直观和清楚的认识,我们可以利用"知觉图"来了解体育消费者的感知。我们将某种体育产品/服务或品牌及其竞争对手一起放在一个二维坐标轴里(见图 3.4),A~G 代表了企业,两个坐标轴代表了两个重要因子。竞争程度越高,竞争对手相互之间在象限里就靠得越近,相反,竞争对手离得越远,代表竞争程度越低,但同时也意味着新竞争对手进入市场的可能性越大。知觉图不仅可以帮助某个体育组织对自己的产品/服务进行分析,还可以对竞争对手的产品/服务进行分析,制定出基于产品/服务关键属性的差异化战略,确保体育组织在其目标市场上运用更加有效的营销策略。

通常来说,价格和质量是最常用的坐标因子。消费者对体育产品/服务的价格是非常敏感的(在第 5 章中会更加详细地探讨),然而,在要收取的价格(高低)和所提供的体育产

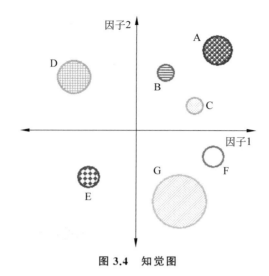

图 3.4　知觉图

品/服务感知质量(高低)之间做出折中,对于任何体育营销者而言都至关重要。明星代言(如老虎伍兹为耐克代言),加强了消费者的自我意识和自我认同感,所以可以在特定的价格和质量点刺激消费者对特定运动品牌的购买意图。例如,自行车"周末勇士"(指只可以在周末骑车的人)期望拥有他们在环法自行车赛上看到的职业赛手使用的同款自行车,这些人通常有较高的可自由支配收入,就算买回来的自行车放在车库的时间比在路上骑的时间要多得多,他们也愿意花 5 000 英镑去买。这种自行车的质量非常高,以至于这个细分市场上的消费者根本就不会考虑其他种类的自行车。尽管如此,几乎所有高质量的制造商仍旧还是提供了多种规格选择,以满足不同消费者的预算,而且有许多自行车品牌专门针对大众市场,这些市场上的消费者只愿意花费较小的成本,而且对骑车的意义期望值也并不高。

2. Martin 的体育知觉图

Martin(1994)将知觉图发展到了六维(因素),用于对体育产品的分析,这里由于展示所限,只能展示其中的两个(极端)因素,包括:

- "只限运动员"和"运动员 & 爱好者"。如奥运会马拉松比赛(只允许赛前选拔好的专业运动员参赛)和伦敦马拉松(虽然有专业运动员在前面领跑,但允许各种水平的人参加)。
- "个人"和"团体"。如高尔夫、游泳、田径等个人运动和篮球、足球、曲棍球等团体运动。

这两对因素的二维坐标可以在图 3.5 中找到。体育组织在细分市场的基础上,通过设计体育赛事,制定出各种体育市场定位策略。如铁人三项、游泳和路跑等项目,运动员和业余爱好者可以一起参赛,这种和专业运动员 PK 的经历,和前述的"功能定位"及"象征定位"相关,可以增强体育消费者每年都参加这种赛事的欲望。一个"职业—业余"高尔夫锦标赛当然也有类似的效果,但是业余爱好者的参与机会显然不能和一个 4 万人参与的半程马拉松相比。

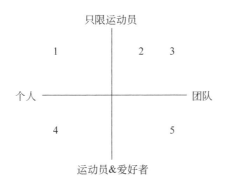

1. 世界高尔夫锦标赛；2. 莱德杯高尔夫；3. 英格兰冠军足球联赛；4. 马拉松(Great North Run)；5. 伦敦铁人三项

图 3.5　Martin 的体育知觉图

3.3.5　市场定位的类型

从企业与其竞争对手的关系来看,可以将企业的市场定位分成以下三种类型。

1. 避强定位

避强定位是一种有意避开市场上强有力竞争对手的市场定位策略。当企业意识到自己没有能力与强大的竞争对手相抗衡的时候,可以根据自己的条件,绕开竞争对手,在市场上树立起与竞争对手明显不同的特色。这种定位方式市场风险较小,成功率较高,通常为多数较晚进入市场的企业或后推出的产品所采用。

例如,哈尔滨在冰雕上有着独特的优势,为了避开这一强有力的竞争对手,沈阳打起了"东北冰雪第一站"的旗号,绕开"冰雕",努力提高雪技,重塑"雪老大"的形象,并通过打造和关东文化、满族文化相结合的冰雪活动,形成了沈阳国际冰雪节的市场优势。

> **小专题**
>
> ## 2017沈阳国际冰雪节亮点
>
> 亮点一——冰雪嘉年华：每到冬季,沈阳各类冰雪嘉年华自然成为主角,可以让沈阳市民畅玩整个冬天!
>
> 推荐地1——激情冰雪季,秀美棋盘山
>
> 说起玩冰雪,自然少不了秀美的大棋盘山,几乎所有的冰雪项目这里都有。冰雪户外"快闪"、冰雪主题cosplay、冰雪撕名牌、萌宠冰雪运动会、雪雕大赛……
>
> 推荐地2——中国沈阳丁香湖第三届国际冰雪节
>
> 利用天然优势打造距沈城百姓最近的冰雪盛会,从冰雕雪雕到各类娱乐项目,让大伙儿感受寒冷冬季的火热! 同时,还将组织开展丁香湖国际冬泳赛,一定会让沈阳人感受到冰天雪地的"激情热度"。
>
> 推荐地3——冰雪嘉年华,畅游仟睿达

位于沈北的仟睿达,让沈阳人夏天玩水冬天玩冰。12月,雪地碰碰车、雪地乐吧车、冰上自行车、冰车、雪圈、冰尕、马拉爬犁等11项滑冰嬉雪项目将亮相仟睿达,让沈阳人体验冬天最畅快的娱乐方式,找回童年的感觉!

推荐地4——北陵公园冰雪嘉年华

如果上面那些地方你觉得太远,那每年冬天的北陵公园冰雪嘉年华你可千万别错过,雪圈、冰上卡丁车、雪地滚圈、冰上坦克、手滑冰车、冰上自行车让你玩个痛快,还有雪雕可以看!

推荐地5——冰雪嘉年华,沸腾盛京城

位于奥体中心五里河体育场的冰雪嘉年华将推出系列主题活动,冰雪大闯关、抽冰尕、滑冰车大赛,还有裸眼3D秀!

推荐地6——龙之梦户外冰雪游

龙之梦旅游度假中心内广场也将在冬季开展丰富多彩的户外冰雪活动,有跑马场、冰滑梯、冰车等冰雪游乐项目,将会让游客流连忘返。

推荐地7——青年公园冰雪体验嘉年华

每到冬季,青年公园也是市内冰雪娱乐的最佳地点之一,2017年1月,青年公园内将设立滑冰、滑冰车、雪圈等项目,市民可以自带或租用娱乐工具,全民参与、全民欢乐。

推荐地8——北湖渔村冬季冰雪嘉年华

位于大东北湖渔村生态园的北湖渔村冬季冰雪嘉年华,也有很多冬季娱乐项目,雪地摩托车环湖自驾游、卡丁车环湖冰面欢乐园、大型溜冰场、极具刺激的冰滑道、冰面垂钓等。

亮点二——激情滑雪:沈阳人都是运动高手,每到冬天都在一条条雪道上驰骋而下,体验俯冲的快感。

推荐地1——东北亚滑雪场

东北亚滑雪场是沈阳最受欢迎的滑雪场之一。12月上旬,东北亚滑雪场将举办大学生滑雪邀请赛。春节期间,还将推出以家庭为单位的冰雪促销活动。

推荐地2——怪坡滑雪场

这个冬天,怪坡滑雪场将开展冬令营儿童教学,开展一系列有益于孩子成长的冰雪体验活动。同时,怪坡滑雪场还扩建了嬉雪乐园,包含雪地摩托车、雪地爬犁、冰陀螺、冰车、冰滑梯等18项嬉雪项目。同时,怪坡滑雪场将联合相关单位举办单双板业余比赛,单双趣味比赛等活动。

亮点三——冬捕鱼趣:冬捕是东北传统的冬季活动,最近几年,东北掀起了一股冬捕热,这个冬天几大冬捕节一个也少不了!

推荐地1——康平卧龙湖冬捕节

每年1月,卧龙湖将举行大辽文化冬捕节捺钵祭祀仪式表演,各乡镇文艺游行演出及大辽捺钵祭祀盛景演绎。冬捕节上,游客可以乘坐特制马拉爬犁,到捕鱼现场,观看古法捕鱼的震撼,体验"冰湖腾鱼"的激情,还可现场购鱼。同时,世界最大的三足铁锅,将再次烹煮数百条卧龙湖锶鱼,重现大辽民族捕得头鱼大宴群臣使节的盛大场景,为游客免费献上最鲜美的"福鱼汤"!夜晚,游客可以在冰上的小房子里体验夜晚真实捕鱼的场景,感受捕鱼现场魅力,可以尝试亲手冰上垂钓的乐趣。

推荐地2——法库渔梁冬捕节

以马拉千米渔网的传统捕鱼方式为亮点,展示古老的渔梁冬捕文化,大力推介优良水质中出产的味道鲜美的水库年鱼,向广大市民献上丰盛的旅游大餐与风味独特的渔梁鱼。

(资料来源:http://www.mafengwo.cn/travel-news/312417.html)

2. 迎头定位

迎头定位又称为"对抗性定位"或"针锋相对式定位",是一种主动与市场上居领导地位的竞争对手"对着干"的定位模式,即对手是什么特色,企业也着重强调自己是什么特色,与竞争对手争夺同一目标客户群。这种定位方式的风险较大,而且很容易遭到竞争对手的报复。

采用这种定位策略应该具备三个条件:一是企业能生产出比竞争对手更好的产品;二是市场容量足够大,足以消化两者的产品;三是企业本身资源和实力超过对手。

3. 填空补缺式定位

填空补缺式定位又叫"寻找市场定位",这种定位方式是指企业通过寻找市场上新的、尚未被竞争对手发现但为许多消费者所重视的特色,填补市场的空缺。这种定位方式的风险相对来说也较小,成功率高,但需要企业具备一定的市场洞察力和敏锐的市场嗅觉,可以发现其竞争对手忽略或遗忘的市场缝隙。此外,还有另外一种情况是,即使有的市场缝隙被竞争对手发现了,但有可能其没有能力占领该市场,而只有本企业才具备这个实力,在这种情况下,也可以采用这种定位方式。

 案例学习

国内第一家体育主题观赛游公司

2008年,高玮正式成立了炎尔体育,那时候公司的名字还叫"炎尔咨询有限公司",为企业品牌做体育方面的赞助以及投资足球方面的咨询服务,以及一些赛事运营方面的业务。她说:"那时候的足球产业还不像现在这样红火,当时的投资就是收购球队。"

后来经投资人介绍说,国内体育旅游这块没有人来做,而且这方面的业务现金流也比较好。在投资人的建议下,高玮开始转型做体育旅游。

经过朋友介绍的渠道,高玮拿到了33张2012年2月12日"双红会"(曼联VS利物浦)的比赛门票,准备开始着手做体育观赛游的业务。在推广期,新浪体育的微博编辑找到她,说可以把产品放到微博上推广,他们也希望借此做一个事件营销拉动流量,产品经微博大号转发出后,短短三个多小时就收获了2 000多次转发,50多人前来报名。

第一单30多人的观赛团迅速成团并顺利出行,生意做得非常成功。虽然辛苦,但是她却很兴奋。她说:"当时就觉得非常高兴,感觉创业一下子就成功了。但是没想到接下来的一年里一单都没有成。"

后来高玮反思，出现这种情况的原因是旅行团出行的模式有问题，"旅行团需要至少10人以上才能成团，消费也不低，在这个小众领域是很难招到那么多人的。而且广州的客人也不愿意来北京或者上海再出发"。

后来高玮将出行模式转变成了自由行，经过尝试之后发现自由行也有很大的缺陷，"首先，二、三线城市的很多客人在语言上是有问题的。其次，体育旅游的毛利率本来就很低，而且球票资源非常有限"。

经过了探索之后，他们的出行模式又转变回了团队游的模式，用户从全国各地飞往国外的目的地，到目的地集合成团。除此之外，炎尔体育还提供"核心球迷包"的出行模式，"核心球迷包就是所谓的半自由行，但是我们觉得叫半自由行太Low了，所以就改成了核心球迷包。因为很多'90后'现在不需要团队游，语言能力很好，我们组织他们一起去参观训练基地、参观博物馆、看比赛，这段时间会让球迷有一种家的感觉。旅游的部分就自由了"。

渐渐地，炎尔体育的业务走上了正轨，公司年营收也在四年内每年翻倍增长，从200万元提高到了上一财年的1 500万元，其中观赛旅游收入达到了1 000万元。

2014年，炎尔体育的一位客户出于对足球的热爱以及对炎尔体育前景的看好，对炎尔体育进行了天使轮投资。获得天使轮投资后，高玮对公司的业务进行了快速拓展，公司人数一下从6人拓展到了19人，也正是因为业务拓展太快，导致公司走了一段弯路。

"当时一下把业务板块拓展到了五个，户外、跑步、汽车、亲子都加上了，当时觉得在足球观赛上面的成功案例可以复制到其他板块。但是做了之后才发现并不是那么容易，每个领域都有竞争对手，每个领域都有不同的销售渠道。一下拓展过多领域会付出惨重的代价。因此过了半年以后，我就开始回收了，户外和赛车业务都不做了。"

高玮直言，体育旅游有四大痛点：资源、人才、销售以及极低的毛利。正是因为这四大痛点，才让在外界看来门槛很低的体育旅游有了很高的门槛。

经过五年来的探索，炎尔体育已经基本解决了运营上的难点，并建立起了自己的竞争壁垒。

除了积累了丰富的地接资源外，炎尔体育还能够在二级市场上为客户拿到特殊位置的球票。也能够把不同种类的比赛资源整合到一起，比如可以在看完皇马比赛后再去看一场巴塞罗那的F1，参加完纽约马拉松比赛后再去看一场NBA比赛。"我们会把所有的资源整合到一起，这是我们的强项，这也是旅行社做不到的。"

在销售上炎尔体育会做差异化的营销。观赛游主要通过微博进行推广，和一些大号合作，炎尔体育会在微博以及懂球帝上重点推出"核心球迷包"产品。在携程、途牛等OTA平台上主推定制服务。通过微客服的形式进行一对一的咨询服务。"在OTA上买我们产品的人，有可能不是死忠球迷，他们可能只是想在旅游的时候顺便看一场比赛。"

2017年是一个体育小年，炎尔体育也将大力拓展跑步、亲子游以及体育培训业务。在前两项业务上，炎尔体育将转变为供货商的角色，充分发挥自己在体育资源上的优势，为爱燃烧、42旅这样的平台提供跑步参赛旅游产品。并同教育培训机构合作,共同开发小记者团以及亲子夏令营等旅游产品。"我们就像批发商一样,我们负责设计并提供产品和服务,他们来负责销售。"

(资料来源:禹唐体育 http://www.ytsports.cn/news-13036.html)

章 节 回 顾

人类可以说是一种非常独特的动物,每个人都有每个人的个性,但实际上在个性和行为上也存在着一些相似性。体育营销人员期望通过研究体育消费者之间的相似性从而更有针对性地提供体育产品/服务。在选择目标市场的时候,企业需要结合自己的内部情况和市场的外部情况,权衡利弊,找到最有潜力、最有利于企业发展的目标市场。为了让目标市场上的消费者对自己企业的产品形成特殊的偏爱,企业需要向他们准确并有效地宣传企业产品的定位,要注意市场定位并不是企业对产品做什么,而是对有可能成为顾客的人做什么,"攻心"才是上策。

在线自测题

第 4 章

体育产品策略

学习目标：

本章将帮助你——

1. 了解什么是体育产品/服务。
2. 认识相关的体育产品/服务的概念。
3. 掌握体育品牌化过程。

也许你已经发现了，本书在前面有时候会采用"体育产品/服务"这种表达，这种表达给人的感觉似乎"产品"和"服务"是分开的，但实际上体育产品和体育服务是密不可分的。本章将讨论体育产品和体育服务的交织：消费者在购买和消费体育产品的过程中，往往也在享受着体育服务。在大多数情况下，很难将这两者完全分离开，体育组织总是期望将它们一起呈现给消费者以使消费者获得最大的满意度。因此，我们需要了解体育产品和服务的核心概念，以及越来越重要的体育品牌目标及体育品牌化过程。

在讨论体育市场营销组合 4Ps 的时候，体育产品往往被放在首位，因为它是营销组合最基本的要素，其他的要素都是围绕它展开的，如果没有体育产品，对于价格、分销和促销等，根本就无从谈起。

在第 1 章中我们已经知道有学者提出了体育市场营销组合 7Ps，即在 4Ps 的基础上，加上三个服务性的 P——过程、有形展示和人员。"过程"考虑的是在体育消费者购买产品的过程中和服务相关的过程，如在凭票进入体育馆观看比赛前，是否需要在大排长龙的队伍中受罪；"有形展示"是体育产品的直接延伸，它是体育组织在提供体育产品时消费者所能享受的环境，如体育场馆的音效和比分牌的展示；"人员"指的是人力因素的服务是否能对体育服务提供高质量的援助，"培训"是这一要素的重要决定因素。然而，在笔者对大量的文献进行阅读和思索之后，认为这三个拓展后的 P 实际上可以归到体育产品本身里面去，这也是笔者以本章作为背景，再次对这三个 P 进行探讨的原因。

4.1 体育产品和体育服务的相关概念

4.1.1 体育产品和体育服务的定义

体育产品是有形的商品，如游泳衣、溜冰鞋，但当体育产品被呈现给消费者的时候，仍然会涉及服务环境。想象一下，当你走进那些时尚明亮的体育用品店时，当你听到店员热情地跟你打招呼时，你可能对店里的产品还一无所知。这家店真的是你本来就准备要光顾的店吗？很可能你是被时尚的装潢和热情的服务员吸引进店的。确实，将店面开在人潮聚集地是提高光顾率的一个重要方面，但另一方面，"服务环境"也是相当重要的影响因素。不过在我们讨论"体育服务"之前，还是先回到"体育产品"这个主题上来。

图 4.1 显示了体育产品/服务的特性，图中的左边是纯体育产品，右边是纯体育服务，中间部分则表示介于两者之间的产品/服务。体育产品包括体育服装和装备等，如棒球服、登山装备等，这些东西都是有形的；体育服务包括了体育健身、培训、旅游等，它们都是无形的服务；体育比赛则是一个典型的"中间产品"——比如一场赛马，许多体育因素对于体育消费者而言都是无形的，马和赛马师都不可以被买回家，消费者能消费的只有在比赛过程中享受到的兴奋和刺激。"赌马"这一商品的开发，更是强化了跑马比赛无形性商品的特点。除此之外，赛马场售卖的食物、纪念品等有形因素都属于体育比赛的有形特征。

图 4.1　体育产品和体育服务的界定

4.1.2　体育服务的特征

相对于体育产品而言，体育服务具有以下五个特征：

- 无形性——体育服务是摸不到、闻不到、听不到和看不到的，它是一种不能有形消费的经验。
- 易逝性——一项体育服务是受时间限制的。正如我们前面讨论过的那样，如果某一场足球比赛的座位卖不出去，那么它就"永远"也卖不出去了。
- 没有所有权——你买游泳票在游泳馆游了 45 分钟，只是意味着你和其他人在这特定的 45 分钟里一起分享了游泳池，而并不代表你拥有它。
- 不可分割性——体育服务的生产和消费是同时发生的，当足球比赛的足球运动员在场上踢球从而"生产"比赛的同时，你在享受着对比赛的"消费"。
- 异质性——即使同样一种体育培训，不同消费者交同样的培训费，也不代表享受到的是同样的培训过程，这也是服务业的"服务标准"很难做到量化和标准化的原因。体育组织在每一个和消费者的"接触点"上都会产生更多或更少让消费者满意的服务。

即使看起来消费者购买的是有形的商品，但实际上几乎所有的体育购买行为都跟服务相关。比如说，即使消费者已经享受到了一个体育服装店的服务，但他们总是会试图找到另一个更专业、更好的商店来为自己服务。不光是实体店，网购也是一样，消费者总是在试图比较网购的便利性、物流的速度和退换货服务，等等。体育营销人员在策划促销活动时,可以通过对以上这些因素的设计来吸引消费者,但是首先需要弄清楚的问题是,这些因素在商品的哪一层出现,在每一层能够给体育目标市场的消费者带来何种利益。

4.1.3 体育产品/服务的三个层次

体育产品/服务是一系列属性和特点的综合体,我们可以把它分成三个层次——核心层、期望层和拓展层(见图4.2),它们组合在一起,共同满足体育消费者的需求,并且通过塑造自己的特点将自己和竞争对手的产品区分开,以刺激消费者不断购买。

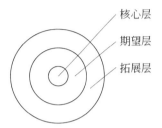

图 4.2　体育产品的三个层次

核心层反映了第2章"消费者的购买决策过程"模型的问题识别阶段。体育产品/服务为消费者提供了基本的核心利益,比如说买一个板球球棒来击球,买一件运动文胸让你在跑步的时候更舒适,再比如观看一场足球比赛或者报名参加一个网球培训班让你从一周的工作压力中解脱出来。

期望层(或称为"形式层")是体育消费者实际获得的元素。我们还是接着讨论上一段的例子,球拍的形状、重量和漆色,运动文胸的颜色、舒适度和穿带感,足球比赛赛场上奋力拼抢的运动员、体育场馆的设施或者网球培训班的教练等都属于期望层,它们都确保了消费者从体育产品/服务中得到核心利益的满足感。

拓展层是顾客所得到的增加的服务和利益。它是企业在提供产品基本属性的基础上,用加强特色的方法将体育产品/服务进行拓展。体育比赛,不管从参与者的角度还是从观众的角度来看,都在某种程度上有所拓展。比如,在足球比赛场馆安装电梯,让老年观众不必走楼梯;在赛前通过播放音乐或表演节目来活跃现场气氛;在比分牌上滚动播出观众的微博互动信息;赛后让观众和球员在操场上互动、合影留念;比赛场馆提供贵重物品存放服务;等等。没有以上这些,观众当然也可以观看比赛,也能获得体育比赛核心层和期望层的利益,但加上这些,可以使观众在整个观赛过程中更加舒心和满意。

体育服务可以用来拓展体育产品。小活动、小商品、照片、纪念品等都可以作为额外的激励,以拓展体育比赛中的运动产品。但是,所有的拓展都要建立在向消费者提供符合他们基本期望的体育产品/服务体验的基础上,比如,在跑马场建一个巨大的观赛屏,是为了让坐得较远的观众更清楚地观赛,因为观众的本质目的还是来观赛的,并不是来获得参加小活动的纪念品。此外,体育营销人员必须不断地对产品/服务进行改进,并且这种改进应该是持续且可靠的,而不是通过实行"短期主义"或是和价格相关的刺激来达到。

4.1.4　产品组合的相关概念

产品组合是一个企业提供给市场的全部产品线和产品项目的组合或搭配,即经营范围和结构。和产品组合相关的概念还有"产品线"和"产品项目":

产品线(或产品系列)是指产品组合中的某一产品大类,是一组密切相关的产品。

产品项目,是用来衡量产品组合各种变量的一个基本单位,指产品线中各种不同品种、档次、质量和价格的特定产品。

产品组合有宽度、长度和深度三个维度。

产品组合的宽度是指企业生产经营的产品线的数目。如表4.1所示,李宁公司有三条产品线——鞋类、服装和配件/装备,因此,李宁公司的产品组合宽度为3。

产品组合的长度是用企业生产经营的产品项目总数除以产品线数目所得之数,即每一条产品线的平均长度。

产品组合的深度是企业各产品项目内不同规格、型号、花色、价格的产品品种数。

表 4.1 李宁公司的产品组合

鞋 类	服 装	配件/装备
跑鞋	T恤/POLO衫/背心	袜子
篮球鞋	卫衣	包
运动生活鞋	外套/马甲	帽子
足球鞋	比赛服	护具
网球鞋	紧身服	手套/围巾
健步鞋	裤装	羽毛球拍
训练鞋	棉服	羽毛球配件
羽毛球鞋	羽绒服	乒乓球
户外鞋	其他服装	

理解体育产品组合的相关概念对于企业向目标市场提供产品/服务而言是至关重要的。随着市场的发展与变化,如果市场需求扩大,企业可以通过拓宽产品组合的宽度、长度和深度来满足正在扩大的消费需求。例如,通过增加产品组合的宽度和长度,可以扩大经营范围,分散企业的投资风险,更有效地配置企业的资源;通过增加产品组合的深度,使产品项目有更多规格、型号,从而能更好地满足顾客的不同需求与爱好,扩大市场占有率。相反,如果市场不景气或者原料、能源供应紧张,为了削减企业的投资成本,企业也可以放弃一些获利较少的产品线和产品项目,集中优势发展高利润产品,提高专业化水平。

4.2 体育品牌

体育品牌和体育产品/服务是无法分开的。与其说我们每天在消费各种产品/服务,不如说我们每天在消费各种品牌,因为我们每天都处在各种体育品牌之中(如阿迪、曼联、老虎伍兹等),体育消费者用品牌来对体育产品/服务进行识别。

4.2.1 品牌名称、品牌标志和商标

体育品牌包含品牌名称、品牌标志和商标三个部分,它们都用来使自己从一大堆同类产品中"脱颖而出"。

体育品牌名称是一个口语概念,即能够用词语或一组文字表达,它应该具备以下几个特征:

扫一扫,测测自己认识几个体育品牌标志,看看哪些全部符合右边的8个特征。

- 容易辨识;
- 能让人产生积极的联想;
- 容易让人记住;
- 容易发音;
- 可以从品牌标志中表现出来;
- 可以被翻译成其他语言;
- 暗示了产品可以提供给消费者的利益;
- 合法且合乎伦理。

品牌标志是指品牌中可以被认出、易于记忆但无法用语言读出的部分,包括符号、图案或明显的色彩或字体。品牌标志应该富有创造性,容易被消费者识别。体育营销人员在设计体育标志的时候需要做大量的研究,因为它的独特性是一个体育品牌成功与否的关键。

商标可以被简单地定义为经过法律注册的体育品牌,防止其他人抄袭、仿冒其产品或侵犯其合法权益。随着体育产业的竞争越来越激烈,这种品牌注册行为在如今的体育市场变得越来越有必要。

在我国品牌和商标未做区分,只是将商标分为注册商标和非注册商标。

想知道"®"和"TM"有什么不同吗?扫一扫二维码就知道啦!

§ 互动学习 4.1

说出两个体育品牌,对于每个品牌:

1. 指出可以用语言表达和无法用语言表达的部分;
2. 思考体育消费者会对这些品牌产生怎样的感觉,哪一些体育消费者会被它们所吸引,为什么?

体育品牌体现了体育产品/服务具有的特征。这个概念和体育产品的市场定位密不可分,因为它代表了体育消费者非常看重的产品属性,包括:

- 产品的优势、耐用性、权威性、可靠性、安全性;
- 体育组织的文化和理念;
- 个性;
- 用户的自我映射。

体育品牌可以在体育消费者的脑海中引发画面,从而在体育市场上强化自己和其他同类产品的不同点。"体育产品/服务"这一概念,通过品牌化的过程,实际上已经等同于"体育品牌"这一概念。

4.2.2 体育品牌化过程

激励体育消费者对营销活动产生行为反应的目的,是帮助体育组织在市场上确立其体育品牌的地位。而品牌确立的目的,是将自己的体育产品和市场上的同类产品区分开来,这一过程分为以下几个阶段(见图 4.3)。

图 4.3 体育品牌化过程

树立消费者对本企业品牌的意识是第一个目标。这是体育促销策略的任务,也是 AIDA 原则(见第 7 章)的第一阶段。体育目标市场上的消费者必须首先意识到该品牌的存在,然后了解它、记住它。如果消费者没有对该品牌形成意识,体育品牌形象就无从谈起。体育组织可以通过展示体育产品/服务的特征、价格、促销和分销渠道等,让消费者了解该体育产品/服务的"个性"。

打造体育品牌形象是作为"一套"感觉存在于体育消费者脑海中的,它们直接影响了消费者对体育产品/服务的态度。作为体育消费者,由于我们过去的经历不同,导致了我们即使对于同一品牌,也会有不同的忠诚度。通过不同方式打造品牌形象所产生的效果也会不同,例如通过对游艇、马术、游泳和田径等不同活动的赞助,会对不同目标市场上的体育消费者强化不同的品牌权威和品牌魅力。建立并保持消费者心目中的体育品牌形象是体育营销人员的重要任务,因为现代体育市场上的消费者流动性是相当大的。

开发体育品牌资产,特别是体育品牌本身的"权威",是体育品牌形象自行产生的附加值。品牌资产,也称品牌权益,是指品牌产生的市场效益,或者说,产品在有品牌时与无品牌时的市场效益之差。Gladden Milne 和 Sutton(1998)认为,"感知质量"对于品牌资产而言是十分重要的,即使到目前为止并没有可靠的方法可以对它进行测量。体育品牌资产受到体育组织内部和外部环境因素的影响,如媒体覆盖率、体育市场的竞争情况、体育产品/服务的包装和运输、体育组织的声誉,等等。通过强化品牌资产,可以对体育品牌产生积极的影响,比如增加门票和商业活动的收入、提高溢价的可行性,最重要的是能够在体育品牌化过程的最后一个阶段,提高消费者的品牌忠诚度。

培育体育品牌忠诚度对体育营销人员而言是一个战略目标。品牌忠诚度的表现是,在同类产品中优先选择并持续性重复购买某品牌产品。但是,"忠诚的消费行为"在英国是会遭到其他人嘲笑的,所以为了刺激消费者重复购买,企业不得不采用许多创造性的策略。"忠诚度计划"是一个系统的、用于提高消费者忠诚度的营销计划,其目的就是通过建立奖励系统诱导消费者,鼓励消费者重复购买。

Kotler 等人(2009)指出了四种品牌忠诚模式:
- "一心一意"型忠诚者——只忠诚于一个品牌的消费者;
- "三心二意"型忠诚者——忠诚于两个或三个品牌的消费者;
- "喜新厌旧"型忠诚者——从忠诚于一个品牌转向忠诚于另一个品牌的消费者;
- "逢场作戏"型忠诚者——没有忠诚品牌的消费者。

按照帕累托法则(或 80/20 定律)的解释,80%的体育品牌购买行为是由 20%的体育消费者所引起的,因此,如果将体育迷按忠诚度划分成"大""中""小"三类,那么营销人员的目标是找到"大"的这一类消费者。体育组织可以通过会员计划、支持者俱乐部的创建和管理,以及通过积极呈现这些东西能给消费者带来的益处,驱动消费者对体育品牌的情感依附。

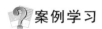 案例学习

宝马的品牌营销

——在宝马看来,品牌营销的至高境界就是"无招胜有招",核心是在潜移默化中影响消费者对品牌的感情。

据统计显示,一个企业想在世界范围内提高自己的品牌认知度,每提高 1%就需要投入 2 000 万美元的广告费,但借助大型体育比赛,同样的花费可以提高 10%。这也许可以解释,为什么汽车企业无一不与各类体育赛事有着千丝万缕的关系。

作为三大德系豪车中在个人汽车消费市场做得最好的品牌,宝马在体育营销上也是动作频频。如果回顾一下宝马在体育营销上的历史,会发现宝马与体育营销的渊源由来已久,并且宝马已形成了自己独到的策略:一是选择体育精神与宝马品牌理念相契合的体育项目;二是长期、系统地对所选项目进行战略规划,从品牌和产品的角度,进行技巧性的策略支持,建立一个完整的体系。

1. 宝马 VS 运动:灵魂深处的相通

在选择运动项目上,宝马的标准是首先选择与宝马品牌理念相契合的体育项目,其次是这个项目在中国的参与程度和影响力,受众群在哪里,如何做到落地等问题。

从宝马目前合作的体育项目来看,它们传递出来的精神,无一不是宝马品牌内涵的再体现。高尔夫、花样滑冰、帆船、击剑,这些运动项目都与宝马所倡导的"创新美学、艺术运动"有着深层次的契合,技巧和美学是这些体育项目十分突出的特点,它们与宝马产品本身对精准、速度和美感的把握一脉相承。

例如,说起高尔夫运动,人们脑海中不假思索闪出的关键词,大多是绅士与尊贵。高尔夫运动是力量、激情与智慧的结合,是一项非常阳光和绅士的运动,球手在高尔夫运动中,既要充满力量与激情,又需要克制,才能精准掌握好力度和角度,在挑战自我中体验丰富的情感,获得由衷的乐趣,这和宝马个性尊贵、独特的美学品牌及精益求精的品质不谋

而合。

而宝马长期支持的另一项体育运动马拉松,它的魅力在于人类对耐力和意志力的双重挑战,马拉松选手在长达 42.195 千米的赛程中,就是通过一次次的自我超越来跑完全程。这也是宝马品牌与马拉松结缘的原因,一直以来,宝马都在秉承这种不断自我超越、激情运动的精神。

帆船赛对于航线的设计和风向的把握,需要非常精准的技艺;花样滑冰更是技巧与艺术的结合,这些与宝马产品本身对精准和科技的把握一脉相承。

这些运动项目的参与者与观众中,也许只有一小部分是宝马的消费者,但是随着高尔夫、马拉松这些运动项目的普及程度越来越高,宝马可以借助对这些体育赛事的支持,将它所倡导的生活方式与精神传递给更多的参与者和观众,让他们在情感上与宝马产生关联。在未来的 3~5 年,其中的一部分参与者和观众,随着经济能力的提升,会有更换自己车辆的需求,这时候,也许宝马会成为他们的首选。

2. 体育营销就是坚守

与在体育赛事上寻求曝光度不同,宝马在体育营销上的态度是坚守和持续,选择了一个运动项目,就会深入持续地把这个项目做成一个完整的体系。宝马对高尔夫运动的推广,就很好地诠释了宝马在体育营销上的这个理念。

宝马致力于推动高尔夫运动的历史长达 20 多年。1982 年,BMW 杯国际高尔夫球赛在英格兰组织了首次 BMW 高尔夫邀请赛,业余爱好者们受到各 BMW 经销商的邀请,进行了 6 场区域性锦标赛,之后在离伯明翰不远的著名球场贝尔弗进行总决赛。1998 年,宝马将 BMW 杯国际高尔夫球赛引入中国,这是全球最大规模的业余高级赛事,极大地推动了高尔夫运动在中国的发展。如今,在中国直接参与人数已经达到近 5 000 人。

宝马对高尔夫运动的赞助并不止于此,由宝马组织的高尔夫职业巡回赛包括 BMW PGA 锦标赛(英国)、BMW 国际公开赛(德国)、BMW 锦标赛(美国)、BMW 大师赛(中国),宝马还主办了世界上最大型的业余高尔夫比赛——BMW 国际高尔夫杯。

在高尔夫运动的推广中,宝马还将未来的潜在消费者——青少年纳入整个推广体系。2013 年,"宝马青少年发展计划"落地,宝马青少年高尔夫启蒙训练营在上海、广州、成都和北京四个城市拉开帷幕,训练营依托校园平台招募学员,并聘请经验丰富、技巧卓越的专业教练进行高尔夫启蒙培训及相关活动,旨在通过这项"绅士运动",培养青少年正直、自律、为他人考虑的"高尔夫精神",优秀学员还有机会参加宝马"海南之旅"高尔夫夏令营,更切实地感受高尔夫运动的独特魅力。

从业余赛到大师赛,再到青少年发展计划,宝马对高尔夫项目的推广,已经形成了一个完整的体系,成为高尔夫运动当之无愧的先行者和倡导者及国际高尔夫世界中最重要的成员。当高尔夫球爱好者在感受高尔夫运动的魅力时,也领会到宝马所倡导的个性、尊贵的精神。

宝马与马拉松运动也可谓渊源颇深。早在1972年的慕尼黑奥运会上,宝马集团首款电动车BMW1602就担当了马拉松项目引导车的重任,由此开启了彼此合作的先河。从2013年,宝马在中国市场开始陆续赞助上海厦门国际马拉松比赛。2014年,新BMW 3系倾力加盟兰州国际马拉松赛;全新纯电动车BMW i3作为引导车和计时车亮相2014上海国际马拉松赛,历史重现,宝马与马拉松再续前缘。来自全国各地的宝马车主、员工和品牌爱好者组成了"BMW方阵",在奥运冠军吴敏霞、叶诗文、陈若琳等的带领下,在上海国际马拉松的赛场上展现了宝马品牌以及BMW i3所代表的积极健康的生活态度和坚持梦想的精神。

除了赞助三大马拉松南马、厦马、上马之外,宝马还全情赞助了彩色跑(color run),组织爱好跑步的车主、媒体及公众参与更加便捷、常态化的跑步项目,将跑步带入日常生活当中。

3. 无招胜有招

在宝马看来,品牌营销的至高境界就是"无招胜有招",核心是在潜移默化中影响消费者对品牌的感情。

宝马集团大中华区总裁兼首席执行官安格本人就是一名狂热的马拉松爱好者,在他看来,体育运动对宝马的意义,在于可以拉近宝马与消费者的距离,升华"BMW之悦"的内涵:自我成就、集体荣耀,让宝马品牌更富有情感号召力和影响力。

以"宝马青少年发展计划"为例,青少年并不是宝马的客户,但通过支持、帮助那些热爱高尔夫、在高尔夫运动上有天赋的青少年,将加深这些青少年对宝马的认知和情感。未来,他们有可能会成为宝马的潜在客户,一旦他们有消费豪华汽车的能力,宝马将有可能成为他们的首选。

马拉松赛也是如此。实际上,在庞大的马拉松赛群体中,宝马的客户只占了很小的一部分,但宝马选择将马拉松赛作为体育营销的重要项目,其目的也正是通过马拉松赛,给马拉松爱好者带来跑步的快乐,并让他们将这种愉悦的情感与宝马关联,从而对宝马品牌留下正面、积极向上的印象。当这个人群中的一部分人经济能力有了提升,有能力消费豪华汽车时,也会选择宝马。

从中长期来看,宝马持续、系统的体育营销战略带来的效果,已经初现成果。根据第三方调研公司的调研结果,通过一系列的体育营销,公众对于宝马品牌内涵的认知度进一步提升。超过半数的受访者知道宝马是中国奥委会和伦敦奥组委的赞助商,其中90%的人表示,他们对"BMW之悦"所代表的激情、梦想、创新和责任等品牌特性的认同度有一定或者明显的增进。

在伦敦奥运会上夺得金牌的 47 名中国运动员中,超过 4/5 的人都选择了宝马,在所有 103 名奖牌获得者中,也有约 2/3 递交了购买宝马和 MINI 轿车的申请,加入"宝马奥运梦想行动"。宝马认为,在宝马长期的奥运营销之后,其品牌本身所蕴含的动感和激情,与运动员有很多特质上的接近。无疑,在宝马中国的史登科时代,宝马品牌"掘金"奥运达到了一个其他品牌所不能企及的高度。

(资料来源:禹唐体育 http://www.ytsports.cn/news-7476.html)

4.2.3 商标使用决策

由于在我国并未就品牌和商标做出严格的区分,所以在标题和下文中出现的"商标"和"品牌"在概念理解上可以混用。

1. 是否使用商标

并不是所有的企业都会有自己的品牌或者注册商标。对于企业而言,使用商标可以为企业带来很多好处:

- 可以将企业的产品和竞争对手的产品区分开;
- 有利于企业对现有产品进行宣传与推广,也有利于企业将来在现有品牌下向市场推出新产品;
- 有利于企业利用法律维护自己的正当权益。

但另一方面,使用商标也意味着企业需要承担相应的社会责任,接受社会对企业的监督,而且注册商标还必须缴纳商标的注册费用。因此,企业应该权衡利弊,结合企业的实际情况来考虑是否使用商标。比如对于一些处于创业初期的体育公司,企业无力承担社会责任,各项业务还没有进入稳定期,就不一定要使用商标。

2. 使用自己的商标还是使用别人的商标

体育品牌许可在体育行业越来越普遍。它是一个双边合约,约定使用对方体育品牌的费用。体育商业特别喜欢和 DVD、杂志、玩具、电脑游戏等公司签订许可合约,如 EA SPORTS[①] 出品的《FIFA》足球系列游戏就使用了国际足联这个品牌。这种体育产品策略对于合约双方都是有利的,因为体育品牌的拥有者(许可方)往往没有某种产品的生产能力和销售市场,而使用体育品牌的一方(被许可方)则在这些方面非常专业,可以充分利用体育品牌的资产价值,为交易双方带来丰厚的利润。

但是,使用别人的商标也面临着一些风险,比如企业可能失去对产品销售价格的控制,也失去了创设自己品牌的机会。

3. 使用一个商标还是多个商标

1)个别商标策略

个别商标策略是指企业对不同产品分别使用不同的品牌。例如阿迪达斯,仅仅是运

---

① 艺电旗下制造研发体育视频游戏的品牌。

动鞋,就有三叶草、复古系列Adicolor、Y-3、F50、adiZero等多个品牌。这种策略的优点主要有两个:一是便于企业扩充高、中、低档各种类型产品,以适应市场上不同的消费者需求;二是企业的声誉不受某种产品声誉的影响,避免了一损俱损的后果。

但这种策略也有不可避免的缺点:一是会加大产品的促销费用,因为对每一种品牌都需要投入广告成本;二是企业的品牌过多,资源分散,不利于企业创立名牌。

2)单一商标策略

也称"家族品牌",是指企业对所生产的所有产品都使用同一品牌,通常一些规模不大或者创业初期的小企业都会采用这种策略。此外,很多服务型的体育公司,也都采用了这种策略,例如智美体育集团、亿众体育等。使用这种策略的好处在于企业可以集中宣传一个品牌,借助品牌的知名度来显示企业实力,塑造品牌形象,还可以利用已成功的品牌推出新产品,有助于新产品进入目标市场,降低新产品的宣传费用。缺点在于如果某一产品出现问题,可能会"一损俱损",影响其他产品的销售和企业的声誉。

"个别品牌策略"又称为"多品牌策略",你知道这种策略是哪家公司首创的吗?扫一扫二维码,看看自己猜对了吗。

3)同类统一商标策略

同类统一商标策略也称一品一牌,是指一种类别(生产线、产品线)的产品使用一个品牌,不同类别的产品使用不同品牌。当企业生产经营多种不同类别的产品,需要使用不同品牌名称以避免产品之间相互混淆的时候,就可以采用这种策略。

4)企业名称与个别商标并行策略

企业名称与个别商标并行策略是指企业在不同的产品上使用不同的商标,但每一个商标前冠以企业名称,借助企业的声誉扩大商标影响。它的优点在于,以企业名称表明产品的出处,以品牌表明产品的特点,利用企业的声誉推出新产品,既节省了宣传费用,又使各品牌之间保持相对独立性。这种策略在汽车行业特别常见,如长春一汽旗下的"一汽解放""一汽宝来""一汽捷达"等,以及日本的丰田汽车有"丰田锐志""丰田凯美瑞""丰田皇冠"等多个品牌。

案例学习

安踏不断切入细分市场　实施多品牌战略

2016年10月27日,安踏集团公布了第三季订货会订单及零售表现状况,公告中首次提及非安踏品牌的具体运营情况。公告显示,2016年3季度,按零售价值计算,安踏品牌产品的零售金额较去年同期录得低双位数升幅,非安踏品牌产品零售金额增速达60%～70%。与此同时,安踏2017年2季度订货会数据再次录得增长,这也是自2014年第1季度以来,连续14个季度订货会订单增长。

目前安踏集团旗下的非安踏品牌主要有FILA、迪桑特和NBA,由于迪桑特品牌刚刚

开始运营,这 60%~70%的增速主要是 FILA 贡献的。安踏未公布其具体销售数据,不过考虑到 FILA 拥有一定基数,此增速应该较为客观。

2009 年,安踏从百丽手中收购 FILA(斐乐)中国商标权及业务,并使得 2005 年即进入中国但未打开市场的 FILA 成为高端运动时尚品牌。数据显示,截至 2016 年 6 月 30 日,FILA 店(包括 FILA KIDS 独立店)共有 687 家,预计到 2016 年底,FILA 店为 700~750 家,店铺数量预计保持 10%左右的增长。

在 2015 年成为第一个过百亿的国内体育用品公司之后,安踏董事局主席兼首席执行官丁世忠定下了长期的千亿目标,而外界普遍认为,仅靠安踏主品牌的增长,实现千亿目标有较大难度。

安踏显然也意识到这一点,在 2016 年初的业绩发布会上,安踏透露,正与咨询公司在探讨未来多品牌的布局,包括增长和占比等情况。

2016 年 4 月,安踏与 DESCENTE(迪桑特)日本及伊藤忠订协议,成立合资公司,在中国独家运营 DESCENTE 品牌或附属品牌下的所有类别商品。DESCENTE 是日本知名功能运动服装品牌,主打高端滑雪、综训以及跑步等专业产品。

定位大众的安踏、运动时尚的 FILA、高端的迪桑特,再加上安踏童装,意味着安踏具备了儿童运动和体育用品的中高端布局。

为了细分市场,其他体育用品也有类似举措。除了核心品牌李宁牌外,李宁公司还拥有户外运动品牌 AIGLE(艾高)以及运动时尚品牌 Lotto(乐途)。

李宁未公布非李宁品牌的具体运营情况,不过从李宁以往动作看,其发展更集中在李宁主品牌。2015 年李宁以约 1.25 亿元人民币现金向非凡中国出售红双喜 10%股权,红双喜将不再是李宁的附属子公司,不纳入合并报表。早在 2010 年,李宁就将儿童业务授权给派克兰帝经营(后授权给天津宽猫咪)。

丁世忠称,安踏品牌继续定位大众,未来计划继续通过收购,实现四五个品牌矩阵,而收购的原则是"切入细分市场",与现有品牌行程互补。

瑞信指出,安踏 16Q3 的运营数据强势,销售情况有望延续至 16Q4。该行将安踏 2017 年的盈利预测调升 2%,并且将目标价从 22.90 港元提升到 24.50 港元,并且重申跑赢大市评级,有鉴于其强劲的多品牌表现以及清晰的市场区隔。

目前安踏港股市值超过 500 亿港元,是市值排名第二的李宁的 5 倍。截至 2016 年

10月28日上午12时,安踏股价升7.1%。

(资料来源:http://news.efu.com.cn/newsview-1181302-1.html)

4.3 体育产品的生命周期及营销策略

4.3.1 产品生命周期的概念

体育产品/服务的生命周期(product life cycle,PLC)是体育市场营销相关概念中的一个基本概念,它是指体育产品从投放市场开始到最终被市场淘汰为止的全过程,这一过程通常包括四个阶段——初始期(介绍期/引入期/导入期)、成长期、成熟期和衰退期。

从图4.4可以看出,在一段研发时期之后,体育产品/服务被引入市场上(初始期);随后市场上越来越多的消费者购买该产品,使其销售额和利润迅速增加(成长期);之后体育市场变得稳定(成熟期);一段时期之后,市场上会出现更先进的竞争产品,该体育产品/服务的销售额和利润开始迅速下降(衰退期),直至完全退出市场。实际上在现实生活中,大部分的体育产品/服务会在初始期就遭遇失败,其他的产品/服务则会进入成熟期的良性循环,当产量出现下降的时候,体育组织会采取措施重新赢得消费者(见本章后面的内容)。

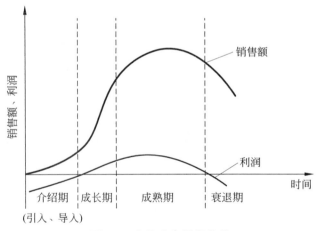

图4.4 产品生命周期曲线

关于PLC,有以下几点需要说明:
- PLC和企业的生产状况无关。PLC是一个市场概念,不应以企业的生产状况为判断依据,更不能以某一家企业的生产经营状况来判断产品进入了哪一阶段。
- PLC与使用寿命不同。使用寿命是指产品从开始使用到报废所经历的时间,它主要取决于产品的自然属性和使用状况,而PLC则主要取决于市场因素,如消费者的需求和偏好、技术、市场竞争状况等。
- PLC通常是以国家或地区来划分的。同一种产品可能在某个发达国家已经进入了成熟期,但同时可能在另一个发展中国家还处于初始期。

- PLC 是一条经验曲线,也是一条理想曲线。PLC 是人们根据经验描绘出来的,它表明的是大多数产品都会经历的一种相似过程,没有绝对的数值能告诉企业或者消费者某种产品到底处于哪一种阶段,只能根据经验做出大致的判断。
- PLC 可分为种类寿命周期、型式寿命周期和品牌寿命周期。产品的种类寿命周期最长,型式寿命周期次之,品牌寿命周期最短。例如体育服装的生命周期非常长,但 POLO 衫的寿命就相对较短,某种品牌的 POLO 衫市场寿命就更短了。
- 有普遍缩短的趋势。随着技术发展越来越快,加上人们的消费需求也日益多变,产品的生命周期会变得越来越短。
- 不是所有产品的 PLC 形状都是如此。如图 4.5 所示,不是所有的产品都会经历以上四个阶段,即使经历,也可能会非常快(如时尚产品):

(a)时尚产品。时尚产品总是很快地被体育市场接受又很快地被淘汰。很多人可能都没有意识到 20 世纪 70 年代末 80 年代初曾经流行过的自行车越野和滑板运动,直到自行车越野被纳入奥运会比赛项目、滑板成为街头运动才让人们重新认识到了这两项运动。

(b)季节产品。一些比赛几乎全年都在进行,如 F1 和足球;但也有一些体育运动具有较强的季节性,在英国有一种说法,叫"冬足夏板"①。事实上,体育运动兴趣在体育赛事中的"潮起潮落"实在是再正常不过了。你一定会想要在每年 4 月到谢菲尔德去观看世界斯诺克国际锦标赛,或者在温网的那两周去看网球。不过,室内滑雪场倒是可以让体育用品商店的滑雪装备一年四季都畅销。

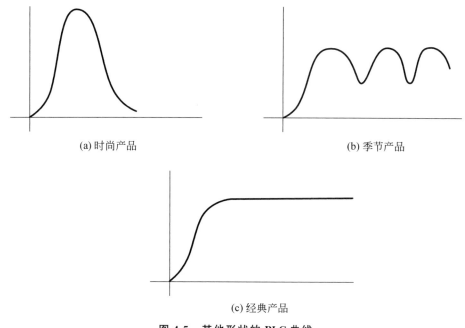

图 4.5 其他形状的 PLC 曲线

---

① 在英国,冬天足球赛事较多,而夏天板球赛事较多。

(c）经典产品。经典产品总是在经历一个上升阶段之后就一直处于成熟阶段。既然是"经典",那么肯定需要经过时间的考验,所以"经典"系列的体育服装通常都会出现得比较晚,但是一旦成为"经典",就很难消失,比如阿迪达斯的 Samba 系列和彪马的 King 系列。

4.3.2 产品生命周期各阶段的特点及营销策略

1. 初始期

1）初始期的特点

在销售初期,体育组织并不会有太大的利润压力,因为这一阶段的主要目的是让消费者认识产品。如果市场上没有,或者没有很多竞争对手,那么就可以采取撇脂定价策略（见第 5 章）。由于分销网络还没有全面铺开,所以通常这时候的体育产品/服务只通过较少的分销渠道来进行分销。

2）新产品/服务的扩散

当一个新的体育产品/服务被引入体育市场时,它的扩散速度主要是由三方面的因素所决定：

- 体育产品/服务的特征,这种特征越容易被消费者识别并接受,扩散速度就越快。
- 新奇的感觉,如果一种新产品/服务越能给消费者带来新奇的感觉,就越容易引起消费者的兴趣。
- 沟通的效率和效果,企业和消费者的沟通效率越高、沟通效果越好,则新产品/服务的扩散速度就越快。

此外,同样的新产品/服务,不同的消费者的接受速度与程度也是不一样的。在体育产品/服务市场上,对风险接受程度较强的体育消费者会倾向于先购买,然后才是风险接受程度越来越弱的消费者。新体育产品/服务的接受者可以被分为以下五类：

- "闪电"。"闪电"指最先一批开始接受新体育产品/服务的极少数人。"闪电"们乐于接受体育消费风险,而且"闪电"的年龄往往会偏小,特别是当产品/服务涉及最新的科技时,"闪电"们会异常活跃。
- 早期接受者。早期接受者相对于其他类别的接受者而言,在体育产品/服务的消费中往往最具影响力。
- 早期跟随者。早期跟随者在新体育产品/服务上市后的一段时间才会接受,并且基本上不会对其他类别的人群产生影响。
- 晚期跟随者。晚期跟随者往往对新体育产品/服务持有怀疑的态度,只有在社会上绝大多数人接受了之后,才会跟随他们的步伐。
- "树懒"。"树懒"指最后接受新体育产品/服务的一类人。这类人通常不喜欢"改变",并且一般来说都是年纪比较大的人群。"树懒"们是典型的守旧者,平时一般只和家庭成员以及亲密的朋友联系。

以上对消费者的分类给营销人员的启示在于,需要制订不同的体育市场营销策略以针对体育目标市场上不同类型的消费者。

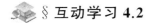 **§ 互动学习 4.2**

看看最近三个月你微信的朋友圈（或者 QQ 空间），有没有谁在上面介绍一些新品牌、产品、综艺节目、商店、饮料、有趣的地方或者好玩的游戏呢？

如果有的话，你认为你的朋友是"早期接受者"吗？你是否有受到影响，也想要去尝试一下呢？你是否曾经是一个"树懒"呢？或者你是否曾经也是一个"早期接受者"呢？

3）初始期的营销策略

在初始期，如图 4.6 所示，通过价格和促销水平的两两组合搭配，企业可以选用以下几种营销策略。

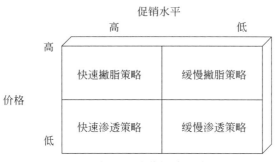

图 4.6　初始期的营销策略选择

（1）快速掠夺策略。快速掠夺策略又称为"快速撇脂策略"，是指以高价格和高促销水平向市场推出新产品。高价格可以利用人们的猎奇心理，迅速收回投资；高促销水平能够让企业在市场上迅速建立起知名度。当具备以下条件时，企业可以采用该策略：

- 消费者对产品不熟悉，产品鲜为人知；
- 消费者有强烈的购买欲望，急于购买，并愿意按要价购买；
- 企业面临着激烈的潜在竞争，必须尽快地让市场上的消费者获知自己的品牌，尽早建立起品牌忠诚度。

（2）缓慢掠夺策略。缓慢掠夺策略又称为"缓慢撇脂策略"，是指以高价格和低促销水平向市场推出新产品。相较于前一种营销策略，低的促销水平可以让企业以尽可能低的促销成本获得尽可能高的利润。这一营销策略通常适用于以下情况：

- 顾客已经了解该产品，不需要投入很多宣传成本；
- 顾客愿意按要价购买；
- 潜在的竞争不激烈或者竞争对手暂时无法对本企业构成威胁。

（3）快速渗透策略。快速渗透策略是指以低价格和高促销水平向市场推出新产品。低价格能让市场上多数消费者接受，从而使新产品能以最快的速度"渗透"市场，获得尽可能高的市场占有率。这一策略通常适用于以下情况：

- 消费者对产品不熟悉且对价格比较敏感；

- 潜在竞争激烈；
- 产品单位成本可以随着生产规模的扩大而迅速下降。

(4) 缓慢渗透策略。缓慢渗透策略是指以低价格和低促销水平向市场推出新产品。采用这一策略的市场条件是：

- 消费者对产品已经有所了解且对价格比较敏感；
- 潜在的竞争威胁不大；
- 产品单位成本可以随着生产规模的扩大而迅速下降。

2. 成长期

1) 成长期的特点

产品进入成长期之后，渐渐地，竞争者会进入市场，提供相似的产品/服务。体育产品/服务变得更加有利可图，公司和公司之间会通过结盟、合资等方式相互合作。广告的投入在这一时期会变得比较大，主要的目的是推广品牌。

2) 安索夫矩阵

在成长期阶段，安索夫矩阵可以为企业提供一些制定营销策略的方向和思路，它在很多书籍里都有被提及，如图4.7所示，每一个方框都列举了"产品"和"市场"两两组合可能会产生的效果。

		产　　品	
		现有产品	新产品
市　场	现有市场	市场渗透：在现有市场继续依靠现有产品提高销量	产品开发：在现有市场推出新产品，重新吸引现有市场
	新市场	市场开发：将现有产品推向新的市场	多元化经营：在新的市场上开发新产品

图 4.7　安索夫矩阵

(1) 体育市场渗透。体育市场渗透指增加消费者的使用率或实施品牌转换，以提高现有体育消费市场上现有体育产品/服务的销量。这种增加销量的方法是风险最小的，通常需要结合竞争性定价的促销策略，如健身房会员套餐、广告和个性化定制，等等。在成熟的市场上将竞争对手淘汰出局是可以做到的，前提是你的定价策略能让竞争对手的产品在市场上变得不再有吸引力。市场渗透策略可以用"照常营业"四个字来概括，体育组织将主要精力放在它非常熟悉的产品或服务上，它可以很容易获得竞争对手和消费者需求的相关信息，却相对来说较难获得对新市场调研的投资。

(2) 体育产品开发。体育产品开发指通过对产品进行改进，提高现有体育消费市场的销量。这种销量的增加往往是由技术进步带来的，如碳纤维在自行车、船、曲棍球棒和冲浪板帆上的应用。这种策略可能需要开发新的竞争力以改进现有的体育产品/服务从而重新吸引现有市场，它特别适合使用差异化战略的体育企业。一个成功的体育产品开发策略必须具备以下几个方面的特征：研发和创新；对体育消费者的需求理解透彻（且能预测变化）；第一个发现市场。

(3) 体育市场开发。体育市场开发指将现有产品推广到新的体育消费市场，即对新细分市场的开发和利用，如 GPS 在自行车爱好者和跑步爱好者中的广泛应用，滑雪鞋的鞋垫在跑鞋中的应用，戈尔特斯面料的登山服在骑自行车、跑步和打高尔夫球的时候也能穿。这种策略的实现方法有很多种：开发新的地理区域，如将一种产品/服务引入新的国家；开发新的分销渠道，如将传统的零售渠道变成电子商务；用价格歧视（见第5章）来吸引不同的体育消费者或者开发一个新的细分市场，如北面正在开发其大众市场，以期与耐克一样成功。

(4) 多元化经营。多元化经营又称为"多角化经营"，是指在新的体育消费市场上开发新的体育产品/服务，如 Wii Fit。这种多元化经营可以是与企业现有产品或市场相关的多元化，也可以是非相关多元化。这是四种方法里风险最大的方法，因为体育组织涉及的领域是之前其核心竞争力没有触及的领域。任何试图采用多元化经营策略的企业都应该首先弄清楚自己想要从这种策略中获得什么，此外，还需要对市场风险有一个客观的评估，如果评估结果显示风险回报率可以接受，那么一个多元化经营策略可能会带来相当丰厚的回报。

3. 成熟期

相较于其他三个阶段，体育产品/服务的成熟期是最长的。销售额会缓慢爬升，然后进入稳定期。体育生产者期望将自己的产品/服务与竞争对手的区分开来，所以体育品牌的力量就显得尤为重要。当市场达到饱和的时候，激烈的竞争会导致价格战。有一些体育生产者会因为利润太薄而退出市场。促销会被更加广泛地使用，各种可能的媒体都会被利用起来以达到促销的目的。

企业在成熟期可以采用的市场营销策略和成长期的较为相似，也可以利用上述的安索夫矩阵对有效的营销策略进行选择。

4. 衰退期

1) 衰退期的特点

在衰退期，越来越多的创新产品/服务会打入市场，体育消费者的需求也可能会发生变化。降价变得越来越常见，很多体育产品/服务纷纷退出市场。很多企业只有通过降低市场费用和缩减成本才能获得少量利润。

2) 衰退期的营销策略

(1) 维持策略。维持策略是指继续沿用过去的策略，继续使用和之前相同的分销渠道、定价及促销方式，不主动放弃产品，直到这种产品完全退出市场为止。

(2) 收缩策略。收缩策略是指大幅度降低促销水平，削减销售和推销费用，以增加目前的利润。采用这一策略的企业主要是顾及对企业产品非常忠诚的客户的利益。

(3) 集中策略。集中策略是指企业将资源集中使用在最有利的细分市场上，放弃掉其他相对而言盈利不太高的细分市场。

(4) 放弃策略。放弃策略指当产品已经没有潜在市场可以发掘或者企业已经准备好了替代的新产品时，可以停止目前产品的生产和经营，转向新产品的生产或进入新的行业。

4.3.3 体育产品/服务的创新

1. 体育产品/服务的发展

体育市场与生俱来的"竞争性"特点，使体育产业充满活力和前景。为了获得持续的体育消费，对体育产品/服务进行不断的改进是关键。体育产品/服务的生命周期模型和产品策略的目的是改进现有的体育产品/服务，或者创新。也许在不久前，你根本就没想过会有一种手环能告诉你你已经跑了多远、你的平均速度是多少。这种创新，是对过时产品的更新换代，它为市场注入了新的活力。

2. 新的体育产品/服务

新的体育产品/服务提高了体育市场对体育消费者的供给水平，改变了体育消费者的消费趋势和消费品位。即使有一些体育产品/服务的创新是没必要的，但它们仍旧和其他实用型创新一起，促进了体育产业的发展，为体育组织带来了利润。在新体育产品/服务的分类上，有两种角度的观点：

1) 站在体育组织的角度看创新

- 体育产品/服务的彻底创新——指一种全新的运动，如 Wii 运动。
- 体育产品组合的横向增加——对于体育组织而言是一种创新。如阿迪达斯收购锐步，阿迪达斯产品的长处在于专业性能优异，其产品主要是为专业运动员设计的篮球鞋、足球鞋等；而锐步产品的特点在于新颖时髦，其产品主要是为一般人（如妇女、年轻人等）参加健身运动而设计的。阿迪达斯收购锐步之后相当于将锐步的产品"收归己有"，"等同于"自己的创新。
- 体育产品线的纵向延伸——在现有产品线中加入新的体育产品/服务，如耐克高尔夫的女士装备。
- 重新定位——如 Twenty20[①] 板球、强力斯诺克等。

2) 站在体育消费者的角度看创新

- 偶然创新——和前述的彻底创新一样，因为它们需要体育消费者学习新的知识，如低空跳伞、儿童滑板车等。
- 完全创新——如压缩运动服。
- 非完全创新——不断改进，如泰勒梅 Burner 2.0 高尔夫铁杆。

3. 新产品/服务的开发过程

体育产品/服务创新的速度是相当快的，但是对于体育组织而言，如何将新的体育产

[①] 一种快节奏的板球比赛形式，比一般的板球比赛时间要短得多，约三小时内完成，每场比赛持续时间为75~90分钟，中场休息时间为10~20分钟。

品/服务引入体育市场是一个关键问题。如果开发出一种不合理或者不合格的新体育产品/服务,导致消费者无法接受该产品/服务,体育品牌可能会失去信誉。因此,理解并运用图4.8所示的新体育产品/服务开发过程,可以帮助体育市场营销人员更好地开发新的产品或服务。这一过程包括以下五个基本步骤:

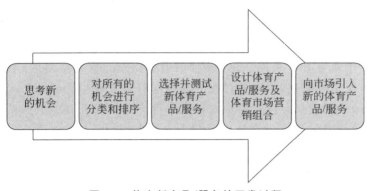

图4.8 体育新产品/服务的开发过程

- 思考新的机会——这是跟创意相关的,体育组织应考虑所有的可能性,不管这种创意是来自体育消费者、员工、竞争者还是市场调研。
- 对所有的机会进行分类和排序——根据体育组织的特定产品及相关目标筛选创意,可以按照下列标准对创意进行排序:①能为企业带来优势,如成本优势或创新优势;②具有兼容性,如和外部环境兼容或者和目前的市场营销组合兼容;③感知风险小,如来自经济、技术或者社会方面的风险较小。
- 选择并测试新体育产品/服务——测试排名最高的创意,评估体育目标市场对新产品/服务的反应,然后通过预测销售额来估计消费者的购买意愿。
- 设计体育产品/服务及体育市场营销组合——敲定体育产品/服务三个层次的最终方案,决定体育市场营销目标的战略组成部分。
- 向市场引入新的体育产品/服务——通常先采用试销的方式或者只在某一小范围内销售,以测试体育目标市场的反应,如销售模式、分销渠道、试点方案和竞争者的反应,等等。如果这些因素的测试结果都令人满意,就可以向整个市场进军。

可以从以下几个方面对新产品/服务是否获得成功进行评估:

- 试用——在消费者购买前是否向其提供了试用机会。
- 相对优势——是否比其他的现有产品好。
- 价格——性价比是否高。
- 分销——是否能够分销到足够的市场上。
- 竞争——竞争者的数量是否适中,竞争者的反应是否强烈。

如果有任何方面被评估为是不成功的,那么必须采取纠正措施然后再进行下一轮评估,以此循环,直到所有方面都通过。

4.4　体育产品质量评估

正如本章开头说明的那样,笔者不准备将体育产品和体育服务区分开来。再次重申,作为体育消费者,我们对体育产品的消费行为受到体育服务的影响:体育产品中包含服务,体育服务中也包含了产品。体育品牌资产的重要元素包括感知质量,而产品质量的好坏直接和企业能否提供高质量的体育服务相关。体育组织需要挖掘体育服务的特点,并且要对提供差异化服务的困难有心理准备。虽然现代的电子商务已经大大减少了在提供体育服务时人与人直接打交道的需要,但这种时代的进步却对服务质量提出了更高的要求(如 24 小时全天候服务)。虽然在向体育消费者提供体育产品和服务时无法将两者分开,但我们在评估它们质量的时候可以分别从以下两个方面来进行评估:体育有形产品质量和体育无形服务质量。

4.4.1　体育有形产品质量评估

对体育有形产品质量的评估包括两方面内容:体育产品设计和体育消费者满意度。

独特的体育产品设计可以为企业带来竞争优势,科技的发展使体育产业变成了一个充满活力、多样化和经济价值巨大的部门。材料的发展(如碳纤维在高尔夫球杆、网球球拍和自行车中的应用)和生产过程的发展(如计算机辅助设计)已经使体育产品变得更轻更耐用,而体育营销沟通中对这些好处的描述则刺激了体育市场中的消费需求,体育产品的性能、用途和艺术感刺激了体育消费者的购买欲望。体育产品的个性化定制(如 NIKEiD 服务),使每一位体育消费者可以按照他或她的个人要求来设计和制造产品,从而刺激了溢价销售。

体育消费者满意度是体育营销者非常注重的一个方面。它是对体育产品质量的一个主观测量,这种反馈会影响体育产品的设计与生产。下列这些可以用来衡量消费者对有形产品质量的主观感受:

- 功能表现——体育有形产品在多大程度上实现了其核心功能;
- 特征——区别于其他类似产品的表现如何;
- 可靠性——体育有形产品的一贯表现如何;
- 耐用性——体育有形产品的使用寿命有多长;
- 美学价值——体育有形产品的设计如何。

毋庸置疑,体育消费者满意度的持续提高,对提高消费者的品牌忠诚度、接受溢价的意愿以及企业对新体育细分市场的开发有重要影响。

4.4.2　体育无形服务质量评估

体育服务质量评估完全是主观的,但和体育消费者的满意度直接相关。尽管服务是无形的,很少有统一的标准可以精确衡量其质量,但精明的体育营销者只承诺可以做到的服务,并且会控制需要提供服务的有形产品在数量上的增加。服务质量不仅仅和体育部门相关,还和很多商业部门相关,并且围绕着"服务质量评价标准"这一问题产生了很多争议。尽管标准很难统一，但有一点是可以达成共识的——对体育服务质量最基本的要求，是看它是否满足了体育消费者的需求和期望。了解体育消费者的期望是至关重要的，因为不同的基本期望值导致了他们需要不同水平的体育服务。如果处理不好，就会导致消费者满意度的总体水平偏低。

一般来说，评估体育服务质量的主要标准有如下方面：
- 可靠性——体育服务能否长期保持一贯水准；
- 保障性——体育服务是否值得消费者信赖；
- 同理心——是否提供了个性化的体育服务；
- 反应性——企业解决体育消费者问题的意愿有多强以及是否能及时地提供体育服务；
- 有形物——体育服务的物理辅助是否完备，如设备、设施等是否配备齐全。

TEAMQUAL 模型（McDonald，Sutton 和 Milne，1995）是对最初由 Parasuraman，Zeithaml 和 Berry（1988）提出且广泛得到应用的 SERVQUAL（SERVQUAL 为英文"service quality"的缩写。SERVQUAL 模型衡量服务质量的五个尺度为：有形性、可靠性、响应速度、信任和移情作用）调查工具的一种改进，用以测量体育观众获得的服务质量与他们之前的期望值是否相符。了解消费者的期望值和实际值之间的差距，是为了切实提高消费者的满意度水平。但这种评估工具可能存在的一个问题是，体育营销人员可能会误解和歪曲调查而来的"差距"，从而无法切实解决问题。要想避免这种问题的出现，一个好的解决办法就是把自己当成消费者，站在消费者的角度思考问题，但另一个问题就在于，并不是所有的体育组织都可以做到这一点。

章 节 回 顾

体育产品和服务是体育消费者所购买的东西。体育市场营销计划的任务就是确保自己的体育产品/服务能够与体育消费者的购买欲望相匹配。在竞争激烈的体育市场上，重要的是能提供差异化的产品/服务，以体现自己的特色，因此，品牌化过程尤为重要。体育营销人员只有了解体育产品/服务被消费者接受的过程，才能找到最有前景的目标市场。产品策略要结合其他的体育市场营销组合综合应用，才能确保体育产品/服务的成功。

在线自测题

第 5 章

体育价格策略

学习目标：

本章将帮助你——

1. 了解体育价格的重要性。
2. 理解体育产品/服务定价的基础。
3. 掌握体育定价方法和策略。

体育定价策略是体育市场营销组合中的一个关键因素，因为它表明了体育产品/服务能够卖出的价格，能给体育组织带来多少收入。体育定价策略受到很多因素的影响，如体育消费者的需求、体育市场上的竞争程度以及体育组织的目标，等等。和体育市场营销的很多因素一样，体育产品/服务定价中一个重要依据是消费者的心理认知。体育价格对于体育消费者而言是一个敏感的问题，因此它对体育消费水平会产生至关重要的影响。确定体育产品/服务的价格并不是简单地给出一个"数字"，而是需要综合考虑各种影响因素从而找出合适的市场价格。

5.1 影响体育产品价格的主要因素

体育价格反映了体育消费者对体育产品/服务的价值态度，它包含了一系列的价值交换过程：金钱、时间(包括在路上和场馆里消耗的时间)、机会成本(和其他可做的事情相比)。在前面的章节中，我们已经了解到每一个体育市场营销决策在制定过程中都要考虑体育组织本身和它所处的环境，在考虑体育产品/服务价格的决定因素时，当然也不例外(见图 5.1)。

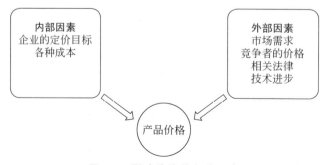

图 5.1 影响价格的各种因素

5.1.1 内部因素

1. 企业的定价目标

所有的行动都是为目标服务的,体育产品价格的制定也是如此:什么样的目标决定了什么样的价格水平。体育定价目标总体来说可以分为利润和销售两类,这两类定价目标又由各自的一些重要内容所组成:以利润为体育定价的目标主要指利润最大化;以销售为体育定价的目标则包括维持生存、市场份额最大化、产品质量最优化等。

1)利润最大化

没有哪个企业是不想盈利的,因此追求利润最大化往往是多数企业的定价目标。但追求利润最大化,并不意味着将产品的价格定得很高,因为产品的销量受到产品需求价格弹性(见图5.3)的影响,提高产品价格可能会导致产品销量锐减(如当需求富有弹性时),从而影响总收入和总利润。

利润最大化包括当期利润最大化(短期利润最大化)和长期利润最大化两种。在企业充分了解其产品的需求函数和成本函数的前提下,通过计算这两个函数可以估算出能使企业当期利润最大化的价格。以当期利润最大化为目标的价格往往比其他目标下的价格高,因为企业为了短时间内能在单位产品上迅速收回投资,获取较高的利润,会定一个较高的价格,但这种方式通常只能维持较短的时间。

为了实现长期利润最大化,企业往往会选择在短期内承担一定的亏损,所以在前期会将价格定得较低。特别是当一个企业的产品进入新的细分市场,或者是为了在市场上对刚研发出的产品进行试销的时候,为了让更多的新用户尝试本企业的产品,往往会在一开始将价格定得相对较低,等市场打开之后,再提高价格,从而获取长期最大化的利润。

2)维持生存

当企业处于不利的环境中时,如经营处于淡季、生产能力过剩、产品大量积压、竞争异常激烈或者顾客需求突变等,"维持生存"或者说维持企业的正常运转就成了企业最基本、最直接的目标。在某些情况下,企业甚至濒临倒闭,这时企业就更别提其他的目标了,只要其销售收入能够补偿可变成本和部分固定成本,继续维持生产经营就可以了。由此可见,当企业的目标是维持生存时,其价格水平必然是较低的。

3)市场份额最大化

市场份额又称为"市场占有率",是指企业的销售额(或销售量)占整个行业销售额(或销售量)的百分比。"一个便宜三个爱",很多企业都认为低的价格能够帮助它们实现高的市场占有率。但是,和利润最大化的目标一样,要实现市场份额最大化这一目标,同样必须满足一些其他的条件,比如目标市场的消费者对产品的价格高度敏感,即需求价格弹性较高,需求量才会因为低价的刺激而迅速增长;此外,这种产品的生产需要存在规模效益,即随着产品产量的扩大,单位生产成本会逐渐降低;再者,市场上的竞争对手不多,或者即使对手多也不会因为自己产品的低价而遭到竞争对手的报复。

由以上分析我们可以看出,像体育用品制造企业生产的有形产品,比较适合以市场份额最大化作为阶段性目标,而像体育表演、体育赛事这类偏向无形的产品就不太适合这类目标。

4)产品质量最优化

有的企业希望把自己的产品塑造成行业产品质量的领先者,在市场上形成一种"优质"形象。"一分钱一分货",为了要达到产品质量最优化的目标,相应地也就意味着企业要将高昂的产品研发费用、生产成本等加到产品的价格上,企业的产品势必以高价的姿态出现在市场上。许多体育用品制造企业的高端产品,如国际著名品牌阿迪达斯、耐克等,就希望以高质量高价格获得目标顾客的认可。

实际上,以上的这些目标并不一定是孤立的,体育组织可以结合自身的经营和管理状况和市场当时的具体情况,为本企业选择其中一个目标,也可以选择多个目标。在实际情况中,有些体育产品的定价不仅仅需要考虑企业自身的目标,由于牵涉的部门和因素较多,因此还需要结合其他影响体育产品定价的因素综合考虑。

知识链接

奥林匹克无形资产产品的定价目标

奥林匹克无形资产中产品定价的形式有赞助费、电视转播权费和特许使用费等。

在为特定的产品制定价格的时候,成本是价格设定的底线,产品对顾客的价值是价格设定的最高限额,而竞争者对同类产品或替代产品的索价可以决定企业产品实际的价格水平。定价目标越清晰,制定价格就越容易。

一、确定定价目标的原则

(1)竞价和营销战略相结合。

(2)定价和价值前景相结合。

(3)按照细分价值来定价并提供服务。

(4)按照细分成本和竞争形式来制定价格。

二、奥林匹克无形资产的定价目标

1. TOP 计划定价目标

由于奥运会代表了全球范围内最高的运动水平,TOP 计划也是一项全球性的商业计划,因此国际奥委会严格控制赞助计划和主要赞助企业的数量,希望通过强强联手的形式塑造双方的"金字招牌"。国际奥委会要求 TOP 计划的赞助企业不仅具有全球性品牌,而且处于全球品牌的领导地位。第五期 TOP 计划有十家公司,每个产品类别在国际上是排他的。此外,国际奥委会选择合作伙伴的标准十分严格,规定所有合作伙伴必须符合下列条件:

(1)国际奥委会不接受任何酒精饮品、烟草产品或其他认为与国际奥委会或奥林匹克精神不相符的产品。

(2)企业及其产品必须具有高尚品质和良好形象,在市场上必须居于领先地位,拥有强大的市场机会。

(3) 必须是国际性组织,且拥有充沛的全球性资源。

(4) 必须能够协助推行国际奥委会整体营销计划。

2. 奥运会电视转播权定价目标

(1) 确保奥林匹克运动和奥运会未来的财政。

(2) 保证奥林匹克运动和未来主办城市财政稳定。

(3) 确保电视转播商提供最高质量的奥林匹克节目,借此体现奥运会强大的形象。

(4) 允许电视转播合作伙伴发展与奥林匹克稳固的联系,并加强每个电视转播商在其国内和地域内的奥林匹克电视转播商的形象。

(5) 打造用广告和宣传节目支持和宣传整个奥林匹克运动的赞助商、电视转播商和奥林匹克大家庭之间强有力的关系。

(6) 电视转播支持一届奥运会到下届奥运会不间断的传统,允许未来奥运会组委会利用已存在的支持、经验和技术资源库。

(7) 建立利益共享约定,以便为合作伙伴提供额外的奥林匹克节目,这将确保提高全球奥运会报道,宣传奥林匹克理想,并在全世界提高奥林匹克运动意识。

(8) 除财政帮助奥运会外,允许国际奥委会使用奥林匹克电视转播收入,进一步从财政上支持所有的奥林匹克大家庭成员和其他奥林匹克活动。

(9) 为确保奥林匹克赛场内外无其他广告或其他商业信息出现在奥运会赛场观众或奥运会电视转播观众视野里,不允许在奥林匹克体育馆内、赛场观众的身上或奥林匹克运动员、教练员、官员或裁判的服装上有广告或其他商业信息。

(10) 为确保所有奥运会电视转播商纯洁的电视广播,奥林匹克赛事形象不允许带有任何商业联系的电视转播。

3. 中国奥委会赞助计划定价目标

中国奥委会赞助计划定价目标就是扩大中国奥委会的财源和影响,促进体育的普及和提高,满足人们从事体育活动和观赏中国体育代表团参与比赛的双重需求,加强和社会的沟通,也就是"更高、更好、更长期",即赞助总额高、资金所占比例高、资金到位率高,赞助产品品牌和企业形象好,而且致力于建立长期稳定的合作关系。

(资料来源:伞洪光.体育营销[M].北京:航空工业出版社,2014)

2. 体育产品成本

体育价格表明了体育消费者对体育产品/服务质量的期望值,通过体育促销组合(见第7章)将价格信息传递给体育目标市场上的消费者,并且企业通过各种可能的分销渠道,将产品/服务送达到消费者手中,使这种期望值得以实现。显然,所有和体育产品/服务相关的成本(如生产、广告、人力等)都应该包含在其价格之中,并且应根据体育组织不同的目标来制定不同的目标利润率。虽然除了成本和目标利润率之外,产品价格还受到了体育组织控制之外诸多因素的共同影响——经济环境、体育市场的竞争程度、对体育价格的法律限制和技术进步等,这些因素可能会对产品定价的高低起到反向抵消作用,但不可否认的是,更高的价格确实代表了更高的成本。

体育产品的成本通常代表了企业能够为产品设定的底价。企业在制定产品的价格时,如果不能覆盖生产、管理、分销、促销等方面的成本,就有可能是亏本的,不能给投资人带来相应的回报。总体来说,企业的成本分为两种——固定成本和可变成本。固定成本是指不随产量的增加而增加的成本,比如一个体育场馆,即使不经常使用(也许每周一次),也必须全年进行清洁和维护,此外还有员工薪水和其他商业成本(比如为体育赛事打广告的成本),这些成本组成了场馆运营的固定成本。可变成本则是直接随产量的变化而变化的成本,例如在"比赛日"产生的成本——餐饮供应、场馆灯光、供暖、临时员工薪水等,这些被称为可变成本。不管是固定成本还是可变成本,它们都构成了企业总成本的组成部分,当企业制定价格的时候,只有将产品的价格水平定得高于总成本,企业才能抵偿生产和经营中的各种支出。当然,也有例外的情况,如在企业想要清理积压的库存、打击竞争对手、迅速抢占市场的情况下,企业甚至可能以低于成本的价格销售产品。

5.1.2 外部因素

1. 市场需求

体育消费者需求是体育市场营销中最重要的概念。在将消费者需求和满足需求的供给进行匹配的过程中,需求是主导因素。对供求关系的研究是经济体系在商业领域中的核心内容,在体育产业中也不例外。

需求,是体育消费者愿意且能够购买的商品数量;供给,是体育组织愿意且能够提供的商品数量。你可能会认为,一个较低的价格会扩大消费者对体育产品/服务的需求,但是体育消费需求却并不这么简单。不仅是需求,体育供给也有不同于其他供给的特殊之处,难以预测。体育组织的最终目标是满足体育消费者对体育产品/服务的需求,但像图5.2中的体育均衡价格导致体育需求和体育供给完全匹配的情况在现实中从未发生过,这种均衡只是理想主义。

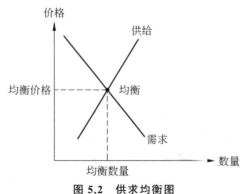

图 5.2 供求均衡图

体育产品/服务的定价中,一个和体育消费者需求相关的重要概念是需求价格弹性,它决定了体育消费者对体育价格变化的反应程度。和前面的供求一样,这也不是一个简单的概念,因为不同的体育产品/服务在不同的价格水平上有着不同的表现。如图5.3所示,需求的价格弹性有三种:非弹性需求(包括完全无弹性和缺乏弹性)、弹性需求(包括完全富有弹性和富有弹性)以及单位弹性需求。

非弹性的体育消费需求表明体育产品/服务的价格对其销量没有太大(或任何)影响。弹性需求则正好相反,它表明价格的微量变化对其销量有非常大(或无限)的影响。单位弹性需求是一种非常巧合的情况,它表明价格的变化会带来销量的同等比例变化,对供给方的收入没有任何影响。

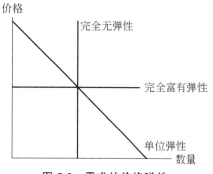

图 5.3 需求的价格弹性

在体育产业里,上述的三种情况都有可能发生,但是非弹性体育需求比弹性需求要更为普遍。理由很简单,因为体育细分市场上的消费者很少因为价格的变动而改变自己的消费行为。对于体育迷来说,体育品牌忠诚度、无法找到合适的替代品这两个因素,决定了他们即使面对涨价,也不会改变对体育产品/服务的需求,典型的例子就是近年来不断上涨的英超票价。Krautman和Berri(2007)的研究表明,这种情况可以使体育营销人员将注意力集中在餐饮和其他间接消费品的供应上,以鼓励忠实粉丝对其他产品的进一步消费。当体育消费行为已经成为一种"消费习惯"之后,体育消费者对价格就不会那么在意,但前提是他们觉得买到了他们认定的"价值"。

对于不同价格敏感度的体育消费需求,可以通过制定不同的门票价格来满足,比如在体育场馆安装票价较低的临时座位和设置更便宜的站立区域,就是满足弹性体育消费需求的方法。2012年奥运会和残奥会的250万张门票只卖20英镑甚至更低,以刺激弹性需求,虽然当时的票价政策和2010—2011年低迷的经济形势不无关系,但也表明了体育市场非弹性需求的下限正在向一个较高的弹性水平靠拢。

案例学习

转播权刚刚卖出80亿英镑 但英超豪门却因票价和球迷闹翻了

在2016年伦敦英超俱乐部峰会上,英超20支俱乐部投票否决了将客场票价降低到30英镑的这一提案,这一结果将客场球迷拒之门外。

然而,不愿降低票价的英超俱乐部却获得了超过80亿英镑(约合770亿元人民币)的全球转播费,这其中包括国内的51亿英镑和海外的30亿英镑。按照英超平均分配的原则,即便是赛季垫底甚至降级的弱旅也能在未来三年获得至少1亿英镑的收入。

正是这些富得流油的豪门,在峰会上拒绝向客场球迷降价,即便30英镑这一价格看上去合情合理。据英国《每日邮报》报道,在无记名投票中,有七八个俱乐部在阿森纳的带

领下投下了否决票,后者是联赛中门票价格最高的球队,因此对球迷的压榨最多。最终,由于赞成的票数未能达到14张,降低客场票价的提案未能通过,但这一问题将会在今年(2016年)3月的会议上再次讨论。

不仅对于客场球迷极为吝啬,英超俱乐部甚至对于自己的支持者也是不留情面。利物浦官方公布了下一赛季(2016—2017赛季)球队的门票价格,其中安菲尔德球场主看台较低位置的票价由现在的59英镑提高到77英镑,而这一区域的季票价格更是首次突破了1 000英镑。

利物浦毫无征兆的涨价自然引起了球迷们的愤怒。红军球迷组织"Spion Kop 1906"正在呼吁大家共同抵制本周六利物浦主场对阵桑德兰的比赛。这个组织要求到场的球迷在比赛第77分钟时离开,以抗议门票价格上涨。据悉,这是安菲尔德球场有史以来第一次遭遇球迷"罢工"。

"Spion Kop 1906"球迷组织在一份声明中谈道:"每个礼拜我们都在默默支持着球队,现在我们这些球迷需要相互支持,来告诉球队所有者这是无法接受的。"

利物浦得罪球迷的行为还不止如此。在早些时候,利物浦的所有者芬威体育(Fenway Sports Management)冒着激怒球迷的风险声称要将"球迷转化为消费者"。在其官方网站上,芬威体育将这支默西赛德郡的俱乐部看作利用粉丝获取收益的典范。

英超俱乐部的票价无论涨或跌其实都是由供求关系决定的。日前,曼联就曾经因为欧联杯观看人数不足而关闭了弗格森看台区,而在这之前球队票价就已经降低了大约25%。目前这一区域的门票已不再对外出售,而已经买了球票的球迷将被安排在更好的位置,且不需要支付额外的费用。据悉,(2016年)2月25日红魔将在主场迎来与丹麦劲旅中日德兰的欧联杯1/16决赛第二回合的较量。

除了市场因素以外,英超豪门真的不愿主动降价吗?其实,利物浦俱乐部在公布主看台票价上涨到77英镑的同时,也宣布在新赛64%的季票价格会降低或者维持不变,然而球迷们对此并不在意。同时,红军还将为当地小学生提供超过1 000张免费门票,希望吸引更多的年轻人来球场看球。

针对球迷的不满,利物浦俱乐部首席执行官伊恩·艾尔(Ian Ayre)表示很惊讶,"我们对门票价格一直非常慎重,这样可以确保俱乐部发展的可持续性和球队的竞争力。同时,我们也愿意倾听一直支持我们前进的球迷朋友,以了解他们对于票价的可接受度和负担能力"。

(资料来源:禹唐体育,http://www.ytsports.cn/news-9116.html)

2. 竞争者的价格

竞争对手的价格水平对本企业而言也是一种重要的影响因素,除非本企业在市场上没有任何竞争对手(显然这种情况几乎不可能存在),否则就必须考虑其竞争对手的价格水平。如果本企业的产品和竞争对手的产品同质性较强,那么就必须参照竞争对手的价格水平来制定自己的价格,否则如果价格比竞争对手高出很多,就很可能没有销路;如果将价格定得比竞争对手低很多,一来没有必要(除非另有其他目的,如抢占市场、清理存货等),二来容易引起竞争对手的打击报复。当本企业的产品和竞争对手的产品差别较大时,则可以和竞争对手在价格上也突出这种"差异性",要么以"物美价廉"的形象切入市场,要么以"价高质优"的形象切入市场。

3. 相关法律

任何一个企业的任何行为都要在法律的限制范围内实施,因此相关法律也是影响企业定价的重要因素之一。对于企业定价影响最直接的法律是价格法,市场中绝大多数商品和服务的价格都是以市场供求为基础的,但对于少数实行政府指导价或者政府定价的商品和服务而言,了解价格法的规定就显得尤为重要。例如,《中华人民共和国价格法》第十八条规定:"下列商品和服务价格,政府在必要时可以实行政府指导价或者政府定价:(一)与国民经济发展和人民生活关系重大的极少数商品价格;(二)资源稀缺的少数商品价格;(三)自然垄断经营的商品价格;(四)重要的公用事业价格;(五)重要的公益性服务价格。"在这五类里面,体育产业可能涉及的是"重要的公益性服务价格",因此,体育组织在为这类产品制定价格的时候,应该接受政府的指导,在政府规定的范围内定价。

除此之外,诸如反不正当竞争法、消费者权益保护法、公司法、税法、体育产业行业标准等,都可能会对体育产品价格的制定产生一定的影响,体育组织应结合具体情况,在法律允许的范围内制定相应的、符合规定的价格。

4. 技术进步

对于企业而言,整个体育产业的技术进步,会导致体育产品总体价格的下降,企业不可能制定出与整个大趋势相悖的高价水平。但是,如果先进的技术是某家企业独有的,那么技术进步将会从影响企业定价的"外部因素"变成"内部因素",让拥有技术垄断的企业在定价上占有先机,利用高新技术带来的产品创新给产品制定一个高价格,也可以利用技术进步带来的成本降低,使自己的利润空间变大,或者制定一个比同行更加有优势的价格,挤占竞争者的市场,趁机扩大自己的市场占有率。

5.2 体育产品定价方法

在充分考虑了上述的各种影响因素之后,企业应在特定的定价目标指导下,结合对成本、需求和市场竞争等情况的调研结果,选择适当的定价方法。对于体育组织而言,大致有以下三种定价方法:成本导向定价法、需求导向定价法和竞争导向定价法。

5.2.1 成本导向定价法

所谓成本导向定价法,是指以成本为主要定价依据的定价方法,具体来说包括成本加成定价法和损益平衡定价法。

1. 成本加成定价法

成本加成定价法,其实质是目标利润定价,即在产品成本的基础上,加上一个目标利润率,按照这个目标利润率对产品成本进行"加成",以此来确定产品的市场价格。计算公式为:

$$价格 = 成本 \times (1 + 目标利润率)$$

其中,"成本"既包括单位产品的可变成本,又包括分摊到各个产品的固定成本。例如,假设某体育企业产品的单位可变成本为20元,固定成本为40万元,产量为10万个,目标利润率为20%,那么根据公式计算,该企业应将产品的价格定为多少元呢?扫一扫左边二维码,看看自己算对了没。

2. 损益平衡定价法

损益平衡定价法实际上是成本加成定价法的异化。所谓"损益平衡点",是指企业必须卖出一定数量的体育产品/服务才能抵消它们的生产成本,这个"一定数量"就是指"损益平衡点"。如果销售数量大于损益平衡点,那么就有利可图;反之,如果小于,则会造成亏损。损益平衡点的计算公式如下:

$$损益平衡点 = \frac{固定成本}{价格 - 可变成本}$$

比如,一个运动服生产企业,其固定成本为20 000元/月,可变成本为50元/件,定价为100元/件,按照上述的公式,可以计算出,其损益平衡点为400件。虽然在这个公式中已经把价格作为既定的条件,但我们仍然可以利用这个公式来帮助我们决定价格:我们可以更改公式中的价格,在不同价格水平计算对应的盈亏平衡数量,然后考虑在每个价格水平卖出对应数量的可行性。

可见,损益平衡定价法和成本加成定价法之间的关系在于:①损益平衡定价法实际上就是假定成本加成定价法中的利润率为0,让企业达到盈亏平衡点,即不盈利的同时也不亏损;②这两种定价方法的侧重点不同,成本加成定价法的侧重点是在目标利润率下制定相应的价格,而损益平衡定价法主要是为了找出对应于损益平衡点的相应底价,再通过调整价格,考虑卖出对应数量的可能性。但不管怎样,这两种方法都是以成本为主要计算依据,在总成本的基础上进行推算的。

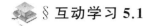§ 互动学习 5.1

一个自行车商店的固定成本为 15 000 元/月,它的进货价为 150 元/辆,并以 300 元/辆卖出,计算该商店的损益平衡点。

5.2.2 需求导向定价法

需求导向定价法是以消费者对产品的感知价值、需求差异以及可接受的价格等作为主要依据的定价方法,具体包括感知价值定价法、需求差异定价法和逆向定价法。

1. 感知价值定价法

对于体育消费者而言,体育产品/服务的价格必须能够满足消费者的感知价值。感知价值的公式可以表示为:

$$感知价值 = \frac{体育产品/服务的感知利益}{体育产品/服务的总价格}$$

感知价值是对体育消费者心理的一种无形估测,它反映了体育消费体验创造的价值。在第 2 章的学习中我们已经知道,"体育消费者决策过程"的"参与后评估阶段"与体育产品/服务的三个层次相关,这三个层次共同满足了消费者的需求和欲望,它们可以给消费者带来感知利益,所以体育营销人员必须从产品整体上考虑定价策略与消费者心理感知价值之间的关系。体育目标市场中的子组消费者呈现出不同的体育消费行为模式,体育营销人员在制定总体体育价格时必须考虑这些模式。比如,对季票持有者应该提供更多的附加服务从而为他们创造更多的感知价值,因为他们比散票持有者的消费频度要高。

2. 需求差异定价法

需求差异定价法又称为"价格歧视",是指把相同的产品以不同的价格卖给不同的消费者。之所以能采用这种方法,是因为消费者的需求强度各有不同,企业根据这种需求强度的差异,就可以针对不同的消费人群收取不同的价格。价格歧视在生活中非常常见,大致来看,主要包括以下两种:

1) 时间差异

时间差异即峰值和非峰值时段将相同的产品提供给不同的体育消费者。这是一种非常常见的定价方法,通过把时间和价格结合起来,刺激体育消费者的购买欲望。很多体育场馆和健身会所,如游泳馆、健身房和高尔夫球俱乐部都采用了这种方法,在晚上和周末(消费高峰期),对无法在非周末白天消费的体育消费者收取较高的价格,而对老年人、学生和其他能在非高峰期消费的消费者收取较低的价格。

2) 顾客差异

顾客差异指根据消费者不同的身份、职业、收入、社会阶层、年龄等收取不同的价格(在上述的"时间差异"里其实已经涉及了这一点)。例如同一场体育赛事,对大部分消费者实行全价,而对学生、军人和残疾人则实行半价优惠。

值得注意的是,有一些人容易误以为"产品差异"和"地点差异"也是价格歧视的两种情况,但其实并不是。"产品差异"是根据体育产品样式、型号和档次的不同制定不同的价格,目的是吸引不同需求和层次的消费者,但这些产品本身就是"不同的产品"而不是"相同的产品",所以不能称之为价格歧视;"地点差异"是指根据消费者对需求的空间位置不同而制定不同的价格,例如对于同一场赛事,前排比后排座位的价格稍贵,这种情况就属于"地点差异",但也不能称为价格歧视,因为观众在前排和后排的观赛体验,即享受到的"产品质量"是明显不同的,因此也不能认为他们购买的是"相同的产品"。

3. 逆向定价法

逆向定价法和成本加成定价法在计算公式上看起来很相似,但采用的原理和依据却截然不同。逆向定价法是在涉及中间商的情况下,不考虑产品成本,而是根据消费者能够接受的最终价格,逆向推算出产品的出厂价。

假设某种体育产品涉及零售商和批发商两个中间环节,则其相应的计算公式为:

$$批发价 = 出厂价 \times (1 + 批发商加成率)$$

$$零售价 = 批发价 \times (1 + 零售商加成率)$$

由此可以推算出:

$$出厂价 = 零售价 \div (1 + 零售商加成率) \div (1 + 批发商加成率)$$

例如,某体育企业通过市场调研,发现消费者对其生产的产品能够接受的零售价为18元,中间涉及的零售商加成20%,批发商加成20%,那么通过上述公式可以计算得出该产品的出厂价应为12.5元,即只有企业在产品出厂时将价格定为12.5元,该产品到达消费者手中的时候才为消费者能够接受的18元,如果出厂价高于12.5元,则该产品到达消费者手中时肯定高于18元,就会导致消费者无法接受,影响产品的销路。

5.2.3 竞争导向定价法

竞争导向定价法是指企业定价的主要依据为竞争者产品的价格,辅以对成本和需求等其他因素的参考。常用的竞争导向定价法有随行就市定价法和差异定价法两种。

1. 随行就市定价法

随行就市定价法是指以行业的平均价格水平作为本企业定价的参考标准,使本企业的产品价格保持在同行业的平均价格水平。

这种方法适用于本企业产品和竞争对手的产品没有太大差别的情况,采用这种方法可以避免破坏同行业间的和谐,不会导致其他竞争对手的打击报复。但是,采用这种方法并不意味着放弃竞争或者"随波逐流",相反,采用这种方法的企业从表面上看在价格上"放弃"了竞争,其实暗中在产品成本或者其他经营手段上与其竞争对手较劲,以期在其他方面赶超竞争对手。

2. 差异定价法

差异定价法和随行就市定价法刚好相反,是指在本企业产品与竞争对手的产品存在明显差异的情况下,为了突出自己产品的特色,有意地制定低于或高于竞争对手的价格。

差异定价法带有明显的攻击性,所以容易招致竞争对手的打击报复。

1) 定价低于竞争对手

如果企业希望提高产品的市场占有率、迅速扩大产品销路,可以制定低于竞争对手的价格,无论竞争对手的价格是多少,本企业的产品始终都比对方的价格要低。

采用这一方法的风险是较大的。一来容易引发竞争对手的打击报复,引发价格战,最终可能会导致两败俱伤;二来可能会导致消费者对本企业的产品产生误解,误认为本企业的产品质量不好,所以价格才没有其他企业的高,一旦这种误解形成,企业今后再想改变消费者对企业品牌的印象就比较困难了。因此,如果企业决定采用这种方法,一定要考虑周全,谨慎对待。

2) 定价高于竞争对手

在下列几种情况下,企业可以采用这种定价方法:

- 本企业的产品和竞争对手的产品相比存在明显优势。
- 消费者的购买意愿足够强,能够意识到产品的优势。
- 和竞争对手相比,本企业有较高的知名度和信誉度,能够"支撑"其"价高质优"的品牌形象。

5.3 体育产品定价策略

定价方法为企业定价提供了方向与思路,而定价策略则是具体操作技巧,它是企业根据具体的市场环境、产品条件、市场供求和企业目标等灵活运用的操作性策略。主要包括以下几种。

5.3.1 新体育产品/服务定价

当一种新的体育产品/服务被引入体育市场时,有两种主要的定价策略:渗透定价和撇脂定价。这两个词我们并不陌生,在上一章的"产品策略"中我们已经提到过,但仍然有必要在定价策略中再次对它们进行复习和强调。

1. 渗透定价

渗透定价是指企业将新产品以较低的价格推向市场,慢取利、广渗透。采用渗透定价的主要目的在于获得高销量或者赢得市场份额,这种方法大多在市场竞争比较激烈的时候采用。它适用于对价格比较敏感的消费市场以及低价不会引起恶性降价竞争的市场,一个低的初始价格,可以鼓励价格敏感型消费者对体育产品/服务的试用,从而达到在产品推广初期打响产品知名度的目的。

2. 撇脂定价

撇脂定价主要针对的是市场上对价格不太敏感的体育消费者,这些体育消费者很可能会接受一个较高水平的价格。特别是技术上具有

"撇脂"一词的由来。

先行优势的体育产品,例如碳纤维网球拍和自行车,最初定价很高,有利于迅速收回生产成本。撇脂定价的价格有时会随着销量的增加而下降,以此吸引更多的消费者购买。当然,当初始价格开始降低、一条新的价格线出现时,"树懒"的好日子就来到了——他们虽然看起来不时尚,但他们的购买力却不容小觑。

5.3.2 心理定价策略

你会花 2 012 英镑去观看 2012 年伦敦奥运会的开幕式吗?伦敦奥组委认为消费者对于这场"一次性"的赛事会有很大的需求,任何理性的购买决策都抵不上一种"我在现场"的优越感。心理定价策略就是从心理学的角度出发,利用人们的消费心理来为产品定价。主要包括以下几种:

1. 声望定价

声望定价是指利用人们高消费以显示声望的心理,有意地抬高价格以针对体育目标市场上较少的高收入人群。声望定价可以满足这些消费者的特殊要求,如地位、身份、财富和形象等。世界拳击比赛中靠近拳击台的观察席位或温网决赛日场边座位的票价就可以采用这种定价策略。此外,如果可以让体育消费者和体育明星近距离接触,也会是一个采用声望定价的好机会。

2. 尾数定价

尾数定价和声望定价所利用的消费心理刚好相反,声望定价利用的是"高消费"心理,而尾数定价则是希望给消费者造成一种"很便宜"的感觉。它是指在制定价格时不进位或保留零头,使消费者产生产品价格低廉的感受,又称为"奇数定价"或"非整数定价"。

这种定价策略适用于对价格比较敏感的消费市场,在体育竞赛表演市场和体育健身娱乐市场中用得较多,比如将 200 元的足球比赛门票以 199 元售卖,1 000 元的健身俱乐部年卡按 999 元售卖,虽然仅相差"1 元钱",但消费者的感受却大不相同,销售效果也会有明显区别。

3. 比较定价

比较定价有两种:一种是在售卖产品时有意或无意地告诉消费者竞争对手的高价信息,让消费者感受到本企业产品的价格优势,即将"自己的和别人的比",通过直接与竞争对手的体育产品做比较,促使体育消费者做出购买本企业产品的决策;另一种则是在降价时将降价前的价格清楚地标示在新价格的旁边,而不仅仅只标明"降价",即将"自己的过去和现在比",让消费者明显感受到自己"捡了便宜",从而有效地促使消费者对降价产品的购买。

4. 习惯定价

习惯定价是指按照人们印象中的一贯价格水平来制定价格,它抓住的是消费者的传统习惯心理。例如,许多体育比赛的边远座位的票价都十分低廉,就是为了贯彻"便宜座位"这一传统,任何试图提高这些传统低价票的做法都会引起消费者的消极反应。

5.3.3 体育产品组合定价策略

有时体育组织会考虑从一个产品/服务系列中获取最大利润,而不是仅仅关注某种产品/服务的利润(所谓"只见树木不见森林")。具体来说,组合定价策略主要有以下几种:

1. 体育产品线定价

在之前章节的学习中,我们已经知道了产品线是指一组密切相关的产品,但由于这些产品的质量不同,所以企业可以针对不同的子群体育消费者收取不同的价格,常见的例子是体育比赛的门票价格会因为座位的不同而不同。

企业采用这种定价策略的目的并不是为了在每一种产品上都获得高额利润,而是为了追求整体收益的最大化。在产品线中最低价产品的作用往往是为了吸引顾客,从而引起顾客对产品线中其他高档产品的购买,用高价产品充当企业品牌质量和收回投资的角色。

2. 捆绑定价

捆绑定价又称为"成套优惠定价"或"产品系列定价"。这是一种在生活中十分常见的策略,其特点是将很多产品绑定在一起按一个优惠价格出售(生活里很多这种"套餐价"),而这些产品单独售卖的价格加起来要比优惠价格高很多。体育比赛的季票和套票就是典型的例子,在票价里包括了折扣以及一系列福利,如商品折扣、参观运动员训练以及享受合作企业的产品/服务的折扣等。另一个例子是体育旅行套餐,例如西班牙的 La Manga 度假村提供的旅行套餐,价格里包括了交通、住宿、餐饮以及现场参观专业训练和设施等服务。

3. 附带产品定价

在消费者消费某一种产品/服务时,可能会附带地对其他产品进行消费,这时候就可以采用附带产品定价策略。如体育比赛场馆的餐饮就是一种附带产品,这类产品的价格往往很高,是因为体育消费者在比赛的时候不可能离开场馆,所以他们没有任何选择,只能被迫接受高价。这可能是一个会引起争议的定价方法,特别是当体育消费者的背包被工作人员检查、食品和饮料被没收的时候,这种被迫购买体育场馆餐饮的感觉,往往使消费者感觉自己被"抢劫"了。

5.4 体育产品调价策略

体育定价战略为体育产品提供了多种价格制定方法,但是体育组织还需要根据市场的变化采取适当的调价策略,以应对市场需求的反应。

5.4.1 涨价

涨价可能是因为税收上调、通货膨胀或其他可能对体育组织产生影响的外部因素所引起的。体育消费者不是不能接受今年的价格比去年的高,但是最好能让他们知道涨价的原因。体育产业的技术进步

李宁对阿迪、耐克奋起直追,价格开始飞涨,消费者会买账吗?

以及体育产品/服务的发展可以抵消涨价带来的负面影响,因为更先进的技术很自然地会让消费者接受一个更高的价格。一个小幅的涨/降价可能并不会引起体育消费者的注意,或者说至少不会对体育消费需求产生较大影响。

5.4.2 降价

降价了消费者一定买账吗?扫一扫,看看"死心"的消费者。

1. 直接降价

一般来说,降价是为了刺激需求,而涨价是为了应对普遍上涨的生产成本或者缓解突然上涨的需求。不论是降价还是涨价,都可以迅速实施,但是都必须考虑实施后的结果。对于体育服装和器材行业而言,降价看起来好像永无止境。"季末狂甩"或"周末大降价"是旨在增加产品市场份额和处理过剩产品的短期销售策略。降价必须谨慎,因为体育消费者可能会认为是产品质量问题导致的降价,这时竞争对手可能会乘虚而入。

> **案例学习**
>
> #### 降价没能让 Fitbit 营收增长,可穿戴设备的未来更暗淡了
>
> 在纽约证券交易所挂牌快两年的运动手环/手表厂商 Fitbit,最近公布了一份不太好看的季度财报。
>
> 2016 年的最后三个月里,Fitbit 一共卖出了 650 万只运动手环或手表。相比 2015 年第四季度的 820 万只,销量降低了 20.7%。这还是在参加了美国"黑色星期五"和中国"双 11"购物节促销的情况下取得的销售成绩。
>
>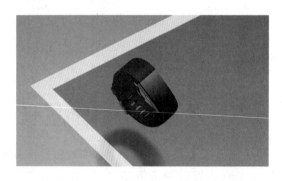
>
> 2015 年 11 月下旬,Fitbit 把才上市不久的运动手环 Fitbit Flex 2 北美售价从 99 美元降到 59 美元。更贵一些的手表产品,比如 Fitbit Blaze 降价幅度高达 71 美元,相当于原价的 35.7%。在中国电商网站京东商城上,Fitbit 的心率监测手环 Charge 2 也曾一度降价 400 多元。
>
> 类似的促销活动可能对持续出货有一定帮助,却并没有为 Fitbit 带来更多收入。财报显示,2016 年第四季度总营收只有 5.74 亿美元,比上一年同期的 7.11 亿美元少了 19.2%。

营收快速增长的地区只有欧洲、中东和非洲（EMEA），这里的大部分消费者还没体验过可穿戴设备。

而在那些尝过鲜的地区，消费者们发现运动手环、手表等伴随智能手机兴起的可穿戴设备并非生活必需品，也很难物超所值。

纽交所上市之后，Fitbit 在它擅长的连续性心率监测之外也尝试着推出了一些新功能。比如呼吸引导、多种运动自动识别、基于 GPS 的轨迹记录、用户间互动，等等。这些功能需要内置更多传感器，售价自然变高，也意味着更少人会愿意花那么多钱购买。

相比可穿戴领域里的其他公司，比如 Garmin（佳明），它除了手环/手表，还有车载导航、航空/航海电子、测绘采集等品类贡献收入。

Fitbit 的营收来源太过单一，可穿戴设备的市场前景相当不乐观，利润率稍高一些的智能体重秤也没有太大起色。

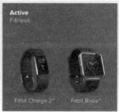

根据财报中的预测，Fitbit 2017 年预计营收只有 15 亿～17 亿美元，比 2016 年缩水了 20%～30%。

这些悲观的情绪直接反映在了 Fitbit 的股价上。财报发布之后，Fitbit 股价一路降到 6 美元上下。

面对投资人，Fitbit 似乎只剩下活跃用户这个数据可以讲了。从 2014 年到 2016 年，每天都会使用 Fitbit 手环等产品的用户总数达到 2 320 万。

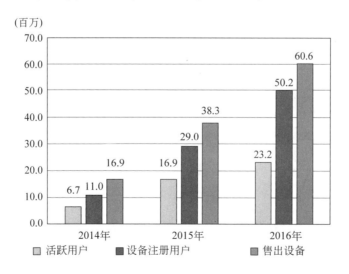

这些用户可能是真正在意身体健康和每日运动量的人群,但在 Apple Watch 等同类产品的竞争下,他们未来是否会一直使用 Fitbit 还是未知数。

(资料来源:禹唐体育,http://www.ytsports.cn/news-13022.html)

2. 折扣策略

折扣策略是一种降价战术,通过采用打折的方法来刺激体育消费者的需求或者赢得"回头客"。

1) 限时折扣

限时折扣主要是用来帮助早期销售,以刺激市场对产品的早期需求。如英国英式橄榄球的 Warrington Wolves 队就曾经采用这种策略,它对 2011 年 1 月 4 日前购买季票的顾客提供 80 英镑的折扣(原价为 140 英镑),1 月 4 日之后就恢复原价。武汉网球公开赛 2016 年的票价也是这样:7 月 13—31 日,组委会为全体购买看台票和包厢票散票的观众提供 8 折优惠,随后在 8 月 1—15 日、8 月 16—31 日,优惠力度依次降低至 8.5 折和 9 折;从 9 月起,这两种票恢复了原价销售。当然,由于体育赛事的观众数量受到了场馆容量的限制,因此这种限时折扣在其他行业中不一定可行,比如旅游业,往往在假期的最后反而最有可能打折。对于体育组织而言,必须注意与粉丝群中每个子群之间的关系,确保"铁粉"不会察觉到其享有的优惠不如其他的定价活动。

2) 现金折扣

现金折扣是指企业对采用现金交易的顾客或及早付清货款的顾客给予的折扣。这种现金折扣往往涉及大件或大宗体育商品的买卖,因为大件或大宗商品的交易才会出现延时付款的情况(有的商家也可能会对小额交易采用现金付款而非刷卡的用户给予一定的折扣)。企业使用现金折扣策略的目的在于鼓励顾客早日付款,减少赊销,加快企业的资金周转。例如,如果顾客必须在 30 天内付清全部货款,商家可以向提前 10 天付清货款的顾客提供 2% 的折扣,提前 20 天付款的顾客提供 3% 的折扣。

3) 数量折扣

数量折扣是企业为了使顾客大量购买商品所采用的一种策略,采用这种策略时通常会按照消费者购买数量或金额的大小不同设定不同的等级,从而分别给予不同的折扣比率,当然,买得越多,折扣越大。

4) 季节折扣

季节折扣是向在淡季购买产品/服务的消费者提供的折扣。由于一些运动项目受到季节的限制,相关的体育产品/服务自然也就相应地会产生销售旺季和淡季,比如和滑雪、游泳这些项目有关的服装和装备。因此,商家往往会在冬季对游泳衣打折,以刺激消费者在游泳淡季对产品的需求。

❓ 案例学习

同样是体育比赛,为什么有的票价那么高?

1. 赛事门票随时间变化

假如观众看的是主场观赛,门票的费用支出可能呈现较大的差异。比如,对于波士顿红袜棒球队的球迷来说,一场主场比赛的门票价格是普通场次票价的两倍。

如果你是一名美国橄榄球大联盟(NFL)球迷,那你就准备好钱包吧。早在2011年,平均一张门票的价格已经达到113.17美元,而当时票价最贵的场馆是纽约喷气机队的主场大都会体育场。一场喷气机队的主场门票单价为120.85美元,一个四口之家的总消费将达到628.9美元。

如果门票全部售空,通过网络代购的话,成本还会一路飙升。例如,想要观看一场纽约巨人队的比赛,网络代购的价格是正常票价的3倍之多。

根据在线票务公司Seat Geek的说法,2016年超级碗的票价又迎来了新高:最贵的1.21万美元,相当于1967年门票的1 000多倍。这批高价座位是靠近球场中央的会员席。而1967年,第一届超级碗的门票价格只要12美元。

50年后,由于通货膨胀和橄榄球项目的热度提升,在转售市场,超级碗门票已经炒到了每张5 178美元。

根据Seat Geek的数据,卡罗来纳黑豹队打败亚利桑那红雀队,获得超级碗的入场券后,超级碗的平均票价已经上升到5 133美元。

超级碗的票价突破5 000美元大关,只用了很短的时间。确切点说,从2003年的400美元飙升10倍,只用了12年。相比之下,NFL从1967年的12美元票价,上升到1984年的60美元,却用了近乎20年。

2. 票价差异出现的原因

虽然要考虑通货膨胀的因素,但票价上涨主要还是受到橄榄球商业价值和观众基础的影响。NFL已经成为世界上收入最高的联赛。2014—2015年赛季,NFL的年收入为130亿美元,遥遥领先于MLB(美国职业棒球大联盟)的95亿美元和NBA(美国职业篮球联赛)的52亿美元。

根据福布斯有关门票消费的分析,2015年,赛事门票的消费者平均年龄为40岁,平均一年看5场比赛。在男女比例分布上,根据美国在线票务网站Stub Hub的统计,男性购买者占61%,女性购买者占39%。而在美国职业联赛中,在Stub Hub最卖座的球队是MLB旧金山巨人队,单场比赛最卖座球队为杜克大学蓝魔篮球队。

如果你觉得一场赛事门票太贵,似乎只能怪市场了。体育场馆目前的定价原则,其实是在跟随二手门票市场多年来的经验。他们根据球队价值、是否周末、天气预报、客场球队等因素,首先估算赛事的商业价值,继而制定门票价格。例如,纽约的赛事票价就高于大多数城市,因为当地许多职业队都具有很高的知名度。

无论什么体育项目,最高票价和最低票价都会呈现出巨大的差异。在美式橄榄球中,最高票价甚至相当于最低票价的两倍多。据《纽约时报》分析,这是因为,赛事门票被视为一种商品。就像黄金价格会受多种经济因素影响一样,赛事门票价格的浮动也要考虑一系列变化因素。

3. 动态票价模式

针对市场行情的变化,大多数职业联赛会推出动态票价,让管理人员可以根据实际情况调整票价。就像航空公司根据燃油价格等因素调整机票价格一样,赛事门票也会根据市场需求等变化因素做出调整。如果一场棒球比赛属于焦点大战,或者有明星球员参加,门票价格自然也会随之上涨。

如果一支球队打入季后赛,或者对手可能进入季后赛,售票机构就会根据提升的观赛需求调整票价。从连赢几场的球队上场,到天气情况的变化,都会影响到票价的浮动。

动态票价可以为球队带来更多收入。例如,MLB联赛的旧金山巨人队尝试动态票价时,只拿出2 000个最偏的座位降价销售。最终,他们多卖出2.5万张票,一个赛季多赚了50万美元。

当NBA骑士队尝试动态票价时,测试了25场比赛的2万个座位,每张票提价9.25美元。研究表明,骑士队借此获得了更多收入。因此,几乎所有的职业体育赛事都开始推行动态票价了。

根据Stub Hub的数据,71%的美国年轻人认为比赛现场发推文显得更有趣,大约2 800万条推文是在2015年超级碗期间发布的。这些年轻人是喜欢现场观看比赛,还是喜欢坐在沙发上边看直播边发推文呢?这也是今后体育行业需要解决的问题。

(资料来源:禹唐体育,http://www.ytsports.cn/news-11364.html)

章 节 回 顾

体育产品的定价是体育组织市场营销策略的重中之重。体育消费者的认知价值是其能否感受到积极的体育消费体验以及他们是否愿意为这种体验支付相应价格的关键。价格对于体育组织的重要性不言而喻,因为它是产生收入的主要手段,如果价格制定错误,体育组织可能会遭受严重的损失。体育市场营销人员应该认识到,价格不仅仅包含了生产体育产品/服务的直接成本,还包括了时间成本和机会成本。因此,在为体育产品/服务定价的时候,考虑体育消费者付出的"总成本"是问题的关键所在。

在线自测题

第 6 章

体育分销策略

学习目标:

本章将帮助你——

1. 理解分销在体育市场营销中的重要性。
2. 掌握体育分销的相关基本概念。
3. 掌握体育分销渠道设计。
4. 了解体育场作为"地点"的主要特征及重要性。

相对于体育市场营销组合的其他要素而言,很多人对体育分销的兴趣并不大,但这并不意味着它不重要。相反,它往往是体育消费者心目中最重要的——当你想要去观看2012年奥运会100米决赛或者温网决赛时,会不会因为不知道去哪里才能买到票而抓狂?即使找到了体育目标市场中存在的需求,也有了创新的体育产品/服务,但如果不能在体育消费者想要得到它的时间和地点向其提供,那么一切都是白搭。因此,体育分销/渠道就是指体育组织如何将其提供的体育产品/服务销售给体育消费者,或者换句话说,它是指体育产品/服务从生产者向消费者转移过程中的具体通道或路径。

你可能并没有意识到,体育产品从被制造出来到被消费者购买是一个复杂的过程,比如,有的人可能没想过产品制造的过程还包括由第三方提供诸如用于潜水服、跑步短裤等的原材料。你可能知道,在亚洲(韩国、越南、泰国、中国)和中南美洲(巴西、墨西哥)以及整个欧洲,有大量的体育设备和服装制造商,这使得制造可以在原材料和/或劳动力成本最低的地方进行。许多跨国运动品牌在市场上使用大量的供应商来制造他们的产品,例如,Adidas-Salomon与超过65个国家的800多家独立供应商合作。由于体育消费并不总是发生在体育产品的制造地,因此体育组织需要决定如何将两者有效地结合在一起。科技的发展使生产和批发过程能够结合起来从而缩短供应链的长度。现在,从原材料供应到体育产品/服务交付是一个持续的库存管理过程,由计算机控制条形码,以确保跟踪每一块面料能顺利地交付给最终用户。分拣和包装(订单处理)可以在生产点进行,并通过第三方,即本地或国际物流公司送到顾客家门口。该过程旨在和体育消费者形成无缝连接,对商品进行跟踪管理和控制,以确保体育产品不会出现库存短缺。如果你在电视、互联网上观看比赛直播或在收音机上收听,这种"物流"过程实际上是一样的,只不过现在团队/运动员参与的比赛变成了"原材料",体育媒体制作公司将这些"原材料"制作成节目(体育产品/服务),然后通过有线电视、卫星或广播电台(分销渠道)提供给体育消费者。

体育组织必须在适当的时间、适当的地点将体育产品/服务分销给体育消费者。如果体育组织要满足其体育营销和更多的业务目标，那么就必须做到迅速且有效的分销。如果体育组织低估了需求量，导致有的客户无法买到想要的体育产品/服务，组织的盈利就会受到影响。

6.1 体育分销渠道的相关概念与类型

6.1.1 分销渠道的相关概念

1. 分销渠道和营销渠道

在本章的第一段，我们已经知道了体育分销渠道的概念，需要注意的是，另一个概念——体育营销渠道，是容易和体育分销渠道相混淆的一个概念。

简单来说，体育营销渠道包含了体育分销渠道。体育营销渠道是指所有配合生产、分销和消费某些产品/服务的企业和个人。由此可见，供应商、生产者、中间商（无论是否取得商品所有权）、辅助商（运输公司、仓库、金融机构、保险机构、广告代理商、市场研究机构等）以及最终的消费者或用户等，都属于体育营销渠道的一分子，所有跟"营销"相关的企业或人员都包含在了体育"营销"渠道里面。

体育分销渠道则简单得多，它的侧重点在"分销"上，因此，其渠道成员只包括生产者、中间商和消费者，不包括供应商和辅助商等。

2. 中间商

1) 中间商的概念与分类

中间商是与分销渠道相关的一个重要概念，它是指制造商与消费者之间专门作为商品交换媒介的经济组织或个人。按照不同的标准，我们可以对中间商进行不同的分类——按照中间商是否拥有商品所有权可将其划分为经销商和代理商；按照销售对象的不同，则可将中间商分为批发商和零售商。

（1）经销商和代理商。经销商和代理商的本质区别在于是否拥有商品的所有权。经销商通常已经将货物买断，产权已经转移，因此经销商可以对商品自主定价，自负盈亏，风险较大，但同时利润也较高；而代理商只为卖家和买家之间提供联系，不拥有商品/服务的所有权，对商品不能自主定价，靠销售体育产品/服务获得佣金，所以经营风险小，相对经销商来说利润稳定。同时，由于经销商已经将货物买断，所以需要承担大量商品的库存，而代理商只需留存少量样品用以向顾客做介绍即可，可见代理商的本质为中介。此外，经销商需要承担相应的售后服务，但代理商则不同，往往委托其他机构代理。

体育经纪人就是一种典型的代理商，它是在各类体育活动中从事体育赛事、体育组织品牌包装、经营策划、无形资产开发及运动员转会、参赛等活动并从中收取佣金的公民、法人或其他经纪组织。

(2)批发商和零售商。首先要明确的是,批发商和零售商都属于经销商,即它们都拥有商品的所有权,两者的区别在于是否直接服务于消费者。

批发商是指商品流通中不直接服务于消费者的中间商,批发商只是实现产品或劳务在空间上、时间上的转移,以此达到销售目的。批发商从体育制造商手里大批量买进,然后将其分成较少的数量,销售给体育零售商,这样一来可以降低制造商的运输成本(制造商只需要和少量的体育批发商而不是众多的体育零售商接触),二来可以满足体育零售商少量订购的需求。体育批发商提供储存设施,并且越来越多地参与到物流过程中以确保满足购买点的供应。

零售商则是从生产企业或批发企业进货,将产品卖给最终消费者或用户的中间商。从概念中我们可以知道,零售商的一种情况是跳过体育批发商,直接向体育生产商订购,然后使用自己的分销系统来销售商品/服务。这种形式对于体育生产商而言,优点在于可以更有效地控制本企业产品/服务的营销。另一种情况是体育批发商作为中介,体育零售商通过其来购买体育产品/服务,在这种情况下,体育零售商往往负责体育产品/服务的推广和促销,对待售物品的最终售价有决定权。

零售商按照有无实体店铺,可以分为有店铺零售商和无店铺零售商。有店铺零售商的主要形式有专卖店、商场、超市、便利店、购物中心和仓储商店等;无店铺零售商的主要形式有上门销售、网络销售和自动售货等。

小专题

改革渠道　扩大国际影响力　国产运动品牌春天已至

近日,国产四大运动品牌安踏、李宁、特步和361°的2020年财报相继出炉。中国商报记者发现,上述品牌虽然经历了"疫情寒冬",但均表现出强大的韧性,迎接新的春天。据悉,这些品牌将持续对渠道进行改革,扩大国际影响力。

安踏稳坐第一"宝座"

"2020年,对于运动品牌而言是不平凡的一年。"安踏集团总裁郑捷向中国商报记者坦言。受新冠肺炎疫情影响,2020年上半年安踏部分线下门店关闭,但下半年开始门店客流量已逐渐恢复。据悉,安踏2020年营收同比上升4.7%至355.1亿元,连续七年保持增长;净利润同比上升5.3%至91.5亿元。从营收来看,安踏稳坐本土运动品牌第一的"宝座"。

李宁2020年的业绩也很亮眼。营收达144.5亿元,同比增长4.2%;净利润为16.98亿元,同比增长13%。

特步的业绩较为平稳,营收达81.72亿元,同比下降0.1%,但净利润同比下降29.5%至5.13亿元。业内认为,在去年服装行业较为艰难的情况下,特步的营收处于相对稳定的水平。据了解,特步股价在公布财报次日大涨7.53%,这说明市场对于特步依旧保持信心。

相比上述三个品牌,361°出现"掉队"现象。其2020年营收下滑9%至51.27亿元;净利润下跌4%至4.15亿元。在2020年业绩不乐观的情况下,361°表示不派发末期股息,以保留现金实力,应对当前挑战。对于去年业绩下滑的原因,361°在公告中解释称主要是受新冠肺炎疫情影响,集团两大核心产品鞋类产品及服装产品收入均同比下降。另外,新冠肺炎疫情影响公司销售网点的表现,为了减少成本开支,分销商也选择关闭一些门店。

重视渠道改革

针对业绩下滑的情况,361°表示未来将对门店进行整合,关闭较小门店以精简数量并在商场及百货店等地开设规模更大的门店。

线下门店经营情况不尽如人意,线上业务也并不乐观。据悉,2020年361°线上销售额为7.92亿元,同比下滑13.6%,占总营收比重下降至15.4%。361°表示,虽然其电商销售收入减少,但鉴于疫情期间消费者消费偏好的转变,公司仍将在未来几年内保持大量投资以发展扩大其电商业务。

据了解,2020年7月,361°与福建晋江市晋发股权投资合伙企业及浙江盈实股权投资基金管理合伙企业共同成立一家合伙企业,用以投资集团的电商平台,试图通过加快数字化转型提升集团电商平台效率。

另外,三大运动品牌也在进行渠道改革。郑捷向记者表示,2020年安踏主品牌约60%的店铺转为品牌直营,推行直营零售模式。"2021年我们会继续加快线上业务的推动。集团定了一个目标,即在未来五年,公司线上业务占比达到整体业务的40%。我们会继续加大这方面的投入。"郑捷说。

李宁为了尽快缓解疫情带来的影响,在2020年与全国重点商业地产合作伙伴沟通租金减免事宜,同时加快关闭低效亏损店铺。2020年年末,公司门店数量同比减少8.17%至6933家,其中李宁YOUNG门店数量减少了80家至1021家,李宁品牌门店数量减少了537家至5912家。

此外,李宁推出中国李宁2.0形象,并于2020年下半年开设了多家中国李宁2.0形象店铺。公司执行董事、联席行政总裁钱炜对外表示,2021年,公司会继续强化和扩大线上渠道的生意拓展,同时也会强化线下渠道的布局,但前提条件是单店可盈利、高店效。

特步则在去年开设了全国首家多品牌集合店X-STREET。该店铺面积为1500平方米,包含了特步、帕拉丁、索康尼和迈乐四大品牌。

此外,2020年特步的电商收入获得快速增长。其通过微信小程序和直播等私域流量来提高品牌线上曝光度,与135名网络红人共同完成了151场直播。2020年特步的线上销售额同比增长约50%,超过5.2亿元。特步对外表示,公司将进一步整合线上线下业务,实现电子商务业务的可持续增长。

扩大国际影响力

除了渠道改革,四大运动品牌还有更大的"野心"——扩大国际影响力。例如:安踏在2019年10月宣布成为国际奥委会官方体育服装供应商至2022年底。根据合约内容，安踏将为国际奥委会委员及工作人员提供包括体育服装、鞋和配件在内的体育装备。郑捷表示，作为国际奥委会官方体育服装供应商，集团已经为东京奥运会准备了一整套的营销计划。

另外，安踏还针对2022年北京冬奥会发布了特许商品国旗款运动服装，开设国旗款商品独立店，并签约冰雪新秀谷爱凌为安踏品牌代言人，共同推动奥运精神与消费者产生共鸣。

李宁在篮球方面持续提升国际影响力。2020年李宁签约了弗雷德·范弗利特与吉米·巴特勒等颇具人气的球员，其NBA球星阵容继续壮大。

特步对2019年收购的国外品牌盖世威和帕拉丁给予厚望。值得关注的是，虽然2020年国外新冠肺炎疫情防控形势较为严峻，但盖世威和帕拉丁在美洲、欧洲、中东以及非洲的线上零售额分别增长45%及52%。

361°则在2020年年初签约NBA奥兰多魔术队前锋阿隆·戈登，并为其发布第一代签名篮球鞋。

361°董事会主席丁辉煌介绍，在国际业务上，集团于2020年调整了现有的地域市场覆盖范围，进入新西兰、阿根廷、玻利维亚等新市场，接下来将继续开拓南美洲、非洲、中亚及中东等新兴市场。

有行业分析师向记者表示，虽然运动用品行业竞争很激烈，但是整个行业的"蛋糕"在变大，包括消费人群的增加以及消费需求的多样化；随着新冠肺炎疫苗的广泛接种，国内外的疫情将得到有效控制，这对于整个运动用品行业来说是一个利好。

(资料来源：新浪财经 https://finance.sina.com.cn/roll/2021-03-30/doc-ikkntian1655789.shtml)

2) 中间商的作用

中间商最基本的作用是传递信息，这是由中间商所处的"位置"特点所决定的。一方面中间商可以把生产商的产品信息传递给消费者，以帮助消费者更好地了解产品、使用产品；另一方面也可以收集消费者的反馈信息提供给生产商，以帮助生产商更好地满足消费者的需求。

中间商最重要的作用是可以减少交易数量，提高产品流通的效率。如图6.1(a)所示，假设现在有三个制造商和三名消费者，在没有中间商的情况下，每一个制造商必须和每一位消费者交易，接触数量为3×3＝9；在图6.1(b)中，由于中间商的介入，制造商和消费者都只需要和中间商打交道即可，所以接触数量就减少到了3＋3＝6。这还只是一个非常简单的3×3模型，在现实生活中，市场由无数的制造商和无数的消费者组成，可见中间商在这一方面起到的作用是相当重要的。

6.1.2 分销渠道的类型

按照分类方式的不同，分销渠道可以有以下三种分类。

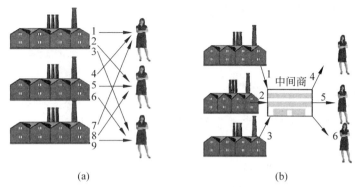

图 6.1 中间商可以减少交易数量

1. 直接渠道和间接渠道

1) 概念

按照有无中间商进行划分,分销渠道可以分为直接渠道和间接渠道。如果体育产品直接从制造商到终端消费者,中间不经过任何中间商,则称为直接渠道(或"直接分销",简称"直销"),或称为"零级渠道"。常见的直销方式有上门推销、电话直销、网络直销等;如果体育产品从制造商流向终端消费者的过程中借助了中间商的力量,则称为间接渠道(或"间接分销"),或称为"多层次分销渠道"。

直销需要一个信息数据库,用于从体育目标市场找出可量化衡量的市场反应。体育组织的营销信息系统存储了从各种来源(如会员记录、购买历史、市场调查等)收集而来的信息,这些信息既包括和当前消费者相关的信息,也包括过去和潜在消费者的信息。体育消费者与体育组织的每次接触都会生成电子记录,即使是单纯的一个咨询电话,也可用于跟踪测试体育消费者对体育产品/服务的反应。网络技术可以跟踪体育消费者的每次网上行为,体育组织可以利用这些信息制定相应的营销策略从而促使体育消费者购买体育产品/服务。传统的直销形式主要有以下两种:

(1) 邮件和电子邮件。我们几乎每天会都收到电子邮件,它们中的大部分都属于"不速之客",你对此的反应是怎样的呢?邮件和电子邮件是具有针对性的、个性化的、可测试的和灵活的(Mullin,Hardy&Sutton,2007)。很多体育组织都选择电子邮件作为其宣传体育产品/服务的方式。虽然体育消费者可以毫不费力地存储电子邮件的营销材料,但他们也可以随时取消订阅或删除这些电邮,所以它的响应率非常低。但是,邮件和电子邮件最大的好处在于利用它们可以采用各种信息沟通方式,例如信件、传单、DVD、视频等。此外,邮件和电子邮件营销是非常个性化的,有时可以让体育消费者觉得是他们最喜欢的体育明星在给他们写信,因此,在收件箱中收到来自"姚明"或者"李娜"的邮件,增加了电子邮件被打开、阅读和回应的可能性。

邮件和电子邮件会在第 7 章中的广告和销售促进中再次被提到,它们适用于与有价值的体育消费者保持联系,维系体育组织和体育消费者之间的关系。这种偶尔的联系可以不动声色地影响消费忠诚度,还可以利用它们通过提供折扣等优惠来刺激体育消费。显然,这种方式是一个成本很低的分销方式,但是它需要依靠数据库的准确性,从中找到"最有可能成为顾客"的人,从而做到目标精准,有的放矢。

(2)电话销售。电话销售主要包括两种:来电咨询和呼出推送。关于体育组织体育产品/服务的基本信息消费者在网上都可以查到,从而可以帮助企业避免处理大量的咨询来电,但这样一来有些体育组织可能会低估来电咨询的数量,从而面临配备的电话咨询服务人员人手不足的问题。如果发生这种情况,体育消费者就需要在电话中排队等待,从而感到烦躁和不满。但一旦电话被接通,只要咨询服务人员的素质过硬,这种咨询经历又会令消费者十分满意,因为毕竟语音反应速度快并且回答的问题具有针对性,能帮助消费者解决实际问题。呼出推送电话可能会对消费者的日常生活造成"骚扰",但是如果电话是真诚的,且偶尔提供小优惠(比如,"我们向您提供星期六比赛的免费门票"),那么接听电话的消费者将会非常感兴趣。呼出推送往往被用于企业款待、集团销售和加售等业务。

除了以上两种传统的直销形式,目前来说,最有影响力的形式莫过于网络直销了。所有行业的互联网销售额都达到了相当高的水平,并且完全没有放缓的趋势。很多体育消费者现在已经非常熟悉网上购物的过程。互联网迎合了地理上分散的体育市场,从而使小众体育产品/服务能够覆盖更广泛的受众。

2)优缺点

直接渠道和间接渠道的优缺点正好是相对而言的,不仅是直接渠道和间接渠道,下面的长渠道和短渠道、宽渠道和窄渠道亦是如此。

直接分销的优点在于减少了销售的中间环节,对制造商而言节省了流通费用,可以把全部利润收归己有,不用与任何中间商分享;此外,由于制造商直接面对终端用户,所以能更快更准确地了解消费者的需求,对市场需求的变化做出最快最直接的应对。

直接分销的缺点在于对制造商的资源和能力要求较高,因为在这种方式中制造商扮演了"生产"和"流通"两种角色,分散了企业的资源,特别是当消费者在地理区域上较为分散时,直接与这些地区的消费者进行沟通会耗费企业相当大的精力。此外,如果制造商在商品销售方面能力不足,还会承担较高的销售风险。

3)适用性

直接分销渠道主要适用于体育专业产品的销售,原因在于这种产品的专业性很强,制造商往往需要根据顾客的特殊要求定制产品,且在安装、使用和维护等方面需要商家对用户进行面对面的沟通与指导;此外,这种专用品的单价往往较高,用户购买的批量大但批次少,所以制造商与顾客直接沟通的成本较小。户外全民健身路径器材、大型体育场馆设施、体育专业器材等都适用于采用直接渠道进行销售。体育服装、普通体育器材、体育运动装备等这些普通大众的消费品则适用于采用间接渠道销售,理由和上述直接分销正好相反。

2. 长渠道与短渠道

1)概念

按照分销渠道环节的长短进行划分,分销渠道可以分为长渠道和短渠道,经过的环节越多,渠道就越长。在制造商到终端消费者之间经过了几个环节,我们就称之为几级渠道。例如,在图6.2中我们可以看到零级渠道、一级渠道、二级渠道和三级渠道。

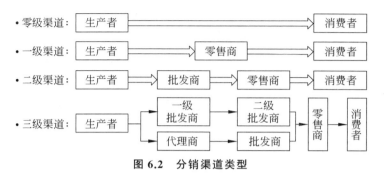

图6.2 分销渠道类型

2) 优缺点

长渠道的优点主要表现在由于中间经历的环节多,所以市场的覆盖面大,且由于代理商、批发商、零售商的角色不同,所以分工更加专业,因此在分销上更有效率;缺点在于长渠道的信息传播速度不如短渠道,而且信息在传递过程中难免"失真",从而导致制造商与消费者之间的信息沟通效率不如短渠道。此外,长渠道的销售周期相对来说也更长,且对于制造商而言渠道越短对渠道的控制力越强,越不容易出现假货或恶性竞价的情况。

3) 适用性

长、短渠道的适用性和直接、间接渠道的适用性是类似的,即产品专业性越强、技术越复杂,渠道就应该越短;如果企业的销售面广,客户分散,购买批次多、数量少,企业自身又不具备将产品分销到每一个顾客手中去的能力,就应该选择长渠道。

3. 宽渠道与窄渠道

1) 概念

按照分销渠道每个渠道层次使用中间商的多少进行划分,分销渠道可以分为宽渠道和窄渠道,同一个中间环节层次使用的中间商数目越多,渠道就越宽。根据分销渠道的宽窄程度,又有独家分销、选择分销和密集分销三种分销形式。

独家分销又称"最窄渠道",指制造商在某一地区、一定时间内只选择一家中间商对商品进行分销,如BBC拥有2012年伦敦奥运会的独家转播权,Sky Box Office独家拥有英国大型拳击比赛的电视转播权;密集分销又称为"广泛分销",是指在分销渠道的同一层次中,尽可能多地使用分销商,以扩大市场覆盖面或快速进入一个新市场;选择分销则是介于前两者之间的一种形式,它是指制造商在目标市场上按照一定的标准,选择一定数量的中间商销售产品。

2) 优缺点

独家分销的优点在于市场竞争度低,企业与经销商关系较为密切,有利于结成可靠、亲密的伙伴关系;缺点在于可能会因为缺乏竞争使顾客的满意度受到影响,此外,由于制造商的分销仅仅依赖于某一家分销商,所以分销商对企业的反控力较强。

密集分销的优点在于市场覆盖率高,这一点和长渠道是一样的,但密集分销最大的缺点在于市场竞争激烈,中间商可能会为了自己的利益而影响制造商的统一营销规划,此外,对于制造商来说,管理数量庞大的中间商,相应的管理成本也是较大的。

选择分销的优缺点则介于前两者之间。

3)适用性

独家分销和短渠道一样,适用于专用品的分销,此外,独家分销还适用于价值高的商品,以显示其稀缺性;密集分销则比较适用于日用品、便利品、普通原材料等商品的分销。

比一比它们的门票代理商,看看谁的宽,谁的窄。

6.2 影响渠道选择的主要因素

为了决定使用哪种体育分销渠道向体育消费者销售体育产品/服务,体育组织必须首先了解体育消费群体的特征(比如该群体是否熟悉网络技术的使用);此外,体育组织还必须考虑产品特性,例如之前我们学习了体育 PLC 的阶段,随着销售的增长,为了将产品销售到更广泛的地区,渠道必须也随之变化;不仅如此,体育品牌和分销商之间的形象匹配(如选择专业体育零售商还是超市类的普通零售商)等都会影响到体育组织对分销渠道的选择。具体来说,影响体育组织选择分销渠道的主要因素如下。

6.2.1 消费者

从体育消费者的角度来看,体育分销渠道的选择显得简单明了。"我应该去耐克官网还是专卖店买我的跑鞋?"使用官网意味着体育消费者选择了企业的直接渠道,而去专卖店则代表其选择了企业的一个间接分销渠道。消费者现在可以在白天或晚上的任何时间购买体育赛事的门票,只需点几下鼠标或手机屏即可。你可能以为在这个过程中消费者直接在和提供体育产品/服务的体育组织打交道,但实际上这种可能性很小。因为外包(将任务交给第三方)票务的现象非常普遍,所以当你在网上购买体育赛事的门票时,你可能被体育组织"托管"给了某专业公司,为你提供咨询的客服人员甚至说不定在地球的另一端,但他们位于何处对你来说并不重要,重要的是你能否方便地买到票。

但体育组织毕竟不是体育消费者,思考问题的方式也不可能像上述说得那么简单。虽然与体育营销过程的所有要素一样,企业对于体育分销渠道的选择必须站在体育消费者的角度来考虑问题,但企业要思考的问题绝不像上面消费者思考那么简单。对于企业而言,如果企业的目标市场是一个规模大、人口分散的市场,那么就应该尽量选择市场覆盖面广的长、宽渠道;反之,渠道则应该相应的短和窄。如果企业目标市场上的消费者购买特征是购买频繁但每次的购买量小,那么企业就应该选择长、宽的渠道,将烦琐的销售沟通过程交给众多的中间商去处理;反之,则渠道应该短和窄。

6.2.2　产品特征

主要考虑以下几个方面：

- 体积重量。如果产品的体积大、重量大，企业就应该采取短、窄的渠道；反之则说明产品容易搬运，相应的企业就可以选择长、宽的渠道。
- 易腐或易损程度。如果产品易腐、易损，说明不适宜长时间运输，因此企业应选择短、窄的分销渠道。
- 时尚性。产品越时尚，或者说产品的生命周期越短，说明需要越快地到达市场，越快地让消费者买到该种产品，相应的企业选择的渠道就应该短和宽。
- 单位价值。产品的单位价值越高，渠道就应该越短、越窄，因为短渠道可以保持企业对高价值产品的控制，窄渠道可以保持高价值产品的稀缺性。
- 标准化程度/技术含量/售后服务。产品越不标准，或者技术含量越高，对售后服务的要求越高，说明产品的专业性越强，越适用于短、窄渠道，因为只有制造商才是对产品最了解的，如果采用长、宽渠道，则会涉及较多的中间商，这些专业知识参差不齐的中间商会导致消费者无法掌握专业产品的使用方法，也无法获得专业的安装和售后服务。

6.2.3　组织本身

选择体育分销渠道的另一个重要影响因素是体育组织所期望实现的市场覆盖率。多渠道同时并行是向大众市场进行密集分销的一种方法，而当企业希望通过有限的销售点分销体育产品/服务时，可以采用选择性分销。在选择分销商时，应尽量挑选能提供专业服务、能和体育目标市场直接接触或接触面最广泛的分销商。

此外，体育组织控制渠道的愿望和能力也决定了渠道的类型。由于长渠道会降低体育组织在整个分销过程中的控制水平，因此对于体育零售而言应确保供应链不会过长，这也是体育跨国公司想要努力限制分销层级数量的原因。中间商可以具备多种功能，特别是对于小众或专业体育产品/服务而言。和长渠道一样，宽渠道也意味着每个级别的中间商数量越多，体育组织对最终体育消费决策的控制越少。例如，使用多个专卖店作为零售商，如 JD Sports、Sports Direct、Soccerworld、FootLocker、Intersport[①] 意味着零售商可以控制价格而不是体育制造商。

6.2.4　技术

网上电子零售近年来的表现尤为突出，已成为将体育产品/服务带给体育消费者的主要手段。由于世界已经进入数字化阶段，供应链各个层面的交易现在都是电子化过程，因此电子商务不仅存在于体育组织和体育消费者（B2C）之间，还存在于体育组织和体育组

---

① 这些都是英国地区典型的体育零售品牌。

织之间（B2B）、体育消费者和体育消费者之间（C2C）。Ebay 就是一个很好的例子，它最初是 C2C 的电子交易渠道，但现在已经发展成了 B2C 电子渠道；Viagogo[①] 也已经在网上销售体育比赛的门票很多年了。

如果你回想自己的网上购物经历，你就会发现你在网上买的东西都具有一些共同特点：它们都不太贵，通常都属于标准化产品，而且这些东西需要经常性购买。这说明，体育网络购物对于可以成为购买习惯的低价值商品而言是适用的。越来越多的体育电子零售商通过使用返现、优惠促销、明星互动等活动，来提高体育消费者对网络购物体验的兴趣。此外，如果你对网络购物不放心，在购物过程中有任何疑问，尽可以向网上客服进行咨询，企业通过提供专业的咨询服务以尽量增强体育消费者对网络购物的信心。

但是，消费者同时也发现，如果需要将网上买来的东西进行退换，有时候会非常麻烦。本书的外国作者曾经在网上买了一双运动鞋，从而有了这样一次难忘的退货经历：先打电话给美国的经销商（本书的外国作者是英国人）索取一个退货号码；然后将这个号码输入体育企业的网站上下载一个退货标签，将标签打印出来和退货商品一起包在快递包裹里；最后和 UPS（United Parcel Servic）预约好上门取货时间将包裹寄送到生产地荷兰。最后的最后，确实换了一双鞋，但相同尺码的鞋已经没有了，作者只能接受一双大了半码的鞋。

互联网在体育分销中的运用迫使体育组织努力找到它们的最佳渠道。体育组织从供应链移除中间层的过程被称为脱媒；能够在库存管理过程中起到促进作用的软件（智能代理）称为网络中介（或电子中介）；在电子商务过程的每一阶段，必要时混入人力则被称为过度媒介化。体育组织产品/服务的复杂程度决定了应采取以上哪一种方法。例如，"公司款待"这种商品的销售可以通过电子中介进行，但如果客户有额外的要求，例如需要在特殊场合举办庆祝活动或要求对产品进行议价，那么人的互动介入（过度媒介化）就显得必要了。

思考一下体育组织应该如何进入一个新的体育市场。由于新的体育技术（包括新的体育媒体技术）淡化了体育市场的国界，体育组织可以将眼界拓宽到全球范围。在向新的国际领域提供新的体育产品/服务时，有以下渠道可供选择：

- 互联网——用作单渠道或多渠道的一部分。
- 出口——直接卖给体育消费者或通过当地体育市场的进口商间接出口。
- 许可——如特许经营（体育品牌授权或商业专利等），但由当地的特许经销商进行管理。
- 国际代理和国际分销商——代理只是促进国外的业务发展；分销商则会取得体育产品/服务的所有权。
- 战略联盟——可以在生产、分销等方面和其他公司联盟，利用其他公司的渠道，但体育公司保持独立。

---

① 一个可以购买和出售各种现场活动门票的在线票务平台。

- 合资企业——和上一个类似,但两家/所有体育公司共同拥有体育业务的一部分。

耐克将其产品销售到美国和全球近 200 个国家约 20 000 个零售商手上,其全球的分销渠道既包括百货商店,也包括耐克专卖店。在国际市场上,耐克通过独立的分销商、特许权许可和耐克子公司销售产品。Wiggle,总部设在汉普郡,是一家成功的体育互联网公司,现在直接向 70 多个海外国家出口(销售)。特许经营在美国的体育市场非常常见,并且已成为英超队伍阿斯顿维拉、利物浦和曼联的所有权销售惯例。

案例学习

行业复苏加快 运动品牌继续发力线下门店

曾在传统渠道风光无限的百丽、达芙妮等品牌纷纷传出关店信息。2016 年中报显示,8 家服饰业上市公司共关店近千家,达芙妮成"关店王"。而门店遍地开花的传统女鞋品牌百丽,曾拥有上百亿元的销售额,其市场份额正在被快时尚和电商品牌迅速挤压。

备受业界关注的是,作为起家于传统渠道的体育用品品牌却在去年的财报逆市增长,集体显现复苏迹象。在体育用品名城泉州召开的个别体育品牌年会上,传递了在线下门店开店数增长的积极信号,对于体育品牌来讲,经过一系列效率提升的改革,传统的线下渠道依然是支撑增长的强劲动力。

1. 体育品牌提速开店

在 361°2017 年度战略会议上,361°宣布了五大事业体都取得了显著的成绩。361°认为,商品体系、渠道组合和品牌传播三大方面的战略升级是 2016 年增长因素,也是来年继续保持增长的动力。

同城另一运动品牌"总统慢跑鞋"的年度战略会议也对外宣称,2016 年该品牌在传统渠道取得了不俗的成绩。

2016 年对于总统慢跑鞋是一个终端狂飙的年份,截至年底,总统慢跑鞋已经在全国各大省份开设了千家专卖店,无论是开店速度还是单店销售额,都翻倍成长,在当今市场高唱电商、线下渠道被看轻的时代,总统慢跑鞋无疑成为中国体育用品行业 2016 年的一匹黑马。

总统慢跑鞋相关负责人表示,公司目前已经初步完成全国市场布局,短短几年就完成终端店数量的快速增长,根本秘诀在于旗舰店模式。在服饰领域,旗舰店具有显著的品牌营销功能,不仅集中体现着品牌精神,也是客户直接与品牌相互交流、集中体验品牌的沟通场所,是拉动终端销售的重要场所。

据了解,总统慢跑鞋在全国一、二线城市的特级商圈均设立了超大面积的品牌旗舰店,如武汉光谷步行街、成都春熙路,以经典运动的国际化终端形象成功俘获消费者的芳心。另外,过去的一年,品牌推广平台覆盖世界女排大奖赛、国际男篮、马拉松等主流赛事,还签约突尼斯奥委会、赞助美国 NBA 的球队赛场等,进一步助力品牌知名度的提升。

2. 行业复苏正在加快

事实上,即使是电商盛行时代,也并不代表传统营销渠道的没落,相反,线下实体店重视体验与快捷购买依然是线上无法替代的优势。一直在传统渠道保持着绝对优势的体育用品行业,在经历了库存高企的寒冬后,无论是 2015 年的财报还是 2016 年的中报,都显示着体育用品行业复苏增长的速度正在加快。

在 2016 年,这些品牌在传统线下渠道都在做同样的事,就是渠道"瘦身"的变革。通过收缩门店、去库存及渠道扁平化等一系列供给侧的"瘦身"改革后,经历了业绩衰退、库存危机和大规模关店的体育品牌终于迎来新时代。

以特步为例,改进及扁平化分销渠道,严格控制零售存货等一系列的"瘦身"改革,使特步的盈利模式更具效率。如将分销商数目提升至 38 家并有意继续逐步增加分销商,将分销渠道的层级由多层减至两层。特步分销商直接拥有的零售店的整体比重已增至占零售店总数的 50% 以上,而实时分销资源系统所涵盖的特步零售店数量已超过特步零售店数目的 85%。整体营运资金周转天数由 2014 年的 77 天降至 60 天,存货水平较 2014 年减少 30.0% 至人民币 3.984 亿元。

同样地,361°也积极改革提高零售渠道效率,建立以消费者为导向的零售管理体系和可持续的商业盈利模式。通过加大投入构建产品研发、品类细分,升级终端支付方式等,361°针对提升单店效益的一系列措施在 2016 年有了显著成效,2015 年财报及 2016 年财报均显示了同店销售实现了攀升。361°表示,将持续围绕用户场景优化渠道布局,提升单店单位绩效,增强核心竞争力与快速反应能力,以进一步扩大盈利。

安踏过去两年(2015 年和 2016 年)来的表现也代表着本土运动品牌从新店驱动型扩张模式到提升店效的变革。正是这些精细化管理能力及对供应链的整合,使其能够在多项财务数据上领先其他对手。2016 年年初的财报显示,安踏 2015 年存货周转天数为 58 天,较上一年同期改善 0.17 天,集团营收账款亦有改善,应收账款周转天数较上一年同期下降 1.84 天,达到 33 天,两项数据显示,安踏自身及经销商存货及回款压力已经趋于稳定。

在经营管理中,安踏最早取消了销售大区,组织架构扁平化,直营店比例逐年提高,品类管理从以鞋、服分类改进为按项目分类,如跑步、篮球、足球等。安踏在全国的大部分店面实现了 ERP 覆盖,力推单店订货,使安排产品上架周期缩短。

专家认为,目前鞋企群雄逐鹿,传统的专卖店、商场、鞋业超市等销售渠道,承受着巨大压力,线上的 B2C 模式,也面临着大量的危机,美其名曰一场盛宴的电子商务,其实也是一场没有硝烟的豪赌,到处"烧物流""烧广告",每个电商都想先烧出规模,然后挤压对手,实现盈利,但把用户体验做到极致的才是真正的大赢家。

(资料来源:禹唐体育,http://www.ytsports.cn/news-12716.html)

6.3 体育渠道管理决策

体育渠道管理决策是指体育组织对渠道成员的选择、激励和评价过程。

6.3.1 选择渠道成员

当体育消费者需要购买滑雪板、杖、靴或者各种固定器的时候,当然最好到专卖店去购买以获得专业的服务和使用指导,而这对于购买诸如滑雪的其他相关产品,如手套、帽子和护目镜来说显然是非必要的。因此,在需要提供专业的售前售后服务时,专业的中间商就显得至关重要。并不是所有的零售商都一样,它们的体育知识水平是参差不齐的,能提供的服务质量也是参差不齐的,而服务质量在许多体育消费中却起着重要作用。比如,当你去专卖店买跑鞋的时候,有的专卖店的销售人员会告诉你哪些鞋子有减震功能,而有的专卖店却并没有人告诉你这些,如果你在没有获得专业提醒的情况下,随着时间的推移,可能你会因为过度使用不恰当的运动装备而使身体长期受到伤害。由此可见,好的分销商有利于更好地满足消费者的需求和维护制造商的品牌形象。

如表 6.1 所示,我们可以用"加权评分法"对零售商进行选择。表中所列的评价因素可以根据体育组织的具体要求进行取舍或替换(例如,其他比较重要的因素还包括"公司成立时间""员工服务态度""品牌匹配度"等)。权数显示了每一种因素对于该体育组织而言的相对重要程度,最后将每一项打分进行加权加总,选择加权分最高的零售商。

表 6.1 用"加权评分法"对零售商进行选择

评价因素	权数	零售商 1		零售商 2		零售商 3	
		打分	加权分	打分	加权分	打分	加权分
地理位置	0.2	85	17	70	14	80	16
经营规模	0.15	70	10.5	80	12	85	12.75
顾客流量	0.15	90	13.5	85	12.75	90	13.5
市场声望	0.1	75	7.5	80	8	85	8.5
合作精神	0.15	80	12	90	13.5	75	11.25

续表

评价因素	权数	零售商 1		零售商 2		零售商 3	
		打分	加权分	打分	加权分	打分	加权分
信息沟通	0.05	80	4	60	3	75	3.75
货款结算	0.2	65	13	75	15	60	12
总分	1	545	77.5	540	78.25	550	77.75

6.3.2 激励渠道成员

选择良好的合作伙伴固然重要,但想办法留住这些伙伴、让合作关系更加愉快才是更加重要的。体育组织需要不断地对渠道成员进行激励,才能让渠道成员更出色地完成体育组织的铺货目标。

由于中间商具有相对独立性,可能它们并不认为自己是厂家商品供应链的一员,特别是能取得商品所有权的经销商,相对于代理商而言,这种"独立性"更强,因此厂家需要通过激励手段让中间商感受到"独立性"的弱化。此外,对于中间商而言,最重要的是客户,而不是厂家,它最感兴趣的问题是客户从它那里买什么,而不是厂家向它提供什么,可见厂家需要通过激励手段引起中间商对自己的重视。很多中间商都不只经销或代理一家生产商的产品,它往往把它销售的所有商品当成一个整体来看,因此它所关心的是整体销量,而不是某种商品的销量,所以厂商需要采取适当的激励措施让中间商"区别"对待自己的产品,更加卖力地为自己的产品服务。如果没有任何激励,中间商也不会主动地为厂家提供其他的相关服务,比如不会为厂家记录其各种品牌的销售情况,也不会为厂家耐心、真实地调研顾客的满意度,只有通过激励措施,中间商才会"心甘情愿"地为厂家"卖命"。

从激励方式上来看,激励可以分为直接激励和间接激励。直接激励是指物质上的、和金钱有关的激励;间接激励是指更好的管理、销售的方法。

常见的直接激励具体来说包括了返利、价格折扣和促销支持三种方式:

- 返利。返利又称"返点",是厂家或供货商为了刺激销售,提高中间商的销售积极性而采取的一种正常商业操作模式。它是指当中间商在一定市场、一定时间范围内达到指定的销售额时,厂家或供货商会给予中间商相应的现金返还(一般是销售额的一个百分比)或货物返还奖励。返利时间一般由产品的流转周期决定,可以是月返、季返或年返。
- 价格折扣。通常厂家或供货商为中间商提供的价格折扣种类较多:(a)现金折扣。例如,在成交 10 天内现金付款,可给予 3% 的原价折扣,超过 30 天付款除按正常价格结算外,还要另付利息。(b)数量折扣。如进货 100~300 箱优惠 2%,300~800 箱优惠 3%,超过 800 箱优惠 5%,累计超过 1 000 箱优惠 8%。(c)季节折扣。季节折扣是为鼓励中间商淡季进货给予的优惠,通常在 30%~40%。

(d)销售折扣补贴。销售折扣补贴是厂家为了鼓励中间商进货后大量出货而设立的,指在规定时间内完成目标数量的一种价格补贴,比如在第三季度如果完成1 000箱的销售任务则给予一定金额的现金补贴。(e)进货品种搭配折扣。进货品种搭配折扣是为了鼓励中间商将厂家滞销的产品连同畅销产品一齐推向市场,以免造成厂家产品的积压和损失。(f)协作力度折扣。协作力度折扣的给予要结合"评估渠道成员"的相应指标。它是指厂家根据中间商的销售表现,相应地给予不同程度的价格优惠。评估的标准主要包括:对厂家产品的陈列情况,包括陈列的位置、陈列的数量、陈列的场所等;是否按照厂家的规定价格销售;是否协助厂家开展促销活动;中间商的售货员是否积极向顾客推荐厂家的产品;等等。

- 促销支持。促销支持是指当中间商发现市场的销售机会需要采取一定的促销手段时,厂家或供货商可以相应地给予适当的资金支持或成本上的分担。例如,当体育赛事门票的代理商认为在销售门票的同时向消费者提供赠品会更好地促进门票的销售时,赛事举办方可以在赠品的采购成本上予以分担或帮忙采购赠品。

常见的间接激励具体来说有管理支持、伙伴关系和培训三种方式:

为了激励经销商,双鱼体育给经销商颁奖。

- 管理支持。管理支持是指厂商或供货商对中间商的经营管理方法给予一定的帮助和指导,例如可以向中间商派出管理人员对其管理方法进行指导,还可以让中间商派出代表到厂商或供货商的公司学习其优秀的管理经验。
- 伙伴关系。伙伴关系是指厂家或供货商在销售区域、产品供应、市场开发、市场信息、生产技术、售后服务等方面和中间商资源共享或进行更加深入的合作,以结成一种"亲密"的伙伴关系,让中间商感受到自己的重要性,有利于彼此结成长期、稳定的合作关系。
- 培训。培训也是一种常见的激励方法。厂家或供货商可以派出人员对中间商的销售人员进行培训,或者让中间商的销售人员到厂家或供货商的办公地点接受培训,还可以聘请有丰富经验的第三方对中间商的销售人员予以培训和指导,帮助其提高销售业务水平。

从激励内容上来看,激励又可以分为以下三种:

- 相互交流方面的激励。相互交流方面的激励包括向渠道成员提供本企业的最新产品样品;向渠道成员展示本企业的中远期发展计划;定期的高级或中级领导层的会面;定期的信息交流;建立经常性磋商机制。
- 工作、计划、关系方面的激励。工作、计划、关系方面的激励包括对渠道成员出现的困难表示理解;经常交换经营意见、提供经营建议;一起进行渠道设计工作、统筹货源、促销等活动;承担长期责任,比如在中间商的公司投入较高的专有资产(如商标、专利等);定期举办渠道成员会议;听取渠道成员对于本企业渠道工作人员的意见。

- 扶助方面的激励。扶助方面的激励包括提供管理理念与管理实务方面的支持;提供企业文化建设的经验;提供产品创新建议或产品销售知识;提供广告或促销方面的扶持;人员培训;融资扶持等。

6.3.3 评估渠道成员

管理渠道成员的最后一步是需要对渠道成员进行评估,通常包含了两个部分:一是日常评估;二是年终评估。日常评估是指生产商或供货商的销售人员利用日常的接触机会对中间商的销售潜质进行评估;年终评估则是指生产商或供货商年终对中间商的综合绩效进行评估。

由于对中间商绩效评估是一个长期而持续的过程,所以必须根据生产商或供货商现有渠道设计与管理情况,在公司销售人员日常与经销商接触过程中,有意识地依据公司制定的中间商销售潜质的评估指标对经销商进行评估。除了日常评估之外,在每年的年终还需要对中间商的销售绩效进行评估:结合日常评估的数据,汇总后对中间商进行定性和定量的综合评估。二者评估的结果可以作为对中间商实施奖惩的依据。

无论是日常评估还是年终评估,都可以围绕以下几个指标展开:
- 中间商的销售能力。
- 中间商对公司产品持有的态度。
- 经销商的库存水平和货架空间。
- 中间商提供市场信息的情况。
- 中间商的财务状况。
- 中间商的信誉和信用。
- 中间商的回款情况。
- 中间商为顾客提供服务的情况。

6.4 体育场所

4Ps 中渠道/分销的英文是 place,这个英语单词在体育比赛里能够更加体现其英文的含义,因为体育场所通常被体育营销人员称为"地点"(place),它是指体育产品/服务的交付地点,特别是体育赛事的交付地点,因此是体育分销最重要的渠道。因为体育场所这个"地点"和我们前面提到的那些渠道有一些不同之处,所以我们需要在这一节对它进行单独的探讨。体育场所的很多方面都会影响到体育消费者的消费体验,例如 Smith(2008)和 Shank & Lyberger(2014)关注的是体育场馆的位置和便利性(如距离远近、是否方便停车等)、设计和布局(如新颖的设计、防风遮雨功能等)、基础设施(如座椅、记分牌和屏幕等)和客户服务(如排队和等待时间、高效和热情的工作人员等),这些已经成为体育消费者对体育场馆的一些基本期望和要求。

6.4.1 体育场和体育场馆

体育场所可以分成体育场(sporting arena)和体育场馆(sport stadia),它们是两个不同的概念:体育场可以是任何形式的体育活动或比赛场所,例如环法自行车赛中的山口、St. Andrews 的平坦公路或 Hahnenkamm 的滑雪坡,这些都可以被称为体育场;体育场馆的"人为"气息则要高于体育场,它往往以人工建筑物的形式存在,这些建筑物不仅需要提供高水平的比赛,像 Wembley, Old Trafford 和 Emirates 这些场馆还创造了自己独特的氛围、具有吸引力的位置、绝佳的观看角度以及优质的餐饮服务。由此可见,体育场可以"省略掉"体育场馆的许多特征,例如醒目的方向标志、便利的公共交通工具、完备的防风遮雨设施、方便的卫生间设施、清晰的记分板和屏幕等。体育场的主要任务是抓住体育消费者的注意力,并让他们在这里尽情地放松——他们可以想象着自己正在向终点线冲刺,或者像 Bode Miller 那样从滑雪坡上滑下来,或者在开阔的水面上尽情享受自由和放松。值得注意的是,作为营销人员一定不能只重视体育场馆,而忽略掉这些属于"大多数人"的体育场。

尽管不是所有的运动都发生在体育场馆内,但是体育场馆确实是大多数体育活动的关键。近年来,虽然投诉和建议源源不断,但体育场馆确实已经做出了许多改进——比较一下现在和前几年有大屏幕和能回放慢镜头的体育场馆数量你就会认同这一点。现在,体育消费者期望体育场馆能进一步对卫生间、餐饮店、纪念品等其他细节方面继续做出改进。在 2010 年英国自行车比赛中,设在终点线 Lancashire 郡大麦村的"临时场馆"就表明了这一点。但是不管怎样,这个"屁股在草地上"的"场馆"总比让人"屁股在座位上烧伤"的场馆要好。

体育旅游公司如 Sports Tours International 为体育消费者提供了一系列服务,例如提供便利的交通使他们到达体育场所的过程变得轻松、提供舒适的住宿、提供最佳的观看地点以及及时的信息服务(移动电视和互联网设施)。现在,即使你站在威尔士的森林里,看着汽车拉力赛的赛车以 100 英里/小时的速度从你身边飞驰而过,你也不会觉得不可思议了,这些都要归功于体育营销人员一直在致力于提高体育消费者的消费体验。随着越来越多的体育场不再免费开放,体育营销人员需要思考出更多的营销策略以不断地创造门票收入。

6.4.2 有效利用体育场所

应该如何有效利用体育场所呢?这里给出一些可供参考的方案:

- 尽量使背景壮观。伦敦2012年的马拉松比赛,举办方设计的路线就经过了白金汉宫和伦敦塔桥这样一些标志性建筑。这是一个绝佳的广告机会,消费者会因此产生想要亲自前来观看比赛或者将来到这些景点一游的想法。
- 使用体育场馆为赞助商打广告。使用体育场馆为赞助商打广告的做法现在已经非常普遍,在观看足球比赛或是篮球比赛的时候你总能注意到那些边线广告牌上的广告。
- 尽可能地制造商机。例如,在非比赛日场馆闲置的时候,可以出租场馆给一些公司或组织进行体育活动。
- 完善体育场所需的设施,以增强体育消费者体验。如停车场、标牌、大屏幕、厕所、餐饮服务、公共安全和紧急救助等,设施越完善,消费者的消费经历越愉悦,体育场所的"人气"就越高,商机也就会越多。

猜猜看2020桂林马拉松的比赛路线途经了多少个景点?

§ 互动学习 6.1

说出一个你曾经去过的体育场所(包括但不仅限于体育场馆):

- 说出其地理位置以及当时举办的体育赛事(如果有的话);
- 描述体育场所的主要特征;
- 说出能增强你观看体验的五个方面;
- 说出任何降低你观看体验的方面。

章 节 回 顾

体育地点/分销是体育消费者体验体育产品/服务的关键要素。所有体育产品/服务的分销过程必须满足体育消费者的消费需求,这个过程现在变得更加容易但同时也更加复杂。分销渠道的设计和选择要结合产品特征、消费者、企业本身等因素进行综合考虑。对于渠道伙伴的选择也是体育组织必须重视的问题。此外,对于体育比赛而言,体育场所(包括体育场和体育场馆)是一种特殊且非常重要的"地点",体育营销人员要对此给予足够的重视。

在线自测题

第 7 章

体育促销策略

学习目标：

本章将帮助你——

1. 理解体育促销活动的本质。
2. 了解体育促销组合的基本组成部分。
3. 掌握各种体育促销活动的特性。

4Ps 的最后一个部分是促销策略，它是体育组织营销组合中在短期内就能取得显著效果的一个策略。促销是指营销人员向消费者传递本企业及产品的各种信息，说服或吸引消费者购买其产品，以达到扩大销售量的目的。"体育促销"和"体育促销组合"这两个概念是等价的，它包括了四个重要组成部分——广告、人员推销、销售促进（或称为"营业推广"）和公共关系。促销的实质是一种沟通活动，即营销人员（信息提供者或发送者）发出刺激消费的各种信息，把信息传递给一个或多个目标对象（信息接受者，如听众、观众、读者、消费者或用户等），以影响其态度和行为。在今天这个技术变革如此迅速的时代，传统和新兴传播媒介需要通过结合和协调以向体育消费者提供更加清楚、明确的沟通信息。体育赞助的普遍使用正体现了这种"结合"，它使营销人员可以有效地搭上"投资"的便车，因此，体育赞助也是另一个重要的促销组合要素。

7.1 整合的体育营销沟通

整合的体育营销沟通（integrated sport marketing communication，ISMC）或体育整合营销沟通（sport integrated marketing communication，SIMC），如图 7.1 所示，是指体育组织与体育市场的沟通过程，在这一沟通过程中不仅包括体育促销这一沟通过程，还整合了体育营销组合中其他的组成部分，特别是体育产品、体育价格和体育分销。它将体育产品/服务的关键信息传递到体育目标市场，当然，对于非体育产品/服务也是如此。ISMC 旨在找到协调实施体育沟通组合的战术方法。为了开展体育营销沟通活动，每个体育目标市场本身都需要单独的战略和战术。图 7.1 表明了营销沟通过程中 ISMC 各组成部分需要进行综合考虑、统筹安排，而不是将各个部分独立开来各自开展，体育产品/服务、体育价格和体育分销的信息都需要通过体育促销组合被传递到目标市场上。

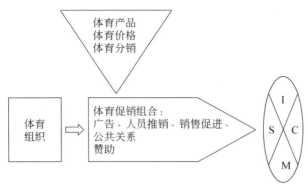

图 7.1　整合的体育营销沟通过程

整合的体育营销沟通通过对各种体育沟通技巧的协调(协调效果通常被看作 2＋2＝5)来影响体育目标市场的认知、态度和行为。它以体育消费者为中心,充分考虑最适合特定体育目标市场的渠道、技术和信息。在信息大爆炸的今天,体育市场的竞争日趋激烈,每天都会产生数以万计的营销信息,因此,了解体育消费者的偏好越来越重要。意识到这一点,能帮助我们识别消费者所处环境的"噪声",从而帮助体育组织更有效率地利用资源。因为新兴信息技术的传播效果还有待考察,所以体育组织能够采用的沟通方法表现出了相当的复杂性。例如,虽然网络社交正处于蓬勃发展之中,但在体育产业内的潜力却尚未完全被挖掘出来。这里的核心问题是体育消费者是否或如何在体育环境中改变他们的行为? 此外,体育组织的官方微博和微信公众号是否能给体育消费者的生活带来积极的影响? 也许只有通过体育研究才能告诉我们答案。

ISMC 的重要性在于它能够宣传体育组织的"正面形象"以及为体育目标消费者传递体育产品/服务信息。ISMC 向体育消费者宣传了体育产品/服务的特色和优点,让消费者了解购买渠道和价格。它塑造体育品牌形象,促进消费者品牌意识的形成,刺激体育消费行为的产生。在使用 ISMC 时必须随时注意对过程的监控,以创建积极的消费感知,因为它同时也能够向体育目标市场传达不利于体育组织的信息,例如 2010 年 12 月的国际足联就曾为这种不利信息付出了代价。① 没有一个固定的营销沟通模式可以保证能让沟通取得成功,因为没有两个体育沟通信息是完全相同的。通常一个体育组织会根据自己之前及竞争对手的营销沟通实践,来制定和调整自己现阶段的促销活动,但即使砸下数百万英镑的广告也不代表万无一失,比如 2010 年世界杯耐克赞助的巴西队表现不佳,在 1/4 决赛中就败下阵来。

---

①　2010 年 12 月 2 日,国际足联主席 Sepp Blatter 宣布分别赢得 2018 年和 2022 年世界杯主办权的国家为俄罗斯和卡特尔,然而之前在国际足联考察组对九个申办国进行的评估中,俄罗斯和卡塔尔实际上排在最靠后的位置。当年 10 月,《星期日泰晤士报》的记者假扮美国说客对国际足联的两名执委进行秘密录像,录像中两人为其选票索要数十万美元。投票前三天,BBC《全景》节目报道了针对国际足联腐败案展开的调查,案件中三名现任执委被指控在 20 世纪 90 年代收受贿赂。此前,国际足联也曾面临类似质疑。无论是 Blatter1998 年的当选还是其首届连任竞选,都曾遭到行贿的指控,执委会的委员们也长期被卷入贿买选票、操纵电视交易和大量收受企业回扣的传闻中。

为了指导体育营销沟通活动的计划和实施,首先需要掌握一些相关概念:体育沟通过程、沟通效果的层次、AIDA 原则以及战略性体育沟通计划。

7.1.1 体育沟通过程

想象你是一个体育市场营销人员,想招募大量的志愿者参与 2022 年北京冬奥会,或说服观众去观看 Henley 赛艇挑战赛,或希望更多的人能参加海德公园铁人三项,那么你会经历以下一个信息沟通过程(见图 7.2)。

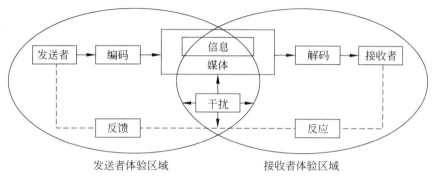

图 7.2　信息沟通过程

体育营销人员作为信息的发送者(源)和发起者,通过词、表情或符号等对该信息进行编码。当发送者具有权威和享有较高的信誉度时,信息的可信度就会较高,反之,信息的接收者就会质疑信息的真实性,特别是当体育丑闻产生时这种可信度的建立就更加困难,比如兴奋剂、假球、受贿等,这些都会降低体育营销信息的可信度,对将来推出的比赛或明星代言产生不利影响。

编码,是将发送者的想法和观点转化为信息的过程。信息发送者应结合目标市场的特点来设计信息内容,这是体育营销沟通和体育营销中最为重要的一点,因为这是将创意加进信息的好机会。创意是重要的,但并不是唯一重要的,发送者还需要具备对所发布信息的深刻理解,编码才能令人印象深刻。信息应包含情感(如开心、悲伤、恐惧等)或同竞争对手的体育产品/服务进行比较。

信息的传输需要选择通信介质——信道。体育沟通信息可以经由多种媒介发送,包括作为传统媒介代表的电视、广播和广告牌,以及作为新兴媒介代表的网络和移动通信技术。体育沟通目标决定了用于传播信息的具体媒介,并且需要综合考虑以下几点:

- 体育目标市场的特点;
- 体育产品/服务的性质;
- 媒介的使用成本;
- 媒介的灵活性;
- 达到特定体育目标市场的能力;
- 媒介的使用寿命。

解码是体育消费者(信息接收者)对信息进行理解和解释。体育组织需要对该过程进行测试以确定对方是否已成功接收信息,因为在这一过程中可能会发生信息失真及接受者对信息的误解。体育消费者的特征,包括年龄、性别、地理区域或价值观,都可能导致他们对信息产生不同的理解。缩小体育目标市场的范围有利于体育沟通信息被成功接收和解读。

"表达"和"沟通"最重要的区别在于,"表达"是单向的而"沟通"则是双向的,因此,"反馈"在沟通过程中的重要性不言而喻。体育市场营销中"反馈"不仅包含体育消费者对体育组织发送信息的反馈,也包含了信息发送者对体育消费者做出的反馈。例如,体育营销人员可能会根据消费者的反馈要求对产品信息做出进一步的解释。实际上,在第二次反馈中,信息的发送者变成了消费者,而信息的接收者变成了体育组织。如果消费者需要发送者提供进一步的信息,则表明原始信息中的信息量不足,这一点需要引起发送者的注意。在沟通过程中,体育消费者也有权对信息产生零反馈或极其有限的反馈,此时体育营销人员应当采用适当的积极手段鼓励消费者对信息做出更多的反馈,以提高沟通过程的有效性。

干扰存在于所有体育营销沟通过程的每一环节。干扰可能会导致发送信息的可信度降低、消息未能被充分编码、媒介选择不当或解码错误等。干扰不仅仅存在于大众媒介中,个性化的营销沟通方式也可能会以类似的方式受到影响,例如每个人应该都收到过垃圾邮件或者垃圾短信,这些垃圾信息可能会导致真正有用的信息被消费者忽略掉。

7.1.2 沟通效果层次和 AIDA 原则

沟通效果层次(见图 7.3)可用于指导体育组织和体育目标市场进行沟通。我们假定体育消费者一开始完全不知道某种体育产品/服务的存在,在一系列的体育信息沟通之后,可以引发消费者产生意识、发展偏好、创造需求,最终为体育组织带来体育消费。

图 7.3 沟通效果层次

体育营销沟通的目的是告知和提醒消费者体育产品/服务的存在并说服消费者进行购买,它和沟通效果层次极其类似。告知,使体育消费者在不知不觉中产生对产品/服务信息的意识。说服,则沿着轨迹继续向上,鼓励体育消费者对体育产品/服务产生好感,通过和竞争对手的替代品进行比较让消费者对自己的商品形成偏好。但如果想要消费者产生行动,可能需要更多的说服来达到目的。当体育产品/服务的消费发生之后,还需要通过提醒体育消费者获得的益处及产品/服务的未来可用性,鼓励体育消费者进行持续消费。

AIDA 原则(awareness 意识,interest 兴趣,desire 欲望,action 行动)将沟通效果层次的数量由 7 缩减到 4,并且是一个常用的概念工具。

- 意识,如通过体育明星代言引发体育消费者对产品/服务产生意识。
- 兴趣,如让体育消费者对体育产品/服务的用途产生兴趣。
- 欲望,如通过让体育消费者识别产品/服务的差异化优势产生购买欲望。
- 行动,如通过一系列促销活动促使体育消费者产生购买行为。

虽然 AIDA 原则比沟通效果层次模型更简单、常用,但它们都能帮助体育营销人员确定体育营销沟通在目标体育消费者心目中的努力方向。

7.1.3 战略性体育沟通计划

为了实现体育沟通的目标,企业还可以运用安索夫矩阵和 PLC 的相关知识来制订战略性体育沟通计划,它可以帮助企业用战略性的眼光来协调在多个体育目标市场上的营销沟通活动。表 7.1 指出了战略性体育沟通计划的组成部分。

表 7.1 战略性体育沟通计划的组成部分

体育沟通目标	相关概念	体育目标市场	战　　略
体育市场扩张	安索夫矩阵——市场开发 体育产品 PLC——初始期	非用户	提高品牌意识 提供试用机会 提醒流失客户
	安索夫矩阵——多元化经营	新的细分市场	品牌延伸 告知使用利益
体育市场渗透	安索夫矩阵——市场渗透	现阶段用户	增加使用频率 识别新用途
	体育产品 PLC——成长期	竞争对手的用户	鼓励品牌转换 树立品牌形象 品牌重新定位

通过体育沟通,体育组织想要实现的目标可以概括为两个:体育市场扩张和体育市场渗透。当体育组织试图将现有市场上的非用户(包括从未使用过体育产品/服务的人和流失的客户)转变为用户时,体育市场扩张就与安索夫矩阵中的市场开发和 PLC 中的初始阶段具有相关性,此时战略侧重于提高非用户对体育产品/服务的认识,向他们提供试用机会,并提醒流失的用户他们所失去的好处;当体育市场扩张试图通过进入新的细分市场来实现时,战略的侧重点就变成了体育品牌延伸(在不相关市场中对新产品使用现有的

体育品牌)以及告知消费者可获得的利益。

为了进一步渗透体育市场,可以鼓励现有用户增加对体育产品/服务的消费频率或帮助其识别体育产品/服务的新用途。为了从竞争对手手中抢夺消费者,可以通过树立体育品牌形象或重新定位等方式鼓励消费者对品牌进行转换。

7.2 体育促销组合

在本节中,我们会重点探讨体育促销组合的四个组成部分——广告、人员推销、销售促进(营业推广)和公共关系。人员推销通常采用个人媒介的形式,而广告和销售促进则通常采用大众媒介的形式,但它们现在越来越多地在网络和移动媒体上交互呈现。有一些学者认为,赞助也属于体育促销组合的一个部分,鉴于赞助这种形式越来越普遍以及越来越重要,我们会在第三节中单独对它进行探讨。

7.2.1 广告

体育广告是体育信息传播最常见的形式。虽然广告产生的干扰会妨碍体育消费者接收清楚、持续的信息,但广告确实可以对即将到来的体育赛事或对新产品/服务的消费产生助力。作为非个人的、单向的、付费的沟通方式,广告可以通过多个媒体平台(如电视、广播、报纸、杂志、广告牌、公共汽车、卫生间隔间、网络等)进行发布。相较于其他体育促销组合,预算对于广告拟采用的媒体形式起着决定性的作用。体育广告目标决定了广告预算,而广告预算又决定了体育广告的诉求以何种创意方式呈现,之后体育组织需要选择合适的媒体对广告进行传播,最后还需要对广告的效果进行评估。关于广告方案的制订过程可参见图7.4。

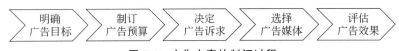

图 7.4 广告方案的制订过程

1)明确广告目标

体育广告的目标是提供容易理解、容易记住且可信的体育沟通信息。具体来说,广告期望能直接或间接地增加体育产品/服务消费。这些目标可以通过开发新的体育细分市场或使当前体育消费者的重复购买来实现。此外,体育广告旨在让消费者对产品提高认识、加深印象或改变态度,这些间接目标中的每一个都期望消费者在随后产生消费行为,从而对体育组织与消费者之间后续的直接接触产生有利帮助。

2)制订广告预算

在制订广告预算时,要考虑广告的性价比。我们平时很少会在电视的非体育频道看到体育产品/服务的广告,因为这种广告的针对性不强,性价比太低。体育频道就不一样了,它的观众大多都是体育粉丝,对体育产品/服务的需求要远远高于收看其他频道的观众,因此,如果广告费相差不远,显然体育频道广告的性价比要更高。广告代理商在构建和传播信息过程中起着重要作用,像 WPP[①] 和 Sport Revolution[②] 这样的代理商因为和媒体频道都有大量的合作,所以拿到的价格必定比其他公司单独议价得到的价格要优惠许多。因此,广告代理商可以有效地利用有限的资源,并且能够使广告与其他体育营销组合要素的结合更加有效。允许代理商在促销和公共关系中提出创造性的意见,可以帮助体育组织进行一体化信息的设计和实施。广告代理商也有能力评估广告活动的影响,或者将此外包给第三方。

3) 决定广告诉求

广告的核心是广告的创意,它需要通过广告的诉求来展示给消费者。它包括以下几方面的内容:①确定体育产品/服务能给消费者带来的利益,如功能、时尚、社交、娱乐等;②设计广告诉求,如健康、情感、恐惧、性、悲伤、兴奋等;③确定广告展示方式,如单面(仅肯定)或双面(肯定和否定,如否定竞争者的产品)、与竞争对手进行比较、反映生活方式(日常场景)、表现技术优势或明星推荐(代言)等。

§ 互动学习 7.1

说出一个你印象深刻的体育广告(电视、广播、网络、传单等都可以)。结合所学内容,说说它为什么能够吸引你。

4) 选择广告媒体

广告能否生动地表现体育沟通信息的主题,能否通过图片、声音和动画产生吸引力,很大程度上取决于选择的媒体。请记住,对视觉或听觉产生的冲击越大,广告内容的"噪声"就越有可能被削弱,从而越有可能从体育目标市场中获得所期望的反应。总的来说,体育营销人员可以通过对以下几个方面的考虑做出对媒体的选择:

- 接触面——广告曝光的人数。
- 收视率——某一时段内收看某电视频道(或某电视节目)的人数(或家户数)占电视观众总人数(或家户数)的百分比。
- 频率——一段时间内广告出现的平均次数。
- 毛评点——印象百分比之和。
- 千人成本——某一媒介或媒介广告排期表送达 1 000 人所需的成本。

这些方面可以帮助体育营销人员判断使用哪种媒体可以最有效地传递体育沟通信息。但是,不能忽视的另一决定因素是信息的基本性质,即视觉和听觉＝TV 或网络视频,听觉＝radio,文本＝报纸、杂志或互联网,其他媒体形式(广告牌)则可以起到补充作用。Kotler 和 Armstrong(2005)对主要媒体类型进行了比较(见表 7.2),它能帮助体育营销人员确定哪个体育媒体渠道能够最大可能地实现体育组织所期望达到的体育广告

---

① 世界上最大的传播集团。
② 国际体育媒体公司,其业务范围涵盖了英国、伊比利亚、亚洲和中东地区。

目标。

表 7.2 主要媒体的优缺点

媒　体	优　点	缺　点
网络	可个性化定制，互动性强，针对性强（可针对某一目标市场）	信息杂乱，难以评估效果
报纸	及时，市场覆盖率较高，可信度高	时间短，信息不易被保存，"再传播"可能性小
电视	市场覆盖率高，后期重复成本小，视听效果好	成本高，信息杂乱，容易被遗忘，无法对受众进行挑选
电子邮件	可对受众进行挑选，可个性化定制，竞争小	无法避免"垃圾邮件"的形象
广播	"当地化"程度高，成本较低	只有听觉效果，容易被遗忘，消费者容易换台
杂志	可对受众进行筛选，专业性强，可信度高，可长期保存，适合"再传播"	发行周期长，成本稍高
户外广告	灵活度高，重复曝光，成本较低，竞争性小	无法对受众进行选择，创意受限

（1）传统体育媒体。传统体育媒体具体包括电视、广播和纸质（报纸和杂志）等形式。这些形式仍然在体育受众的订阅和广告的收入方面占据主导地位。广播在20世纪20年代成为第一个大众传播媒介，将体育比赛现场的声音和体育人的名字通过无线电波传递给体育听众。后来又出现了现场评论、电话参与、辩论等形式，吸引听众收听纯体育电台，如 talkSPORT[①]。当电视在20世纪40年代后期成为主导力量之后，广播就被当作电视的补充媒介。然而，直到20世纪80年代有线和卫星付费电视广播公司（如 Sky TV）的出现，电视节目才出现了真正的热潮。传统的主导频道，如 BBC、ITV[②] 和 Channel 4[③]，已经缩减了体育内容，因为出现了诸如 Sky Sports、Eurosport 和 ESPN 这些专门的体育频道。

文本媒体包括报纸、杂志、书籍和互联网。技术的进步已经使体育消费者越来越亲近电子文本而非最初的纸质印刷物。虽然在英国报纸的流通状况大不如前，但仍然是体育新闻的强大媒介。体育专栏增加了文章内容的深度，然而，不像法国的 L'Equipe[④] 和意大利的 Gazzetta Dello[⑤]，英国无法维持每日的体育报纸。体育杂志可以是每周、每月或每季度，满足一些专业人士的阅读兴趣，但它们往往只能在当地订阅，直接邮寄给订阅者或者可以在网上订阅电子版。体育书籍的销量是很不错的，但越来越多的读者倾向于选择电子书（目前约占销售量的10%）。纸质媒体的商业模式正在改变，因为体育消费者的习惯和行为已经改变了。

---

① 全球最大的体育广播电台。
② 一个覆盖英国、马恩岛和海峡群岛的电视网络。
③ 1982年11月2日成立的英国公共服务电视广播机构。
④ 法国一个全国性的日报，专门用于报道体育，主要涉及的体育项目有足球、橄榄球、赛车和骑自行车等。
⑤ 《米兰体育报》，意大利报纸，致力于涵盖各种体育项目。截至2016年，是意大利最受欢迎的日报。

技术的发展增加了电视传播的魅力。BBC的"红色按钮+"(BBC red button+)是一个很好的例子,它是BBC提供的数字互动电视服务的品牌,这种数字互动服务取代了BBC的模拟图文电视服务(Ceefax),该服务可以通过数字地面电视(DTT)(DVB-T)、卫星电视(DVB-S)和有线电视(DVB-C)进行访问;数字视频录像机(DVRs)通过暂停功能增加了体育比赛实时观看的现场感;HDTV已经逐渐普及,3D电视的数量也越来越多,甚至已经出现了VR电视(不管是不是噱头,至少代表了技术的发展方向)从而可以让观众更能体验到身临其境的感觉。今天的新功能在明天很可能会成为成熟科技,并且会有越来越多我们意想不到的新技术出现,通过这些科技,消费者将获得更佳的体育消费体验,从而增加订阅数量,越来越多的体育受众会看到广告,从而进一步增加体育组织的利润。

两个运动可以反映出电视在体育宣传上的积极作用——足球和英式橄榄球。虽然在某些方面存在争议,但Sky TV从这些运动中获得了巨大的杠杆收益,包括从放弃对足球联赛的转播转向英超联赛。Sky TV的开球时间迎合了电视观众的需求,但让现场观众感到不满。星期六午餐时间开球有时会让球员不开心,并可能给球迷的旅行计划造成困扰。更有争议的是,橄榄球联赛改变了其传统比赛季节,从冬季改到夏季,以适应Sky TV的转播,但这种改变似乎赋予了这项运动新的生命,而且目前看来它似乎还挺"健康"的。

我国体育电视媒体的发展离不开中国体育事业的起步与发展,自从新中国建立后,我国体育事业蒸蒸日上,尤其是竞技体育的发展,例如北京奥运会,给体育电视媒体引进了前所未有的冲劲和发展势头。身为行业龙头老大的央视不仅拥有着经济、政策、人才、节目覆盖率、节目储备、无形资产等多方面的领先优势,而且还控制着国内外一半以上的体育赛事资源以及国外大型重要体育比赛的版权和资源,然而有时候出现很多比赛的直播和资源闲置以及没有档期播放的情况。而热衷于看比赛节目的体育爱好者最终还是选择CCTV-5(央视体育频道),这也是CCTV-5一直在收视率排名居高不下的原因之一。虽然新兴媒体的出现给体育电视媒体带来了一定的冲击,使得体育电视媒体的发展受到一定的阻碍,但是在一定程度上,也促使体育电视媒体在技术上、时间上和空间上有了长足进步,依然受到广大群众的青睐。

在体育场馆的标牌/广告牌上打广告是直接面向场馆观众的一种方式,同时也能通过电视(直播或录播)将广告信息传达给电视机前的观众。作为交易内容的一部分,体育赞助商(如欧冠联赛的赞助商)在比赛场地拥有绝佳的广告地理位置。不过,百叶窗广告牌的发明为更多广告提供了展示机会。此外,LED、液晶广告屏等向体育组织提供了一次性或短期的体育广告选择。

(2)新体育媒体。新体育媒体是指能够实时发送和接收数字内容的设备。主要的形式是基于网络和移动通信的载体,能够向体育消费者提供创新的个性化体育沟通信息。在网络和移动平台上利用体育权利已经变得比在传统体育媒体平台上更加便宜。移动电话(特别是智能手机)就具有这样的特征,不仅仅在家里可以用它们收看体育节目,在外面也是一样。新体育媒体的全球发展趋势是体育权利持有者获得海外收入的重要机会，这是体育营销人员不能忽视的一个契机，例如印度和中国的移动通信市场发展迅速，而他们都喜欢收看欧洲的体育节目，在海外市场的实况转播权收入是诸如 NFL、英超联赛收入增加的关键因素。

新体育媒体使任何规模的体育组织都能够直接接触他们的目标市场。地理距离并不会导致体育媒体沟通信息量的增加，也不会影响沟通的速度。平台之间的交互已经实现（比如从 PC 到智能手机），并且通过论坛、博客等进行的交互式沟通正在迅速增加。这种交互可以为志同道合的人在世界范围内建立"虚拟社区"，从而让"多对多"的网络沟通取代传统大众媒介"一对多"的形式（Croteau& Hoynes,2003）。体育营销人员现在的主要关注焦点是如何渗透这些社区以识别出每个潜在的体育消费者。

Smith(2008)认为新体育媒体营销有六个关键要素：

- 个性化定制——有针对性地向体育市场传播体育营销信息以及提供体育产品/服务，比如 Bont 人性化设计的热塑功能。①
- 模块化——灵活且反应迅速，使信息传播流畅，如有效的体育电子售票系统。
- 创意宣传——富有创意的体育品牌宣传会让品牌深深"刻"在体育消费者脑海中。
- 网络沟通——促进虚拟社区的形成，如 Facebook、粉丝论坛、博客等，以开发更强大和更可信的沟通渠道。
- 包容性——虚拟社区可以让体育消费者产生归属感，如 Fulham FC② 粉丝论坛（www.friendsoffulham.com）。
- 选择性——并不是每一个体育消费者都能够获取体育组织的沟通信息，当体育消费者在获得接收体育沟通信息的许可后，他们会感觉受到重视，对体育营销活动的回应会更加积极。

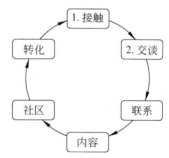

图 7.5 新媒体市场营销过程

新媒体市场营销过程可以通过图 7.5 来说明（改编自 Smith,2008）。该过程的第一步是体育消费者通过传统或新体育媒体形式接触（contact）到体育沟通信息；接下来，体育消费者会就信息内容与其他用户进行交谈（conversation），共同兴趣将他们联系（connection）在一起；然后人们在寻找相似内容（content）的过程中形成共性度更高的社区（community），继而会有一些人转化（converts）为体育产品/服务的体育消费者。转化者可以宣传体育产品/服务的好处，以发展更多的"接触"，从而进入一种良性循环。

① 体育网站。体育网站无所不在，因为作为一个体育组织，如果连一个官网都没有，

---

① Bont 是澳大利亚品牌，其锁鞋可以根据不同消费者的脚形让消费者用烤箱自行塑形，做到鞋身与脚的完美贴合。
② 富勒姆足球俱乐部，是一支英冠足球俱乐部。

那么对于许多体育消费者而言根本无法感受到你的存在。一个官网必须是一直可用的，并载有体育组织认为对其关键公众而言的所有重要信息。为了让目标受众有效利用，一个体育组织的官方网站必须能做到以下几点：

- 存在性——能让消费者意识到企业的存在。
- 易搜索——很容易在网上搜索到。
- 可用性——网站容易进入，有导航且每个链接都是有效的。
- 吸引性——对访问者而言有吸引力。
- 有用性——所载信息是消费者需要的。
- 安全性——能保证访问者的信息安全。
- 功能性——具备某些业务功能，如订票。

从根本上说，任何体育组织的网站都应该讲述该体育组织的故事，回答体育消费者的问题，提供清楚的联系信息，展示良好的第一印象，并吸引那些之前不经常访问的体育消费者。但是就算在今天，仍然还是有一些网站无法完全达到上述标准。作为一名体育营销人员，你需要一直站在体育消费者的角度去思考问题，对于体育网站上产生的任何错误都不应该存在任何借口。

§互动学习7.2

选择三个不同的体育官网，看看它们是否达到了上述的七个标准。阐述一下网站体验的感受，是不是在每个网站上都出现过一些相似的问题，给出相应的改善建议。

② 社交媒体。每个新体育媒体平台背后的技术发展速度都是相当惊人的，并将一直以这种惊人的速度持续发展下去。移动通信技术带来了短信、彩信、电子邮件、互联网、视频流、视频通话、无线网络和4G。华为、iPhone、三星、小米等智能手机提供了满足目标市场需求的硬件，体育营销人员正在努力用这些技术吸引更多足球场内和场外的球迷。与此同时，这些技术也为体育赞助搭建了非凡的移动平台，平台已经改变了新体育媒体的能力，将社交媒体推向最前沿。体育营销人员早已开始利用Facebook和Twitter的社交功能管理粉丝社区了，他们已经意识到，对球队、球员和联赛的热情将创造数以百万粉丝的支持，它们就像扩音器一样，以最大的性价比收获最热情的球迷。

有几个与体育消费者和体育营销人员相关的重要平台——Facebook、MySpace[①]和LinkedIn[②]，微博以及腾讯社交工具（QQ和微信），它们通常被认为与潜在体育消费者接触的可能性最大；体育迷经常会登录博客和论坛；Twitter有许多体育明星，还有他们不断增加的粉丝。

截至2017年6月，Facebook的用户数已超过20亿。Facebook上的"人以群分"意味

---

① 成立于2003年9月，是目前全球第二大社交网站。它为全球用户提供了一个集交友、个人信息分享、即时通信等多种功能于一身的互动平台。

② 即"领英"，成立于2002年12月并于2003年启动。它是全球最大的面向商业客户的职业社交网站。

着体育组织很容易找到目标群体,并通过广告和参与社交聊天,尽可能地展开商业活动。体育组织正在努力占领体育消费者的社交空间。他们创建官方Facebook,提供交互功能,将官方图片、视频、投票、页内应用程序和大量的图表很好地结合在一起。体育消费者越来越依赖于官方的Facebook获取他们想要的信息。官方Facebook还通过体育赛事/游戏、采访和独家内容(如球队照片和高清视频)的发布,让球迷大饱眼福并且可以与他们的朋友分享。

Twitter诞生于2006年,用户可以发表140个字符的消息让"粉丝"看到。在2010年就已经每月拥有1.9亿的访问者,平均每秒发布750个推文。2010年6月14日在南非举行的2010年世界杯上,在日本对喀麦隆比赛之后的30秒内,创造了每秒2 940次的推文纪录(Miller,2010)。截至2016年,Twitter每月活跃用户超过3.19亿。尽管Twitter背后的哲学问题和日常生活中的"自恋""平庸"等词相关,但作为体育公关工具,体育实体(运动员和体育组织)确实离不开它。Twitter让"粉丝们"有机会看到顶级体育明星的日常生活,以及体育明星和赞助商的宣传信息。推文已经成为体育杂志和体育网站上体育新闻的基础,很显然,Twitter已经成为相当重要的体育传播媒介。

2017年3月6日,NBA宣布和微博结成长期合作伙伴关系——微博成为NBA中国官方社交媒体平台,双方将共同推出NBA赛事实时短视频、比赛集锦、原创节目以及互动产品。腾讯在体育营销方面也毫不示弱。2018年9月22日,随着北京站圆满落幕,历时5个月、由腾讯体育主办的2018特步企鹅跑完美收官。腾讯拿起了自己最擅长的"社交牌"。众所周知,腾讯旗下的QQ与微信在中国社交网络中有着举足轻重的地位。如今,企鹅派对跑将腾讯的基因衍伸到了线下,让人们的社交变得更加直接而亲密。2017年,企鹅跑便以"社交"作为赛事属性上线,它不仅仅是一项简单的跑步赛事,更是以体育为主题的社交平台,在这个平台上,将连接运动与社交、线上与线下,打造年轻、时尚的社交场景。赛事突破性地打造最适合年轻群体的社交环境,参赛号即跑者的QQ号,让交友更简单、更直接。

发达的技术继续延伸到其他媒体平台,例如通过优酷、土豆等网站上传视频和其他人共享,现在还有像斗鱼、虎牙等多个直播平台。直播平台支持生产和使用直播视频流,虽然这种媒体的画面质量存在一些问题,却让体育组织规避了对直播权的购买(参见下面的案例学习)。实际上,它可以为专业运动团队提供良好的体育公关机会,可以在线向球迷们展现运动员、教练的日常生活,同时进行互动——在中国谁会是第一个吃螃蟹的体育明星或运动队呢?

除此之外,还有抖音、快手等短视频媒体,也逐渐成了企业体育营销的兵家必争之地。体育短视频内容已经获得了大众与市场的青睐,抖音平台上如今融合了科普、搞笑与生活感的体育短内容,正在以更为直观、立体的方式激发人们对体育的热爱,与用户建立起新型的互动沟通方式。在2020年12月23日的ECOTIME体育年会上,抖音体育在年会短视频峰会环节,重磅发布了《2020抖音体育生态白皮书》。数据显示,截至2020年10月,抖音体育内容投稿量超过6亿,累计播放量超过2万亿,互动量超过500亿。同时,抖音入驻运动员数量同比增长56%。潘晓婷、朱婷、邓亚萍、王楠、林丹、吴敏霞、杨威等体育明星都在通过抖音记录自己的美好生活,用短视频的方式与网友交流,为自己打开新的人气及商业窗口。

案例学习

被选择性忽视的版权,或许决定了直播平台生死

在2016年8月举行的里约奥运会上,出现了一批直播平台的报道大军。如映客、花椒、一直播等就多次通过直播的形式,采访了如菲尔普斯、跳水情侣何姿秦凯等名角,一时风头大有盖过传统电视台和视频网站的趋势。

但需要注意的是,真正拥有赛事直播权的互联网公司却是腾讯和阿里两家。版权、侵权等问题,在直播平台野蛮生长的时候,又一次被"创业者"们选择性忽视了。

1. 赛事直播侵权事件缘何频发

为了这场奥运直播,腾讯、阿里是花了大价钱的。

由于央视在2016年欧洲杯赛事中没有版权分销措施,让各家视频平台一度做好拿不到奥运网络转播权的准备。可到了7月20日,央视突然决定分销里约奥运会网络播映权。据媒体报道,这项将比同步直播延迟半小时播出的非独家奥运新媒体版权要价1亿元。腾讯和阿里最终获得了网络播出权,由此腾讯视频和优酷土豆得以在奥运会期间向用户提供互联网直播。

1亿元拿下的版权,并没有让腾讯和阿里得到特别明显的奥运红利。反而,没有版权的视频站点则开始各出奇招。各路视频站点和直播平台,采取各种各样的路数,甚至还形成了更为庞大的传播矩阵。比如新浪,就打出"社交奥运",微博、门户、一直播、秒拍等渠道组成新浪奥运内容产生与分发的重要矩阵。

"乍一看,似乎腾讯、阿里成了冤大头,1个亿也没形成出差异来。"业内人士称,过去许多没有拿到采访证的电视台,大多会采取让记者以观众的身份进入赛场,录制或直播一些比赛片段,做成新闻。而现在直播平台用一部手机就能进入赛场低成本地直播比赛,而且是全程的、实时的,再配上解说,其实就是通过互联网把新闻连线和直播的边界模糊了,但其中藏着很强的版权隐忧。

媒体人谭敏则指出:如果一台直播车加上几个记者站在看台上就能进行赛事直播的话,过去电视台们早就行动起来了。恰恰是因为尊重版权,才没有乱入。同时谭敏也认为:真正的直播还是要讲求位置的,只有在最好的视角进行拍摄,才能给用户一个最好的直播体验,这也是直播版权价格高昂的原因之一。

可在网络直播时代,顶着共享免费、全民直播的帽子,直播平台和各类主播早就开始乱入且忽略版权,而且这种状态已经持续许久,尤其是在游戏直播上。

2. 直播的混战江湖

网上流传着一个段子:"直播发于秀场,兴于网红,盛于明星,衰于广告,毁于色情。"

自网络直播行业出现之日起,便不断有"忘关摄像头当众换衣""故意裸露隐私部位",以及"知名主播怂恿女主播脱衣服"等不雅视频流出。这些博出位的举动,在平台竞争日益激化的今天,已经因效用不大而逐步淡出公众视野。

相关行业数据显示,2015年至今,全国在线直播平台数量超过200家。其中网络直播市场规模为90亿,覆盖用户达到两亿。大型直播平台每日高分时段同时在线人数突破400万,直播房间数量超过3 000个。另据文化部数据显示,2016年中国的网络直播企业数量持续保持增长,几乎每周都有一两个企业进入这个行业。

与此同时,烧钱也成为直播的关键词。据媒体报道,虎牙直播2015年亏损达3.87亿元,龙珠直播亏损5 212万元,斗鱼TV也同样处于烧钱亏损的状态。这样的激烈竞争和烧钱大战,也使得每个直播平台都在想方设法寻找优质的资源,版权擦边球也打得极为猛烈。

以直播最初的风口电竞为例,各大平台上的电竞直播都笼罩着侵权疑云。2016年5月,耗时一年之久的斗鱼直播侵权案终于尘埃落定。二审法院做出了"驳回上诉,维持原判"的判决。斗鱼直播需向耀宇公司赔偿经济损失100万元人民币和维权的合理开支10万元人民币,同时要在斗鱼直播网站首页显著位置刊登声明,消除不良影响。

这个被称为"电竞赛事直播侵权第一案"的事件并不复杂。耀宇公司与该游戏代理运营商完美世界共同打造2015年DOTA2亚洲邀请赛,耀宇公司获得该赛事在中国大陆地区的独家视频转播权。而在未经授权的情况下,斗鱼公司旗下主播通过客户端旁观模式截取赛事画面,配以解说的方式实时直播了该赛事。

"许多早期的网红主播都是这么干的,在大多数观众眼中,这样的解说就属于二次创作,成了全新的文创产品。"业内人士指出,一些直播平台的高层也往往认为,平台主播是以一个普通观战者的视角,在合法观看完美世界推送比赛画面的基础上,加入自己的点评,分享给自己的粉丝,不算侵权。其实这就是在玩文字游戏,可以合法地观看比赛,并不等于可以在无授权的情况下直播。

谭敏更做了个类比,以此推论,买张电影票就能去电影院观影,是否主播在一旁做着解说就可以直播电影了呢?"无授权有弹幕的电影,也是盗播,类似这样的直播也是一样。"

3. 从简单侵权到高仿山寨

然而在司法领域,对于这样的无授权赛事直播依然没有精准的界定。如斗鱼直播侵权案,上海市浦东新区人民法院和上海知识产权法院在一审、二审中均以斗鱼公司构成不正当竞争为判决落脚点,而非侵犯著作权。

可在2015年"新浪诉凤凰网赛事转播案"中,北京市朝阳区人民法院曾认为,体育赛事转播画面属于著作权法意义上的作品。但必须知道的一个背景则是,2003年国家体育总局即将电子竞技列为第99个正式体育竞赛项目。

在2016年8月27日由中国互联网协会调解中心主办的"电竞赛事知识产权保护研讨会"上,数十名从事知识产权审判的法官和业界人士,同样对电竞比赛直播和电竞游戏的知识产权保护问题各有主张。但与会专家对盗播赛事直播节目是违法行为的性质判断没有分歧,只是在保护方式上观点有别。"显然,这个共同认定其实也就搁置了争议。"游戏主播美荧如是说。

但这种简单加解说或截取画面的直播形式,正在随着直播平台的竞争加剧,而变得越来越没有吸引力。反之,直播平台开始在版权上出现了三条路线。

其一是大量购入直播节目版权,或通过技术门槛形成版权壁垒,提高整个行业的准入门槛,淘汰劣币。如花椒直播开设 VR 频道;来看星引入韩国三大电视台之一的 MBC 旗下的独家综艺直播节目,用纯正韩流来刷韩粉。

其二是利用原创独家直播来积蓄用户黏合度。如一直播的王牌栏目《静距离》,作为连播 16 年的顶级综艺节目《超级访问》的金牌主持,李静在年初栏目停播后,只身进入直播领域,继续延续了其昔日在综艺节目中的专业素养,坚决不类似其他网红主播那样,一个人在战斗,而是频频邀请名人如马丽、傅园慧作为嘉宾,把《超级访问》的综艺形式在直播中再次显现。而在战旗 TV,其原创直播节目 Lying Man,从 2015 年 5 月起至今,共已播出四季,现已积累了 6 000 多万收视数据,其特征就是让过去只是很小众的电竞比赛,通过将传统综艺的路数、娱乐明星的插科打诨引入进来,变成一场真人综艺秀,其第五季(2016 年 8 月)首播便达到 372 万在线收视数据,而前四季总观看人数更达到 6 000 万之巨。

其三则是部分优质直播节目遭遇"山寨"。在 2016 年 6 月,战旗 TV 曾公开发表声明,称熊猫互娱文化有限公司旗下新节目严重抄袭战旗原创节目 Lying Man,尽管该事件并无最终定论,但也揭开了当下直播平台开始在自主打造直播节目之时,借鉴或山寨同行或传统媒体优秀直播节目的盖子。

"这本也是行业从泥沙俱下到逐步出现优胜劣汰过程中的必然过程。"谭敏称,"过去电视台就有过'某台抄港台,全国抄某台'的往事,而这种程度的山寨,或许能够真正让直播的内容逐步优质化和差异化。毕竟,谁也不想看只是脸不一样、演技略有差别的翻拍片。"

(资料来源:https://www.huxiu.com/article/166235.html)

通过 ISMC 组合使用社交媒体作为体育营销媒介,可以实现"病毒营销"。病毒营销是利用社交媒体,让营销信息像病毒一样传播和扩散,让营销信息被快速复制传向数以万计、数以百万计的观众,在短时间内像病毒一样深入人脑。这种"让大家告诉大家"的运作模式,是几乎不需要费用的网络营销手段,通过别人为你宣传,实现"营销杠杆"的作用。

不论是传统体育媒体还是新体育媒体,所有媒体形式都能测量出受众群体的规模,例如体育比赛节目的订阅人数、体育出版物的实际销售数量以及网站上的点击率,等等。广播公司和广告商可以根据观众规模测算出这种规模的受众能在多大程度上带来多少广告收入,通过估算投资的成本和收益,从而做出广告投资决策。随着网络和移动通信的出现,体育媒体行业的变化意味着对体育权利的管理变得越来越困难,其中一个困难在于广播公司需要找出对于特定的体育权利而言,使用哪个体育媒体平台能够达到最好的效果。受众规模是特别需要关注的问题,因为新兴的体育媒体形式造成了越来越分散的体育市场,越来越多的体育节目和 24 小时全天候播放的体育频道意味着小众运动有机会引起受众的关注。这种发展将新的体育观众带入市场,但同时也意味着一些现有节目失去了一部分观众。

5)评估广告效果

评估广告效果主要包括评估广告的传播效果和广告的销售效果两个方面。传播效果是指体育组织需要通过市场调研了解消费者对广告的知晓程度以及偏好程度,以及消费者是否对广告产生了反感或厌恶;销售效果主要通过对一系列销售数据的收集和分析找出广告费用的开支是否起到了应有的销售效果,是否有效地提高了产品的销量或市场份额。相较于传播效果,销售效果的测试相对而言是较难的。这是因为销售的增长可能是由多方面的因素共同引起的,例如其他促销组合要素的使用、竞争者退出市场等,因此很难将"广告"对销售额起到的推动作用从综合效果中独立出来。

7.2.2 人员推销

人员推销经常被认为是一种直销的形式(所以有些书籍会在分销策略部分提到它),是因为它是一种人与人面对面的交流——体育营销信息从人到人进行传播,并且马上就能得到回应。人员推销需要专业的体育促销技巧,需要特定的个人技能,如倾听、同情和交际能力。其在体育市场营销中通常在 B2B 时采用,集中服务于企业赞助、企业款待和集团销售(见图 7.6)。

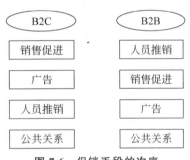

图 7.6 促销手段的次序

对于许多体育产品/服务,人员推销能够确保分销渠道中的"高价值性"。尽管网络销售在增加,但许多体育品牌的销售仍然以专卖店为主要销售渠道。专卖店销售有助于发现新的体育市场机会,可以扩大体育品牌对早期和晚期大众市场的曝光度。冲浪装备品牌 Protest 英国专卖店的销售业绩非凡,就是因为其有效的人员推销让该品牌被更多的消费者了解。当体育和时尚以产品为载体产生碰撞时,当合适的分销渠道被找到时,其销售潜力是巨大的。人员推销可以与销售促进相结合,例如打折或免费样品,用以让体育消费者"体验"消费。与其他体育营销活动一样,在人员推销过程中实现消费者对体育产品/服务的满意是至关重要的,因此要注意不要在人员推销过程中过度吹嘘可交付产品/服务,要对自己的言语负责。

7.2.3 销售促进

销售促进是直接诱导体育消费者产生即时购买行动的过程。它是基于价格因素(如优惠券和折扣)或非价格因素(如比赛和赠品)的短期体育促销活动。除了提高销售额,销售促进还可以起到的作用有鼓励消费者试用、刺激重复购买以及使分销变得更加有效。

对营销人员而言，重要的是考虑想要实现的体育促销目标，然后通过使用具体的销售促进策略实现它。例如在表 7.1 中，增加重复体育消费——体育市场渗透战略——可以通过非价格激励，如赠品和比赛来实现；提供试销的机会——体育市场扩张战略——可以通过基于价格的激励，如优惠券或其他折扣来实现。一定要注意销售促进必须是"短期"的，因为它不允许体育消费者对此产生依赖性。销售促进的常见方式包括优惠券、折扣、赠品、免费样品和比赛。

1. 优惠券

优惠券指对基本产品、餐饮或两者的混搭提供价格优惠。之前通常采用纸质印刷物的形式，常见于报纸、杂志和街头赠送，近年来随着网络支付的普及，越来越多地以可下载的形式出现在网络上，可通过手机进行使用。当通过大范围的传播媒体（如全国性的杂志）发布优惠券信息时，它的适用范围就是全国范围内的体育消费者，而地方报纸优惠券则仅适用于本地体育观众，媒体渠道的覆盖面将影响体育组织的选择以及是否能够成功。较为常见的优惠券是对基本票价进行操作（如两人同行一人免单或者儿童免费等），免费或打折的餐饮同样也可以用来提高观众数量。在不增加额外成本的情况下，后者可以用来刺激茶点的销售（如购买每一包乐事薯片免费送小杯可乐），票价优惠可以提供给团体，以增加上座率和其他相关产品的次级消费（如球队 T 恤等）。很多时候，优惠券都是在不太受欢迎的体育项目以及每周的"淡季"使用（星期一或星期四）。但是，体育营销人员同时也需要注意使用优惠券可能造成的负面影响，因为体育消费者可能会对优惠券产生依赖或者认为体育产品/服务质量有问题所以才会优惠，从而形成对体育产品/服务形象的否定。

2. 折扣

折扣通常指在有限时间内（如第 5 章中提到的 Warrington Wolves 队的例子）或为大批量购买提供较低的价格。在现实生活中，有的折扣直接提供给体育消费者，有的折扣则提供给大批量购买的第三方中介——通常是体育设备和服装的零售商或体育活动门票和酒店的供应商等。体育比赛的团体旅游也通常会享受折扣，例如购买 10 张或 20 张票获得一张免费票，等等。

3. 赠品

赠品被视为一种非价格激励。这种措施在英国比美国少见，通常在大众参与的跑步比赛终点会提供免费的体育产品/服务，在少儿体育比赛中也较为常见。赠品可以是各种各样的（如帽子、冰箱磁铁、海报、运动水壶等），但必须是有价值的东西。赠品的目的是吸引新的体育消费者以及提高现有体育消费者的消费频率。它可以用来奖励忠诚的体育消费者（如集齐多张门票可以换取纪念品）或结合主题活动使用（如 100 周年庆）。但是赠品存在着一个不可避免的问题——成本，一个英格兰足球联赛俱乐部在发现了他们的成本问题之后，想出了一个招数：当没有足够数量赠品的时候，就把发放赠品的条件限定在前 100 名、500 名或 1 000 名观众，以避免向 52 000 名观众赠送围巾。

4. 免费样品

免费样品也是一种非价格激励，可以导致体育消费的即时增长。生活里的免费样品比比皆是：能量食品通常与体育期刊合作，在邮寄的体育期刊中放入一个能量食品的免费样品；一个免费的高尔夫球、网球或一次免费的瑜伽课程增加了体育市场扩张或体育市场渗透的可能性；体育组织通过让季票持有者免费试用一次高级座席，以鼓励其对消费进行升级。

5. 比赛

比赛同样是一种非价格激励，经常被用作半场娱乐（如点球、单手上篮等），获胜者将赢得奖励。中场抽奖也是英国体育比赛过程中经常使用的有效手段。基于网络的比赛也很受欢迎，因为它可以用来奖励更忠实的体育消费者，让消费者通过这种方式在网上关注比赛或团队的相关信息。2010年约克赛马场就从提前购买门票的观众中抽取幸运者，向其提供双人纽约游，包括来回航班、汉普顿酒店四晚的住宿以及Saratoga赛道为期三天的比赛门票和午餐。

使用销售促进可能会产生一些负面影响：首先，成本的影响肯定是最突出的。不论是基于价格还是非价格，都会导致成本的增加，因为提供的东西增加了，但是如果低票价带来了可观的销售收入，这种成本的影响就可以忽略不计，而且有时候这种成本也可由赞助商（如装备供应商或饮料供应商）来承担。其次，在销售促进活动之后，体育消费通常会下降。季票持有人的利益可能会因为体育组织向低参与度观众提供价格激励而受损，但是提前向他们解释往往可以获得理解与支持。例如，Doncaster Rovers足球俱乐部对特定比赛价格折扣的解释是：为了提高观众数量，为球队赢得更大的支持，他们会将增加的收入全部用以投资球队，从而帮助他们晋级英超。俱乐部主席也保证，如果俱乐部晋升到英超联赛，所有季票持有人将获得一张免费季票，并且主席承诺亲自为这个保证提供资金。显然，这种真诚、衷心的解释，容易获得观众的理解。

§ 互动学习 7.3

你曾经遇到过价格或非价格的销售促进吗？

它们是怎样"煽动"你的？你对此的反应如何？

你认为体育组织期望通过这些销售促进达到怎样的效果？

7.2.4 公共关系

体育公共关系（public relations，PR）是一个重要且多功能的体育营销沟通工具，它构成了整合的体育营销沟通（ISMC）组合的内在部分，为体育实体向每个关键目标市场传播体育信息增添了一个"人"的维度。作为社会实体的体育组织或个人，其在目标市场上的形象受到了诸多因素（如其体育明星代言人或人们对相关运动的一般看法）的影响。体育公关则试图控制这种形象，通过呈现运动、运动队或运动员最好的一面来保持他们的正面形象。

体育公关旨在建立并保持与关键人群(员工、股东、体育消费者、赞助商、媒体等)长期的互利关系,它通过加深公众对体育实体的理解、改善体育实体在公众心目中的形象和声誉来增强体育沟通信息传播的可信度。体育公关在体育明星的事业发展过程中起到了异常关键的作用,全天候不间断的 24 小时媒体,都在寻找明星的故事用以丰富它们的节目。体育公关对体育组织而言不是可有可无的,它可能是体育组织主动采取的行动,也可能因被动的危机事件而迫使体育组织采取行动,但不管哪种情况,体育公关都不是一个可选项而是一个必选项。随着体育产业的发展,体育公关也向市场提供了很多职业发展机会,如形象维护、合同谈判、体育危机管理规划以及媒体培训等。

近年来,媒体技术的发展改变了全球信息的传播速度,使体育实体面临了一些新的挑战。体育媒体的日益强大意味着体育产业的每一部分都在镁光灯下呈现给大家。体育实体的每一个动作,特别是明星运动员,无论是他们的体育行为还是私人生活,时刻都在被记录和报道。这种压力使他们不得不在日常生活中呈现出"最好的一面",谨言慎行。体育公关致力于从主动和被动的角度来解决这些问题,因此,越来越多的体育实体都在考虑战略性的体育促销组合。

1. 公共关系的定义

公共关系有许多定义,在这些定义里通常都包含诸如"相互"和"互惠"这样的词,用以描述体育实体与其各种公众的关系。根据 ISMC 的概念,体育公关关系从根本上说仍旧是一种沟通媒介,用于向公众展示体育实体的"故事"。本书将体育公共关系定义为:"管理体育实体与其内、外部关键公众之间的信息流,以最有利的方式向公众呈现体育组织的形象,并与其建立互惠关系"(Pederssen,Miloch & Laucella,2007,p.261)。图 7.7 标识了体育实体必须通过公共关系来进行"对话"的各种公众。

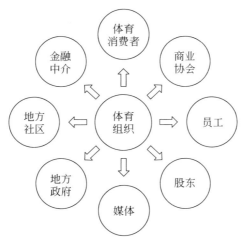

图 7.7　体育组织面临的各种公众

体育公关致力于促进体育实体的良好形象,这种良好形象使专业运动员从赞助中赚到的钱比从体育合同中赚到的还多,也能使体育组织获得竞争优势。因此,体育公关咨询

学一学"乐动体育"如何做慈善的吧!

公司的职责就是控制公众对体育实体的看法,以确保正面形象的建立。体育公关对于知识产权的保护至关重要,"知识产权"用来描述个人/团队/联赛的姓名、标志、肖像等受法律保护的内容,它能表明体育实体形象的品牌价值,体育公关的作用就是保护这些体育品牌的价值。

总而言之,体育公共关系:

- 不仅仅是与新闻界或媒体打交道,它还包括了公司、金融、营销、社区和内部活动。
- 是必需的而非选择性的。
- 关注声誉/信誉。
- 主动制定和/或被动反应。
- 不是体育实体如何看待自己,而是公众如何看待体育实体。
- 是双向过程。

接下来的内容,我们将围绕公共关系以上的特征展开论述。

2. 公共关系的功能

体育市场的环境意味着体育实体(特别是运动员),必须社交能力强、精明且谦虚。一些人必须努力工作,在其领域内树立一个良好的榜样,为每个公众呈现一个良好的形象,运动员的公关成功率往往与他们处理媒体和公众关系的能力成正比。

随着时间的推移,许多体育运动会变得不再流行。例如,板球和斯诺克等曾一度陷入低谷,但是体育公关通过开发新品牌,如 Twenty20 板球和强力斯诺克,通过在电视上呈现富有吸引力的节目,通过向观众展示运动员的才能,使这些运动重新焕发出生命活力。

体育公关有很多功能,以下是 Mullin(2007)等学者提出的主要功能:

- 通知和沟通——体育公关用于保持公众与体育组织的联系,这是体育公关最基本的功能。
- 塑造和强化形象——这是一个复杂的功能,体育组织试图向其公众表明自己的体育产品/服务是高品质的,在体育产业中占据重要地位,且自己是一个具有社会责任感的"公民",这就是有如此多的体育组织都积极参加慈善活动的根本原因。
- 促进员工关系——外部有利于企业的信息可以鼓舞员工士气,但更重要的是,能让员工更忠实地为企业服务。
- 获得政治或大众支持——使公众能够理解体育组织在所有业务方面的特色和需求。
- 招聘和发展业务——让潜在的员工认识到体育组织能够提供的所有机会;还可以为体育场馆带来更多的娱乐和商业活动以实现每天创收。
- 推出新产品或创新——展示新的体育产品/服务,使其成为体育目标受众生活方式的一部分。
- 引发和收集反馈——包括公众态度、体育消费偏好、社会活动及其对体育组织的影响。
- 应对危机——影响公众对危机中体育实体行为和话语的理解方式。

在所有运动中,总有一些特定的运动员可以称为该运动的标志性代表。例如,一提到游泳我们就会想到菲尔普斯,提到网球就会想到费德勒、纳达尔、威廉姆斯姐妹,等等。体育公关专业人士为了帮助这些运动员树立正面的形象,他们首先需要建立这些运动员的"知识产权",然后通过创造"英雄"将运动员变成"故事",体育公关的目标才能得以实现。理解战略性体育公关哲学非常重要,它可以帮助体育实体在全球体育市场上吸引媒体和支持者的注意。

3. 公共关系的相关概念

体育公关包括两个战略重点:基于媒体关系的战略和基于社区关系的战略。本书将在后面对此进行详细的阐述,首先我们需要了解体育公关的一些基本概念,包括说服和感知、体育声誉管理、体育关系管理、体育问题管理以及体育危机管理。

1) 说服和感知

Seital(2001)认为每个人对自己生活的大多数方面都没有很强烈的意见,但意见一旦形成就很难改变。"意见"受到"证据"的影响,例如事实和数字(团队/个人/体育组织的业绩)。信息的性质可以影响不同公众对体育实体的感知。例如,可以向高参与度公众增强体育实体的媒体曝光力度以促进其与体育实体的亲密关系,即忠诚度。如果团队自己拥有媒体,如MUTV①和切尔西电视台,可以将明星球员独家采访的视频直接呈现给公众。这些体育媒体频道可以为自己的团队提供可信赖的服务,可以控制体育沟通信息。了解每个公众的看法并向他们提供具有说服力的信息是体育公关战略的一个基本组成部分。

2) 体育声誉管理

体育声誉管理用于保持或增强体育实体的品牌形象。积极的声誉是非常宝贵的,需要培育和保护,因为一旦声誉受损,要想再行恢复,几乎是不可能的。具有良好声誉的体育实体会被赋予更多的自由。良好声誉的另一个好处是当体育实体经历危机时,它给体育组织带来的后果将不至于那么严重,因为之前已经建立起一定的信任度,体育公关专业人员称之为"信誉存款"(credibility on deposit,COD)。一个想要建立良好声誉的体育实体需要以相互关系为基础,因此,体育组织必须学会倾听公众的声音,这是任何体育公关战略都需要一直贯彻的。Hopwood(2005)认为,声誉在关系中产生,而关系则在朋友和伙伴中生成。因此,已经与体育实体存在一定关系的许多公众(如赞助商),对于体育组织的关系营销而言是至关重要的。

3) 体育关系管理

发展关系需要时间,同时发展关系也是最重要的体育公关实践。体育组织中的每个人都需要参与关系的建立,从而为公众对体育组织的忠诚度做出贡献。关系营销的核心是关系管理。Smith(2008)提出了关系营销的七个组成部分:

---

① 曼联电视台。

- 关系或初始吸引力的建立。
- 关系的维持或保持。
- 关系的发展或加强。
- 各方之间的交流与合作。
- 长期关系的潜力。
- 关系里的情感元素,如承诺和信任。
- 关系的潜力对各方而言的利益。

关系营销重视客户关系的长期价值,它将体育沟通延伸到侵入式广告和销售促进的能力范围之外。互联网和移动平台的繁荣意味着关系营销的持续发展,因为技术的进步带来了更多形式的社交沟通渠道。

如图 7.8 所示,与关系营销相关的一个重要概念是"关系营销阶梯"(图中的"客户"取最广泛的定义,即每个公众)。体育公共关系计划的目标是将不知道体育组织的公众变成满意的、经常性购买的"伙伴"。社交媒体营销有可能涉及"忠诚等级"的每一个阶段,例如,"嫌疑人"浏览微信朋友圈,观看朋友转发的文章或视频标题;"期待者"会对朋友圈的文章或视频产生兴趣从而点进去阅读或观看;"客户"会收藏相关微信公众号;"回头客"会对微信公众号进行点赞和留言;"支持者"会将公众号介绍给其他朋友,帮助公众号推广。

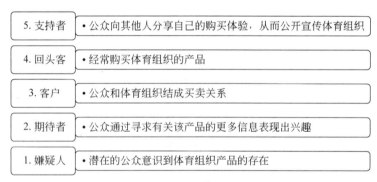

图 7.8　关系营销阶梯

4）体育问题管理

实施问题管理的体育实体可以防止"信誉存款"的流失。问题管理"是对影响(体育)组织与其公众关系的公共政策问题,进行预测、识别、评估和反应的主动管理过程"(Cutlip, Center&Broom,2000,p.17)。此外,问题管理还包括寻找未来可能影响到体育组织的趋势或问题,并采取措施使体育组织在市场上处于更加有利的位置。问题管理的一个例子是,一个名叫 Andrei Kivilev 的自行车手在 2004 年的巴黎—尼斯赛中死亡,直接导致了在专业自行车赛中强制佩戴头盔。国际自行车联盟(Union Cyclist Internationale,UCI)还扫描了环境中其他的相关信息,然后应用调查结果以防止未来可能出现的其他问题。这项政策已经取得成功,因为此后再也没有发生过类似的悲剧。此外,UCI 正确且及时的处理在公众的心目中创造了正面、积极的形象。

如果正确地执行问题管理，可以避免潜在的危机，从而减少对危机管理的需要（见后），因此问题管理是体育公关战略领域内的预防术。体育公关部门找到一个可能存在的问题，并在问题出现和升级之前就采取预防措施，早期识别和早期干预对成功的问题管理而言至关重要。

体育组织应采取环境扫描以收集与体育组织和公众有关的信息。体育公关战略的基础是监测体育行业环境、趋势和问题，并使体育组织与这些信息相适应。然而，即使有时在环境扫描期间收集的信息并不真实，体育组织也不应忽视这些信息，因为谣言可能与真实事件一样具有毁灭性，因此体育组织应制定出针对谣言的策略。

5）体育危机管理

危机是问题或事件带来的更好（如竞争对手的危机）或更坏的转折点，它有可能产生广泛而长期的影响。运动员、教练或体育组织可能会突然发现自己处于争议之中（如兴奋剂丑闻、假球和假摔等），所以体育公关人士比运动场上的运动员更忙。场上和场下的运动，在随时爆发的危机下可能会变成一场肮脏的交易。因此，体育组织需要时刻准备对危机进行管理。

体育危机管理可以为一个体育组织应对危机准备好战略和后勤。它可以消除一些风险，但也许需要体育组织在必要时做出一定程度的"牺牲"。体育危机沟通则是在危机管理之前、期间和之后，体育组织和各种公众之间的口头和书面沟通。

体育危机手册是一种工具，它能使体育组织更快、更好、更有信心地应对媒体提出的敏感问题。某些情况下修复和维护体育实体的形象是至关重要的，如果能与各种公众及时且真诚地进行对话，就表明危机管理正在奏效，正在对形象进行修补。在接受采访前做好充分的准备，特别是找一个有能力的发言人来和媒体对话，可以给球迷和媒体留下深刻的形象。不管怎样，在危机期间，事实并不总是重要的，公众"眼中的事实"才是重要的。

为了将体育危机管理概念化，Gonzalez-Herrero 和 Pratt（1995）提出了一个类似于体育 PLC 四阶段的危机生命周期模型。危机生命周期经过诞生、成长、成熟和死亡四个阶段，体育组织可能需要在危机的任何阶段对危机进行干预。第一阶段扫描环境以了解市场趋势或竞争对手的危机是否会对体育组织产生影响，体育公关活动的目标在于阻止不好的影响发生；第二阶段意识到即将发生危机，需要采取积极主动的策略；第三阶段是体育组织对已经存在的危机做出反应；第四阶段则是监测各种公众的反应，对形象的恢复或重建进行管理，直到危机完全消退。该模型利用声誉管理方法来考虑预防措施，用以尽量减少体育危机问题。

案例学习

"百毒不清"的体坛，我该如何拯救你

1. 体坛明星危机事件的类型与产生原因

公众对体育明星的多样化期待是体育明星形象塑造的难点，同时也是体育明星发生

危机事件的重要原因。

（1）因运动成绩不佳而引发的危机事件。虽然体育明星的素质指标包括顽强拼搏的精神，精湛的技术，强壮的体魄以及良好的人格魅力、公众形象、社会责任等，但优异的运动成绩是运动员成为明星的一个重要指标。对于运动员来说，运动成绩的起伏是很正常的，但对于被媒体塑造成为英雄的体育明星，他们的失败可能会造成危机事件。像在北京奥运会上万众瞩目的情况下刘翔的因伤退赛；在公众期待姚明带领火箭队冲击NBA总冠军时，他却一再受到伤病困扰。这让公众对他们的期待变成失望，危机事件也就随之而来。刘翔在北京奥运会退赛引发的危机，甚至使中国田协和刘翔的广告赞助商也受到牵连。

（2）因违反社会公共道德而引发的危机事件。在体育明星危机事件中，因违反社会公共道德而引发的危机不在少数。2009年11月28日，美国高尔夫球明星伍兹在自家门外驾车撞到树上，被送进医院，接着发生其妻子与闻讯赶来的另一名女子在医院大打出手而引发的危机事件，把这位世界体坛明星推到风口浪尖，为此引发的危机持续半年多。

（3）因违背体育职业道德而引发的危机事件。体育明星依靠强健的体魄、鲜明的个性、勇于竞争的意志与智慧，获得公众的认可。体育运动展示了人类身体的自我完善和生命力，阐释了身体之美、运动之美。"更高、更快、更强"和"重在参与"的奥林匹克运动精神是体育精神的两个基本理念。前者体现了体育所包含的人类挑战自我、超越自我的自强不息的精神；后者则强调了体育作为一种强身健体、锻炼意志的常用手段，具有大众普及性。在竞技场上最主要的就是体现公平、公正，违背体育职业道德而引发的危机在体育明星危机事件中占大多数。

体育明星危机事件的类型不只是上面提到的，还有违反国家法律、触犯刑法的危机事件，因为媒体不实报道而引发的危机事件，但从发生的概率上讲，体育明星危机事件主要是上面提到的三种类型。

2. 体坛明星曝丑闻，身价直线下降

在体育成为规模巨大的产业的背景下，体育明星在社会生活中扮演着娱乐明星和民族英雄的双重身份，俨然成了公共关系的宠儿。但体育明星身上发生的危机事件也许比娱乐明星的影响力还要大。近年来最显著的一个案例当属老虎伍兹。

伍兹自丑闻爆发后，赞助情况每况愈下，赛场上的惨淡表现更使其生活乌云密布，如果在比赛中仍不见起色，他就别想有新的赞助商青睐。甚至在《福布斯》发布的美国体坛最讨厌的运动员排行榜里，伍兹"有幸"金榜题名。

首先，老虎的丑闻换来的是一大批赞助商的解约。伍兹曾是埃森哲咨询公司广告活动的"中心人物"。埃森哲作为全球最大的管理咨询公司，一切业务都需建立在"信任"之上。"老虎"对婚姻的不忠则是对信任的彻底颠覆，"游戏结束"便是对这一合作关系的最好句点。此外，美国电话电报公司（AT&T）、吉列（Gillette）、佳得乐（Gatorade）、高尔夫大师（Golf Digest）、豪雅手表（Tag Heuer）等纷纷选择与伍兹分手，"老虎"身价暴跌。

其次再看伍兹在丑闻事件前后的身价变化。绯闻爆发前，伍兹的各大赞助商包括埃森哲、TLC、AT&T、劳力士、吉列等，每年能在"老虎"身上瓜分超过1亿美元。2008年，仅赞助费一项，伍兹就赚取了1.28亿美元。而伍兹的Nike代言费也仅次于当年的迈克尔·乔丹（每年5 000万美元），为每年3 000万美元。另外，伍兹与吉列的5年合同亦价值连城——1亿美元。与此同时，伍兹还在设计球场方面赚外快，设计费至少为1 000万美元，北卡罗来纳州、迪拜以及墨西哥都各有"老虎"的投资项目。赛场表现更不在话下，当时的伍兹稳坐世界头号把椅，2009年的赛事收入超过1 000万美元。其中不含出场费（150万美元）。林林总总一相加，职业生涯收入超过10亿也不足为奇了。据估算，伍兹在绯闻前净资产约6亿美元，而通过各大比赛、赞助所捞的钱超过10亿美元。

随着偷腥事件浮出水面，"老虎"单在赞助商这块就损失数百万美元。伍兹在2009年末赚有约9 000万美元，按此数据估算，伍兹在2010年能赚到超过1亿美元。而失去3个重要赞助商（埃森哲、AT&T、佳得乐），至少损失2 200万美元。加上与前妻艾琳离婚费1.1亿美元，以及媒体报道其要支付其中两位"虎女郎"共计超过1 000万美元。不得不说，这"毒"真是害人害己啊。

3. 体育明星危机事件如何应对

在危机传播过程管理中，必须抓住控制信息流、引导影响流和消解噪声流的主线。只有掌握了信息发布、舆论引导、事件处理的主动权，才可能把"坏事变好事"。

1）控制信息流：公布真相与真诚道歉

危机公关的"3T原则"即主动告知、全部告知、迅速告知。危机公关的"5S原则"即承担责任、真诚沟通、速度第一、系统运行和权威证实。它们都说明了及时公布事件真相对控制信息的意义。

（1）配合媒体，公布危机真相。从理论上讲，当体育明星发生危机事件时，要对利益相关者进行充分的告知，第一步要对事实本身迅速做出回应，一旦负面新闻被认定而且被媒体曝光，一定要在第一时间召开新闻发布会，当事人、经纪人都要到场，向媒体通报整个事件的原委，并表明自己的态度，保持畅通的信息通道对消除负面效果有重要意义；如采取掩盖或者欺骗的策略，公众出于好奇势必会产生各种猜想，而这些猜想对危机的解决无半点好处。其次，体育明星要通过个人网站和主流媒体发布自己的致歉声明，给关心自己的公众一个明确交代。利用媒体，适度辟谣和辩解有时有利于危机的转化。危机传播的辩解策略中，否认、寻找理由/借口、反省和承诺都可以看成利用媒体控制信息流的有效办法，但辟谣不是说谎，不要居高临下、不要说套话，要守信用、有礼貌、有人情味。

（2）态度谦和，诚挚道歉。公开道歉是公关策略一个重要方面，态度谦和，争取公众理解，让公众产生同情，有利于危机的解决。公开道歉可能不会改变结果，但能给公众心理安慰，赢得公众的理解和宽容。事实证明，简单否定、掩饰说谎是失败的危机处理方法。如果说直面社会公众传达真相会稳定舆论的话，那么体育明星真诚的态度会让公众看到一个负责任的公民的良知。当然，道歉需要勇气，也需要艺术。像美国游泳运动员菲尔普斯在2009年被爆出吸食大麻的丑闻后，他及时公开道歉，而他母亲的泪水也博得了不少同情。公开向公众或当事人道歉，表现出对社会或对当事人负责的态度，以危机做警示，重塑形象。

2) 控制噪声流：发布权威信息与重返公共空间

在危机中，噪声流加剧了信息流的不畅，扩大了影响流的散乱。如今传播手段越来越丰富，信息真假难辨，在相当程度上会加重流言、谣言的传播。因此，控制好体育明星危机事件中的噪声干扰，对解除体育明星危机有重要的作用。

(1) 第一时间发布权威信息。危机主体采取公开透明的媒体应对策略，可以有效避免流言蜚语，为缓解危机或化解危机创造良好的舆论环境。流言止于公开，危机时期应随时发布最新消息，减少外界的猜测，并可使外界随时掌握最新状况。在进行危机公关时，选择具有公信力的媒体，释放诚意，澄清事实，在第一时间召开新闻发布会，对防止噪声传播至关重要。体育明星在进行新闻发布时：第一，要掌握权威信息源，争取发布权威信息；第二，要监控危机动态，了解舆论走向，及时对危机传播行为做出调整；第三，发布的信息不能含混，不能朝令夕改，让人猜疑。如果最初没有传播准确信息，即便以后予以纠偏或校正，将正确的信息发布出来，传播效果也将大打折扣。

(2) 重返社会公共空间。体育明星作为一种社会文化符号，具有整体象征性和代表性。在面对危机事件的时候，沉着应对，及时从危机的泥沼中迅速走出来，重新走上正轨，对个人形象修复非常重要。宣布复出、用运动成绩来说话，是体育明星重返社会公共空间的重要手段。虽然说参加比赛不会很快修正形象，但能够达到重返社会公共空间的危机管理预期。回归赛场虽然并不意味着危机状态的终结，但在相当程度上意味着危机状态正朝着有利于解除的方向发展，回归赛场可以将媒体和公众的注意力从危机转移到复出的种种猜测上，这是最能消解危机的一种应对策略。

3) 引导影响流：转移视线和修复形象

在危机发生后，仅仅"表明态度"和"发布信息"还远远不够，当事人和其团队还必须制定切实有效的后续措施，通过进一步的实际行动来证明自己的态度和决心。

重视主流媒体的作用，主动释放诚意，积极创造新闻点，增加正面报道篇幅，把公众的关注焦点从危机事件中转移出来，这是实现体育明星危机引导的一个重要手段。修复包括两方面意思："修补"和"恢复"。危机修复的目标，一是削弱负面影响，二是恢复与重塑正面形象。危机修复需要当事者有目标、有计划、有组织地实施，主动采取行动。名人危机传播重在改变形象，社会公众期待的是一个负责任的行动者，他们并不一定渴望知道全部信息，因此身处危机中的名人需要通过最适宜的渠道和时机告知部分信息，以重塑一个负责任的行动者形象。

(资料来源：禹唐体育，http://www.ytsports.cn/news-3416.html)

4. 体育公共关系模式

Grunig 和 Hunt 认为，体育公共关系常用的模式主要有以下四种。

1) 新闻代理/宣传模式

模式 1 被称为新闻代理/宣传模式。这种模式想表明无论信息是消极的、积极的、真实的或假的,任何宣传都是好的,因为宣传的主要目的是让体育实体被公众熟知。信息只会被进行单向传输(从体育实体到观众),不允许来自观众的反馈。此外,在这种模式中不存在研究的过程。

2) 公共信息模式

模式2包含了模式1中的单向信息传递,但是它允许有限的研究和对过程的一些评价。它被英国体育和英格兰体育等这种政府机构使用,用以提供客观准确的信息,即监管材料。模式2对报告信息的真实性要求很高,主要用于制作媒体指南、新闻稿以及举行新闻发布会。

3) 双向不对称模式

模式3(也称为科学说服模式)试图说服观众接受体育组织的观点。这个模式中的反馈通常通过调研和民意调查来完成,以此帮助体育实体了解公众对体育组织的看法和感受,然后使用这些信息来帮助自己发展,因此该模式是以体育组织为中心的。

4) 双向对称模式

模式4(也称为相互理解模式)是制定出一个好的体育公关战略的基础。这种模式寻求与观众的对话。体育实体将公众的反馈运用于其决策之中,因此公众力量对企业有较大的影响力。网站论坛和博客都是用于收集公众反馈的好方法。

模式1和模式2的公共关系称为初级公共关系,因为它们只是将信息提供给适当的体育媒体,只重视一个体育沟通过程中的角色;而模式3和模式4则称为专业公共关系,因为"它们能显示一个组织的战略目的:管理冲突、与公众建立战略性关系、限制(体育)组织的专治性"(Spicer,1997:65),即一种考虑公众而不仅仅是体育组织自己的双向沟通模式。

5. 体育公关计划

对于体育组织而言,制定一个公关战略来评估对其形象、声誉和关系可能存在的危害是非常必要的,因为这样可以帮助体育组织提前采取应对措施。与ISMC的所有元素一样,计划是体育公关的核心,因此一个战略性的体育公关计划是必需的。下面是一个体育公关计划的基础结构,有一些内容会涉及前面所学的知识,因此它可以帮助你整理思路,对知识形成一个整体。

1) 企业使命和目标

在体育公关计划制订的每一个阶段,企业使命和目标都必须作为方向性指导,任何公关计划都不可以和它们背道而驰。

2) 环境分析

环境分析是对体育组织内部和外部环境进行更广泛且持续审计的一部分,特别需要注重对体育营销沟通的审计,应通过审计确定当前沟通活动的有效性,确定整个体育组织内部的协调沟通是否顺畅且有效,建立评估标准,评估当前消费者对品牌的认知程度。

3) 体育公关目标

与所有目标一样,体育公关的目标也必须尽量符合SMART标准(见第3章),和体育组织的目标一致。例如,一个社区关系计划可能需要:

- 通过球员和社区球迷之间更多的活动增进情感。
- 通过参与社区的慈善活动对体育组织进行积极的宣传。
- 通过在当地活动中积极而负责的表现，在社区形成良好形象。

4）体育公关战略

体育公关战略指应用各种体育公关工具和技巧，与各种公众（内部和外部）进行公关沟通。环境分析期间的研究为公关宣传提供了：宣传的基调和风格；宣传详情，如宣传的频率和持续时间；受众的多少、区域、覆盖率、人口概况；等等。

社区关系计划围绕个人形象的维护来开展，这些计划包括：学校、赞助者、慈善机构和其他延伸活动的开展计划。

5）实施计划

实施计划的内容包括体育公关活动实施的时间、期望得到的结果和责任描述。

6）预算

预算指每个体育公关功能的成本计算，并对总体预算进行统计。

7）ISMC

ISMC 的主要任务是与所有体育促销组合的其他部分进行协调，这对于制订有效且高效的体育公关计划至关重要。

8）评估

主要对以下几个方面进行评估：

- 体育赛事的上座率，赞助/参与者数量；
- 广告的成本收益比；
- 形象/声誉的转变是否成功；
- 危机对企业价值的影响；
- 收到的咨询和投诉；
- 各种反馈、报告的呈报频率以及消费者接受信息的频率；
- 体育市场份额是否提高。

评估贯穿于所有体育公关活动的过程中。表面上看，体育公关对于体育组织净利润的增加并没有起到什么作用；相反，在账面上它是一种成本的支出。然而，从深层和长远来看，体育公关为体育组织开发和维持的关系将会给体育组织带来不可估量的好处。

6. 公共关系的培训

针对企业和媒体新需求的公关培训变得越来越普遍，甚至出现了专业的公关风格。由英国奥林匹克协会（The British Olympic Association, BOA）实施的体育公关培训计划侧重于帮助受训者掌握接受采访的技巧。例如，在接受电视、广播或书面媒体采访时要做到：

- 做你自己。
- 表达情感——表达你的感觉。
- 在说话之前想清楚。在接受采访之前，想想自己准备说什么；想想可能会出现什么问题,并能想好如何解决问题;采访前询问采访人员打算问什么问题;如果突然出现一个难以回答的问题,不要避开它,因为如果你不愿意回答,那么可能会有人为你编造答案。

- 自然。不要准备过头,不然会显得太假。
- 与采访人员交谈。忘掉数百万人在收听或收看;仔细听清楚并回答采访人员的每个问题。
- 表述清楚。即使很兴奋也不要语速太快。
- 和采访人员对视。这会让你看起来真诚和可信。
- 对于电视和广播采访,回答不应太短,即一两个字;但也不要啰唆,因为他们可能只能给你一个较短的时间,所以尽量只说要点。
- 谈及赞助商时应该尽量不露痕迹,任何明显的表露都可能会被进行后期编辑。
- 不要疏远媒体。向媒体提供采访的机会;与体育记者建立良好的关系。
- 享受采访过程。要始终认为接受采访可以帮助人们了解你,可以帮助你"销售"你的运动,特别是对于小众运动而言,提高媒体曝光率尤为重要。

7. 两个公关战略重点

要完成"公共关系"这一部分的任务,我们还需要探讨一下前面提到的两个体育公关的战略重点——基于媒体关系的战略和基于社区关系的战略。

1)基于媒体关系的战略

基于媒体关系的战略旨在加强体育实体和媒体之间的关系,以促进媒体对体育实体正面报道的最大化。舆论是非常强大的,可以"创造或破坏"体育实体与其各种公众之间的关系。这里不得不说到"诚实"这个问题,媒体并不总是会报道事实,而是会寻求一个"角度"进行切入。公众对媒体的不信任可能会导致"关系建立失败",从而并没有达到体育组织想要的效果。

几种主要的媒体特征以及采访应对方法如下:

(1)广播。广播是一种非常灵活的媒体,每天24小时运作,能够对新闻进行及时且深入的报道。广播可以帮助体育进行三种基本形式的传播:

- 活动的实况报道。
- 体育新闻。
- 体育活动的幕后新闻。

广播为小型运动提供了一个极好的传播机会,特别是通过本地的广播,性价比相当高。

接受广播媒体采访时要做到:

- 尽量简明地回答。
- 尽量不要"嗯"或"呃"。
- 准时到达现场。
- 准备充分。

(2) 电视。电视采访一般在工作室或体育比赛场地进行。由于时间和技术的关系，采访可能是现场采访，也可能是采访录像。

电视报道主要包括以下几种形式：
- 直播。
- 录像。
- 基于工作室的项目。
- 室外节目。
- 新闻。
- 纪录片。

电视信号主要有两种传输方式：
- 地面传输——例如 BBC 和 ITV。
- 卫星/电缆传输——例如 Sky Sports 和 Eurosport。

电视为信息传播提供了非常好的机会，因为听觉和视觉的结合可以将一个观点表达得最富感染力。和广播一样，电视也可以进行现场直播，在接受采访的技巧上也和上述的广播有着许多相似之处。

接受电视媒体采访时要做到：
- 在接受采访前弄清楚电视公司和节目名称；节目类型和预期受众；采访的大致内容。
- 始终假定自己所说的内容正在被录音。
- 与采访记者的眼神接触非常重要。
- 尽量不要紧张。
- 听清楚问题，并正面回答。
- 表达清晰。
- 提前做好受访计划，所有的问题无非和以下几个词有关：如何，什么，为什么，哪里和何时。
- 不卑不亢。
- 在采访开始前先进行三次深呼吸。
- 微笑，并享受它。

(3) 书面媒体。书面媒体包括地方、地区、国家范围的书面媒体。越来越多的杂志进入市场，从而增加了运动员在体育专业杂志或一般出版物上的曝光率。书面媒体可分为四个主要领域：
- 新闻报道——往往报道与丑闻有关的故事。
- 体育报道——对运动员和体育运动有较大支持。
- 专栏——通常用于表达作者的观点。
- 深度报道——对运动员或体育事件的深度挖掘。

(4) 新闻发布会。举行新闻发布会可以向媒体展示自己的主动性，例如强调自己比赛想要达到的目标或者对已经发生的事件做出及时的反应。新闻发布会可根据具体情况在比赛的前、中、后进行。

相关准备：
- 确保自己清楚想要发布的消息和想要达到的目的。
- 发布新闻稿（注意应包括举行新闻发布会的原因），以配合新闻发布会。
- 提前准备好可能面临的提问并准备好答案。
- 为参加的媒体准备好材料，应包含新闻稿和其他相关背景信息。

（5）新闻稿。新闻稿是体育组织发送信息给传媒的通信渠道，以公布有新闻价值的消息。通常采用电子邮件、传真、书信（计算机打印）的形式分发给报章、杂志、电台、电视台（电视网络）、通讯社的编辑。新闻稿应该简洁明了，撰写新闻稿的基本准则是：
- 写清楚"谁，什么，何时，何地和为什么"。
- 尽量引述被采访对象的原话以示真实。
- 在最后写明联系方式，以便媒体可以随时联系以获取更多信息或安排采访。

2）基于社区关系的战略

基于社区关系的战略旨在加强公众对体育实体的理解并获得公众的认可与赞赏。一个成功的战略能使公众产生对体育实体的支持（Irwin 和 Sutton，1996）。基于社区关系的战略可以由运动员、团队或联赛发起，但运动员的参与是核心，然而许多战略却并没有做到这一点。所有体育实体都可以考虑定期承担社区的义务活动，以促进其与所有公众的良好关系，保持自己的良好形象。

近年来一种基于社区关系的公关战略被频繁使用，那就是慈善捐助。这是企业对社会的奉献，其目的是表明体育实体有社会良知，希望被公众视为一个"好邻居"。然而，一些体育实体发现这么做并不容易，因为不是每个企业都能做到对社会负责。创建"基金会"是体育实体的慈善重点，例如，切尔西足球俱乐部基金会支持当地的"Help a London Child"慈善机构和国际慈善机构"Right to Play"（www.chelseafc.com）。类似地，曼联足球俱乐部基金会与两个当地的慈善机构——Francis House Children's Hospice 和 The Christie Charity 建立了慈善合作伙伴关系，并继续与联合国儿童基金会（www.manutd.com）长期合作。

7.3 体育赞助

对于赞助，有的学者认为它也属于促销组合的一个要素，即促销组合包括了广告、人员推销、销售促进、公共关系和赞助这五个要素，但是也有的学者认为赞助兼具了广告和公共关系的性质，因此不应该单独成为一个要素，应该在广告和公共关系里进行探讨。鉴于近年来赞助在生活中越来越普遍也越来越重要，因此本书选择单独用一节的内容对此进行探讨。

体育赞助已经成为体育营销沟通活动的关键形式，并在许多体育和非体育组织的促销组合中发挥着主导作用。历史上,体育组织、体育名人特别是体育赛事在艺术、文化行业中吸引了大量的赞助投资,因为体育已成为一个新兴的全球文化的组成部分,吸引着所有年龄和生活方式的人。体育消费者被一般的体育促销活动淹没,因此已经变得对传统形式的营销沟通免疫。体育赞助已经成为品牌与其体育目标市场进行沟通的一种方式,它能够通过赞助体育消费者喜欢的活动对其产生直接的吸引。一些品牌的年度支出中显示了对体育赞助的大量投资,例如在2009年,阿迪达斯在体育赞助方面投资了2.43亿英镑,红牛投资了1.83亿美元,Vodafone[①]则投资了5760万英镑。由此可见,公司赞助体育赛事,如奥运会、FIFA世界杯、环法自行车赛和一级方程式赛车已经成为许多组织全球营销沟通战略的焦点。

每年,体育赞助的金额都在持续增加,北美地区自然最受青睐,其次则是欧洲。德国是欧洲最大的体育赞助市场,紧随其后的是英国,而成熟度较低的亚洲赞助市场正在渐渐地缩小与前辈们的差距。此外,英国体育赞助市场的主要参与者是金融和保险公司,如渣打银行(Standard Chartered)和怡安集团(Aon)。由于足球比赛拥有庞大的观众群、媒体关注力和营销吸引力,所以其在英国的体育赞助市场中占据了主导地位,赛车则是第二大吸金运动,其后是橄榄球、田径、板球和赛马。

本节主要从两个角度对赞助进行探讨,因为赞助包括了两个方面——赞助商和被赞助方(权利所有者)。在体育产业里,被赞助方通常是一个体育组织、俱乐部、联赛、场馆或运动员,它"出售"权利给赞助商。赞助商投资的主要目的当然是提高自己品牌的知名度。然而,体育赞助不是一个独立的体育营销概念,它需要来自其他体育营销沟通组合的支持使其产生应有的效果,从而使其成为一个虽昂贵但值得的投资主张。作为体育营销人员,需要掌握体育赞助流程,将赞助与广告、人员推销、公共关系和销售促进相结合,从而"激活"最有效的体育营销沟通活动。

7.3.1 体育赞助的定义

文献中对体育赞助的定义有很多,例如:
- 赞助是实现企业、营销和媒体相关目标的商业活动(Shank & Lyberger, 2014)。
- 赞助是一项涉及赞助商和被赞助方双方利益的双边商业协议,其中赞助商提供资金、商品或服务,以此从被赞助方提供的商业权利中获取回报(Masterman, 2007)。
- 赞助是一种沟通工具,用于向其体育目标受众传播企业信息和营销信息,从而达到促进产品销售、提高品牌知名度、改变或强化企业形象的目的(Mullin, 2007; Masterman, 2007)。

本书将 Masterman(2007, p.30)提供的以下定义作为本书对体育赞助所下的定义:

[①] 沃达丰,是跨国性的移动电话营办商。现时为世界最大的移动通信网络公司之一,在全球27个国家均有投资。

"(体育)赞助是一种互惠协议,协议规定了个人或团体(赞助商)向个人或团体(被赞助方或权利所有者)提供资金、物品和/或服务,以换取一系列可用于营销沟通活动的权利,从而实现商业利益目标。"

这个定义解释了体育赞助存在的动力,且相较于其他定义而言含有更多对于体育赞助协议的见解,此外该定义还说明了可能参与体育赞助的实体类型。

7.3.2 体育赞助管理

许多体育权利的拥有者近年来已为其产品开发了一套完整的价值主张,从而使得体育赞助的机会倍增。很多体育和非体育组织都创建了专门的体育市场营销部门,用专业性的眼光来评估这些机会的投资回报。与体育市场营销的许多方面一样,下面这个过程/框架可以用来指导对体育赞助的管理(见图7.9):

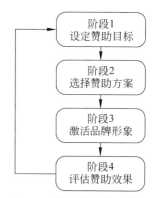

图 7.9 体育赞助管理模式

体育赞助管理模型(Blakey & Chavan,2011)提出了体育赞助过程的四个关键阶段:

阶段1:制订符合体育组织总体战略方向/目标的赞助目标。

阶段2:选择/筛选具有可行性、能兼容自身品牌与赞助产品,以及能与组织现有的营销沟通策略整合使用的赞助方案。

阶段3:实施激活策略以获得期望的品牌形象并鼓励体育消费者的情感参与,促进品牌宣传。

阶段4:评估体育赞助对实现企业总体目标的作用及其对品牌形象的影响。

这里需要说明的是,这个过程适用于体育赞助关系中的双方(赞助商和被赞助方)。然而,激活阶段被设计为赞助商的相关杠杆活动。从体育权利持有者的角度来看,体育赞助管理的过程并未得到充分的理解,因为很少有研究来调查被赞助方的动机、好处和活动。在以下对体育赞助管理过程的具体分析中,本书会尽量从两种角度进行阐述。

1. 体育赞助目标设置

一般而言,强化企业或品牌形象和提高品牌知名度是组织期望通过体育赞助活动实现的两个主要目标。然而实际上,体育赞助的目标可能是多种多样的,并且根据组织规模、所处行业和市场范围的不同会有所不同。总体上来说可以将其分为三个类别:

- 媒体目标——主要和成本效益以及到达体育目标市场相关。
- 企业目标——主要与品牌形象相关。
- 营销目标——主要与品牌、产品、服务和销售相关。

最初,实现媒体目标是获得体育赞助权的主要动力,特别是当对全球体育赛事的赞助在电视上播出时,为赞助品牌提供了前所未有的曝光率。体育赞助的优势被烟草和酒精饮品行业所利用,以克服法律障碍从而获得媒体报道,比如赞助斯诺克的Embassy(香烟品牌)和赞助 F1 的 Camel(香烟品牌)。然而,体育赞助计划早已不仅仅满足于"媒体目标"的实现,而是期望能够帮助企业实现更广泛的营销目标。得到有效实施的体育赞助计划,能够开发有效的品牌关联、宣传有利的企业形象,进而影响体育消费者的购买意图。

表 7.3 体育赞助目标

分　类	目　标
赞助方	
广大公众	提升组织的公众形象; 形成整体品牌认知; 创造良好的社区观念
体育目标市场	提高消费者对产品/服务或品牌的意识; 推动特定产品/服务的销售; 实现竞争优势; 实现从赞助权到赞助者的"形象转移"
内部相关利益者	提高员工的士气、关系和满意度; 提高股东的满意度
被赞助方	
公司目标	通过可靠的赞助关系来宣传组织的公众形象; 提高公众对组织的认识(直接或间接)
市场目标	增加体育消费者对体育产品/服务或品牌的意识(直接或间接) (通过赞助商)提高在体育消费者心目中的信誉度; 通过品牌合作实现"形象转移"; 在体育消费者的头脑中定位或重新定位体育品牌
运营目标	获得支持公司运营的资金、资源和/或服务; 提高员工满意度; 提升利益相关者(政府、股东、媒体等)的声誉

扩大可实现的目标范围为体育赞助战略的实施增加了新的内容。例如,推动销售是一个关键目标,每一个企业都注重投资回报率,而销售额又是为数不多的、可以客观测量的体育赞助目标之一。赞助商正在将体育赞助视为销售机会的主要促进手段,并利用它来建立业务关系。体育赞助也可以通过独占权的购买阻止竞争对手进入同一个商业部门,如可口可乐和百事可乐、万事达卡和 VISA 等。此外,通过赞助项目中员工的参与(如为员工提供优惠或免费比赛门票),提高工作效率和员工士气,这也是体育赞助的另一个作用。

此前很少有对被赞助方的研究,因此确实存在一些需要调查和研究的问题,比如被赞助方要实现的目标和有效的自我促销技巧。不过,很明显的一点是,对于运动员来说,训练和比赛条件的改善是寻找合适赞助商的其中一个动力。当双方开始寻求受益关系时,就有可能签订现金或实物赞助协议。在寻求这种合作伙伴关系的过程中,被赞助方应该宣传他们迄今为止的成功以及他们的潜力,向赞助商展示他们的训练和比赛活动、当前和潜在的媒体曝光度,以及门票/酒店所能提供的营销机会。总之,被赞助方需要对自我进行营销。

2. 选择体育赞助方案

体育赞助费用的快速增长和实施体育赞助计划的复杂性使得体育组织更加重视赞助方案选择的初始过程。媒体潜力、体育目标市场的地理覆盖面、相关促销机会的重要性、协议的持续时间、排他性和义务的规定以及预算,都是在甄选过程中需要考虑的重要因素。Cornwell,Weeks 和 Roy(2005)指出,一个品牌及其拟赞助的体育活动需要具有类似的价值观和形象兼容性。通过甄选过程,赞助商可以识别相关值并且对它们进行比较以找到合适的"匹配度",从而选择最适当的体育赞助平台。

被赞助方同样也会通过开发他们财产的可利用潜力来寻求"匹配",这是根据体育财产所服务的主要体育市场特征以及对潜在赞助商的审计所确定的。体育赞助的形式可以根据这个初始信息来进行选择,比如说可以是只需要双方之间进行少量协商的"现成"模式,也可以是将潜在赞助商的目标带入考虑的定制合同。定制的体育赞助方案可以为双方创造更大的价值,因为它形成了特定的一对一关系,可以帮助赞助商获得定制的一揽子福利。双方之间的相互理解可以使得双方形成更长期的合作关系,麦当劳和国际奥林匹克委员会之间的合作就是一个很好的例子。①

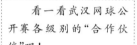

看一看武汉网球公开赛各级别的"合作伙伴"吧!

体育赛事是体育赞助的一个重要平台。在体育赛事的赞助中,多种赞助权利往往同时存在(当然具体的种类数取决于体育赛事的级别和规模)。常见的赞助权有:

- 冠名权——赞助商的名称出现在体育赛事的名称中,如东风汽车冠名武汉网球公开赛。
- 展示权——赞助商的名称在体育赛事中予以播报,例如"由埃恩赞助的世界杯"。
- 供应商权利——体育赛事服务供应商,每个都在其具体领域享有独家赞助权,如 PowerBar 在环法自行车赛中对运动食品的独家赞助。

根据体育赞助的战略需要,体育赞助权被分为以下三种类型(见图 7.10):

- 独占型——一个赞助商获得所有权利的好处,例如英国保险为英格兰板球队提供的保险独家赞助。
- 分层型——图中的每一层都有一个或多个赞助商,但每个权利类别(冠名、供应商等)向赞助商提供了不同的利益级别,级别不同,其权利价值就不同,如 2012 年伦敦奥运会的各项权利。

---

① 虽然在 2017 年 6 月 17 日,国际奥运会宣布,提前终止与麦当劳的合作关系(原合同期限截止日是 2020 年东京奥运会),但从 1976 年合作至今,双方已经共同度过了 41 年的时光。

- 平面型——所有赞助商都具有平等地位，但权利/利益可能不同，如 Goodwood Revival①。

图 7.10　赞助权的三种类型

在赞助协议达成之前，赞助商和被赞助方之间的谈判内容主要涉及以下几个方面：
- 具体权利——在场馆及其周围如何放置赞助商标志；权利覆盖范围，如本地、地区、国家；宣传方式，如网络宣传或纸质宣传。
- 确定共同的体育目标市场——品牌属性、市场状况、竞争对手等。
- 评估过程——确定目标的满足是否能对双边关系有所促进。
- 价格——成本、期望利润水平、价值、投资回报。

通常，被赞助方会向潜在的赞助商提交书面赞助提案。提案中会概述上述关键问题，描述赞助的具体好处。当考虑某个体育组织作为潜在的赞助商时，该提案必须针对该特定的体育组织，因此需要对该体育组织进行研究，如公司背景/历史、业务表现、目标市场等，用以判断合作是否能够给双方带来利益。此外，体育赞助提案应概述被赞助方的相关情况，包括其主要的体育目标市场、与潜在赞助商目标的一致性、所需的赞助金额以及如何向赞助商提供赞助效果反馈。以下列出了一份体育赞助提案通常包括的关键要素：
- 介绍性内容——体育组织简介。
- 执行摘要——强调合作关系的关键要素，强调赞助商将得到的好处。
- 赞助内容简介——让赞助商更好地了解体育组织，并说明为什么赞助商应该和本组织结成合作伙伴关系（强调双方的"匹配度"）。
- 赞助利益——确定所有赞助的机会和利益，确保它们符合赞助商的目标。
- 赞助投资——列出赞助机会及其相关的成本。
- 效果评估——详细说明如何评估赞助商的利益。

任何一个潜在的赞助商都会关注的一个焦点是——杠杆利益的大小是否足以支持其购买体育权利，这已经成为能否结成赞助伙伴关系的决定性因素。

---

① 一个为期三天的节日，也是全世界最负盛名、规模最大的赛车节。在这场盛会上，人们可以看到来自不同领域、身处不同时代的传奇战车。从 19 世纪的蒸汽机车，到当前最先进的"F1 战舰"；从四轮驱动的拉力赛车到身披诡异外衣的勒芒战车。从喷发出古董油烟的老爷车到最激动人心的公路超跑，一切与轮子有关、追求速度的利器都能够在这里见到。

3. 激活品牌形象

体育赞助与协同执行的其他体育营销沟通组合相互补充,以实现最佳的沟通效果。虽然有时因为体育赞助与其他沟通组合之间的复杂关系,体育赞助会被描述为公共关系的一个方面,但体育公关确实可以在激活赞助权上发挥重要作用。体育赞助可以借助体育公关在情感层面吸引消费者,从而发掘在不同的体育目标市场建立品牌的机会。今天的体育组织正在将体育赞助融入他们的整体营销中,通过开发主题贯穿于他们的营销沟通组合中,创造与体育消费者的真正互动。作为体育营销人员,重要的是了解不同激活策略的应用以及它们对体育赞助计划的影响。但是,没有保证成功的"黄金法则"可以告诉我们哪些激活策略是最有效的。

研究表明,赞助需要结合广告、销售促进和其他沟通技巧,如直接营销和网络营销,以实现最佳的沟通效果以及产生更大的消费影响。例如,2008年北京奥运主题可乐罐在美国首次采用不同国际语言制成一个特别的"六连包",其中的两个包装上采用了游泳运动员娜塔莉·考芙琳(Natalie Coughlin)和篮球运动员勒布朗·詹姆斯(LeBron James)的形象。这在快速消费品行业是非常常见且划算的激活策略,可以有效地获得品牌关注度和增加消费者的购买率。此外,通过将体育赞助与其他促销工具相结合,赞助商能够减少伏击营销的威胁(见后面部分)。

激活投资的水平一直是一个被持续争论的话题,因为在体育行业没有一个通用的公式。例如,2006年IEG[①]/Performance Research Sport Sponsorship Survey的结果显示,46%的赞助商花费了与赞助金额相同的激活费用,近23%的赞助商至少花费了赞助费的三倍用于激活,总体上赞助商平均需要花费1.70美元(£1.44)[②]以利用他们每投入的1美元权利费。如果考虑最低支出,行业惯例显示,激活预算应至少等于原始赞助费(Fullerton,2007)。

表7.4显示了万事达卡2008年对欧洲杯赞助的开发和利用。

表7.4 万事达卡2008年对欧洲杯赞助的开发和利用

体育赞助目标	激 活 策 略
以商户为对象的营销目标	在全球超过30个市场进行了200个促销活动以推进卡的发行和使用(其中有60%的发行和40%的使用)
向万事达卡的合作伙伴银行和商家开发和推广其信用卡(masterCard)和借记卡(maestro)的品牌业务计划	将2008年欧洲杯的主题"Winning Moments"与业务计划"VIP Stadium Tours""Follow your team""Road Trip"and"Block Party"等组合相关联
	在瑞士,其合作伙伴、收购方、银行和商户(如Aduno、Concards、Cornercard、GE Money Bank、Swisscard、Telekus和Viseca)等首次在同一个市场上合作开展营销活动

---

① Innovation Excellence Growth,1992年在美国成立的创新管理咨询公司,致力于帮助全球企业提升创新能力,其在各个行业领域积累了丰富管理咨询经验,对国际创新方法有着深入的研究。IEG的全球服务网络已遍及美国、荷兰、德国、印度、西班牙、日本等国家,并在大中华区运营了15年,分别设立北京、上海、深圳和台北四个办公室。

② 按当时的汇率计算所得。

续表

体育赞助目标	激活策略
以消费者为对象的营销目标	与合作银行和商家开展的75%的促销活动都针对最终用户
提高消费者对卡的使用频率，以期消费者将万事达卡放在钱包最醒目的地方	开展"Spot the Ball"全国电视活动（比赛）：万事达卡的持有人从以前欧洲比赛的画面中发现"静止的球"，即有机会赢得2 008欧元的机票和奖品
	销售点激活活动（所有2008年欧洲足联的欧洲体育场）：在瑞士的16个城市的UBS观景台的粉丝商店以及PayPass采取独家付款合作
	Fan Zones的"照片巴士"活动：让粉丝们可以近距离拍摄2008年欧洲杯奖杯和万事达卡足球大使Pierluigi Collina
	网络活动（官方网站）：比赛和促销——让足球迷和持卡人赢取比赛门票、了解更多关于万事达卡足球大使Pierluigi Collina的信息、使用万事达卡直接从网站购买商品
	经典广告：全球推广印刷和电子广告，宣传共同的主题"Winning Moments"

案例学习

HUGO BOSS：体育赞助怎样与销售点关联？

HUGO BOSS是有着德国血统的世界高端奢侈品牌市场的领导者之一，该品牌向来是高端体育赛事，如F1、高尔夫、网球、帆船赛等的忠实支持者。该品牌与F1迈凯伦车队的合作更是达到33年，虽然现在已经步入与梅赛德斯-AMG-马石油一级方程式车队的合作，但其与迈凯伦车队的合作为该品牌的发展打下了坚实的基础。通过下面这个案例，我们一起来看看HUGO BOSS是如何利用赛事赞助来传达品牌信息和促进店面销售的。

1. 品牌背景

HUGO BOSS集团是世界高端奢侈品牌市场的领导者之一，该源于德国的品牌分为Hugo和BOSS两个主线品牌。BOSS品牌的消费群定位是城市白领，Hugo是针对年轻人的服装系列。HUGO BOSS的企业员工近13 000人,该集团在2014财年的总销售额达到26亿欧元,是全球上市服装品牌中盈利能力最强的公司之一。该品牌一向致力于对世界顶级体育赛事的支持,赞助的主要体育项目包括一级方程式赛车、高尔夫、网球以及帆船赛、足球以及NFL等,HUGO BOSS以此来传达活力、完美和精确的品牌理念。

2. 一级方程式赛车赞助:将赞助与销售点关联

HUGO BOSS和迈凯伦车队一共合作了33年。2011年,为了纪念HUGO BOSS与一级方程式车队迈凯轮(McLaren)建立赞助合作30周年,该品牌发起了一场名为"Dress for the finale"的设计比赛。HUGO BOSS诠释了如何将体育赞助与销售点有效结合,以及品牌营销怎样才能与整个零售链相关联。

HUGO BOSS的赞助总监Till Pohlmann当时提出了这场HUGO BOSS和迈凯伦车队合作30周年庆的销售和设计营销活动。Liganova创意公司设计了这场比赛,由粉丝和消费者设计比赛服,最后迈凯伦车队的刘易斯·汉密尔顿(Lewis Hamilton)和简森·巴顿(Jenson Button)将会在整个排位赛阶段都穿着这款赛车服。这场比赛很好地演化成一个详细而成熟的市场营销概念。

"整个活动不仅仅是在设计上创造推动力,"Pohlmann说,"我们想创造一个概念,这个概念在整个一级方程式赛车季,我们都可以在所有HUGO BOSS店面使用;并且这个概念要与销售点直接关联,更重要的是,要包含HUGO BOSS所有的市场。"

其成果是一个整合的概念,包含了线上和社交媒体渠道(www.hugoboss.com/mclaren;www.facebook.com/hugoboss)、游击式营销、店面活动、经销商促销活动、特别设计展示窗口以及一个由Save the Children机构支持的慈善活动。

这一概念的焦点是,在HUGO BOSS官网上举行的、以赛季为单位的"Dress for the finale"全球设计比赛。参与者可以使用在线配置工具设计汉密尔顿和巴顿在比赛最后阶段穿的赛车服。活动期间,由HUGO BOSS和迈凯伦派出的代表在每个F1比赛周末选出一名获胜者。然后车手穿着获胜的赛车服参加排位赛。最终的获胜赛车服由所有粉丝投票选出,他们可以从获得周冠军的赛车服以及车手在最后阶段穿的赛车服中选择。该活动仅限于有F1赛事站点的国家。

该活动通过HUGO BOSS的网站进行通知,并且会在所有主流时尚杂志和HUGO BOSS的脸书页面上发新闻通告。并且还有YouTube视频进行讲解。在前三场比赛中,有7 800多份设计提交到评审团,并且有31万多访客注册了HUGO BOSS官网。

该比赛通过一个特别设计的"迈凯伦&HUGO BOSS 30年"珍藏品链接到销售渠道,这些珍藏品在所有参与活动的HUGO BOSS店面均在线售卖。此外,还通过一些特别的零售营销包裹、橱窗陈列设计以及店面活动(有些活动会有车手参加),HUGO BOSS向其零售商提供了综合的广告机会和极好的故事素材。

"我们的目标是建立一个整合且国际化的营销活动概念,有很强的客户维系和互动性,并且还能连接到我们的零售渠道。在三场比赛后,我们产生了2 500条品牌信息。"Pohlmann说。

该营销活动很快就在零售端获得了成效。许多零售商都要求组织店内活动。而HUGO BOSS迈凯伦系列服装的销售率较其他系列高出44%。"将汉密尔顿和巴顿与一些大型的店内活动相结合很明显是另外一个亮点,极大地促进了消费者的参与性。"

此外,在每场比赛之前,还通过一些游击式营销活动(包含使用超大型的充气头盔)获得了更多的关注度。头盔为该设计比赛做足了宣传,并且一直伴随着销售人员。

活动最后,该年度所有由粉丝设计的赛车服都进行了慈善拍卖,所有收益都捐给了"Save the children"。该活动非常聪明地将企业社会责任融入了营销概念中。

3. HUGO BOSS 足球赞助:传递精致时尚的品牌概念

HUGO BOSS多年致力于促进足球运动的发展。该品牌从2011年开始就成为德国国家队的官方正装赞助商。在2014年巴西世界杯期间,该品牌不仅为德国国家队130名管理层、球员和工作人员提供服装,同时还将作为该队参加2016年法国欧洲杯的服装赞助商。在其合作期间,德国国家队队员将代表HUGO BOSS出席各种体育盛事、公开活动以及广告大片和照片的拍摄。

除了德国国家队官方场合外,HUGO BOSS还携手著名球星马茨·胡梅尔斯(Mats Hummels)进行个人代言。马茨·胡梅尔斯是2014年巴西世界杯期间德国国家队的主力球员,也是最杰出的现役球星之一。无论在球场上或生活中他都以帅气的风格吸引了众多球迷的青睐。

"自信、娴熟和成功,这些特质都在马茨·胡梅尔斯身上得到积极体现。"HUGO BOSS全球传播高级副总裁Gerd von Podewils先生说道,"正因如此,能有机会与他携手,我们感到十分高兴。"

通过与德国国家队和球员的合作,HUGO BOSS传达并证明了品牌追求完美、专注细节以及精致时尚的品牌理念。

(资料来源:禹唐体育,http://www.ytsports.cn/news-6862.html)

和激活品牌形象相关的一些概念如下:

- 合作品牌。合作品牌是一个新兴的品牌转换概念,指两个公司的品牌同时出现在一个产品上。合作双方互相利用对方品牌的优势,提高自己品牌的知名度,从而扩大销量额,同时节约了各自产品进入市场的时间和费用。这种合作方式,曾被阿迪达斯和新西兰橄榄球队发挥出了巨大的效果。高度活跃的公共关系活动,在所有营销活动中并行使用的品牌,都创建了一种合作关系,加强了双方的品牌形象。
- 事业关联营销(cause related marketing,CRM)。事业关联营销是企业在进行诸如为慈善机构捐款、保护环境、建立希望小学、扶贫等公益事业的同时,借助新闻舆论影响和广告宣传,来提高企业形象、提升品牌知名度、增加顾客忠诚度,最终增加销售额的营销形式。CRM始于美国运通公司(American Express)1981年向艾丽斯岛基金会进行的用于翻新自由女神像的捐赠,捐赠款来自顾客每使用一次运通卡，运通公司就捐赠 1 美分，或每增加一位运通卡客户就捐赠 1 美元，该活动受到了媒体和社会的广泛关注和支持，收到了很好的舆论效果，最后捐款总计 170 万美元。

- 主题广告赞助。主题广告赞助指制作能反映赞助权利特征的创意广告。通过电子媒体、纸质媒体、体育赛事节目以及户外广告来宣传共同的主题，以便目标受众识别并对赞助商的产品产生购买倾向。例如，Nike 作为印度板球队的官方服装赞助商，制作板球主题广告，并将其设置在交通拥堵的印度街道以吸引体育消费者(Fawkes,2007)。
- 赞助杠杆包装(sponsorship leveraged packaging,SLP)。赞助杠杆包装指通过在产品包装上描述被赞助方的形象、商标或 LOGO，提高赞助投资的整体有效性。一个成功的例子是百事可乐的包装上使用了贝克汉姆的形象以促进销售。
- 销售点(point-of-sale,POS)沟通。许多消费者的购买决定都是在销售点当场做出的(Fullerton,2007)。与赞助相关的 POS 沟通可以由在醒目位置放置海报和高科技交互式显示器来实现。
- 网络营销和网上搭售。网络营销和网上搭售支持现有的线下营销沟通，并提供赞助品牌渗透与互动。官方网站的发展促进了网络营销，如提供信息、票务、关联商品促销以及与支持者进行关系营销的互动。

得到有效实施的激活策略，可以帮助赞助商影响消费者对赞助商产品的态度和购买倾向。IEG 认为，只有当赞助是围绕消费者、交易、内部和媒体活动展开时才能获得投资回报。这个观点不仅对于赞助商，对于被赞助方来说也是重要的，理解这一点，有利于企业制订出有效的赞助计划及提供有效的解决方案。

4. 赞助效果评估

由于体育赞助在使用时具有"综合性"，所以要想单独评估其作用效果非常困难，但这不意味着不需要评估体育赞助的有效性。体育赞助的目标可以用来帮助确立赞助效果的衡量标准，此外，在评估过程中，还可以确定在何时需要采取纠正行动。体育赞助协议中的双方最好都能参与到这一评估过程中来，因为共同的参与有助于确定赞助关系的未来发展方向。

销售目标对于参与体育赞助协议的组织而言是非常重要的，因此它是评估赞助表现的直接标准，例如在体育赞助活动之前和之后，追踪随着时间变化的销售额是否达到预期目标。除此之外，体育组织还可以采取一系列措施来评估与媒体或与客户相关的、更广泛的赞助效果。媒体曝光记录显示了体育赞助商的名称或标志在电视、广播、纸媒或网络资源中出现的类型、频率和持续时间，这些"指标"可以显示出它们的货币价值，可以和广告效果进行对比。不过，直接对比并不完全可靠，因为没有一种通用且有效的工具可以用来比较广告和赞助。评价体育赞助更深层次的效果需要评估体育消费者意识和态度的改变，这些需要通过市场调查来确定消费者的认知、识别和感知效应。品牌资产价值和品牌忠诚度的评估可以从品牌形象和品牌关联的角度进行切入。表 7.5 列出了对体育消费者和体育赞助商提出的调查问题示例。

表 7.5　赞助效果调查问题设计

问　　题	选　　项
赞助商	
贵公司在体育赞助方面的整体支出与上一年相比有何不同？	a. 一样　b. 增加　c. 减少
贵公司营销总预算的百分之多少用于体育赞助？	a. 1%～10%　　d. 31%～40% b. 11%～20%　　e. 41%～50% c. 21%～30%　　f. 51%＋
在购买赞助权之前，贵公司会采取以下哪项/些行动？	a. 设定目标 b. 评估"匹配度" c. 确定目标受众的兴趣 d. 制定激活策略 e. 制定评估标准
贵公司使用了以下哪种/些营销传播渠道来激活您的赞助权？	a. 广告（电视，收音机，打印，网络） b. 户外广告 c. 公共关系 d. 打折促销 e. 直销 f. 销售点 g. 产品包装 h. 其他
体育消费者	
您在 Polo Masters Cup 中注意到了以下哪个/些品牌？	a. Rolex b. Mercedes-Benz c. Porsche d. Ralph Lauren
您对以上几个赞助商在比赛中赞助行为的认可度顺序为：	a. Rolex 1 2 3 4 b. Porsche 1 2 3 4 c. Mercedes-Benz 1 2 3 4 d. Ralph Lauren 1 2 3 4

5. 伏击营销

看一看"六大传奇式伏击营销"

最后，我们需要讨论一个和赞助相关的概念——伏击营销。伏击营销（ambush marketing，又称为"寄生营销""隐蔽营销""狙击营销""埋伏营销"）是指体育活动的非赞助者通过各种营销活动给消费者造成一种假象，误以为他们也是赛事的赞助者，或在某种程度上与赛事有联系。更确切地讲，与其说伏击营销是公司试图把自己与赛事联系起来，不如直截了当地说是让消费者认为它就是比赛的赞助商。有时，可以简单地把伏击营销理解为公司将自己与赛事联系起来但不付钱的行为。

伏击营销常见于大型体育赛事中(如奥运会和足球世界杯),往往是处于同一个商业部门的竞争者(如可口可乐和百事可乐,耐克和阿迪达斯,万事达卡和维萨卡)之中的一个采取的不怎么"光彩"的行动。以1996年奥运会为例,锐步(Reebok)是奥运会的官方赞助商,而耐克(Nike)通过建造主题公园(Niketown)等一系列促销活动开展伏击营销,结果,对受众认知度的调查显示耐克以22%超过了锐步的16%。

毫无疑问,对体育权利进行大量投资的公司应该能够拥有这些权利产生的所有效益,而不应该为那些"搭便车者"买单。因此,目前世界各地已经通过立法以帮助这一"公平"目标的实现。立法限制了伏击营销活动,但由于各种"擦边球"的存在,无法根除。也许,解决伏击营销的最好办法是通过"换位思考",站在一个伏击者的角度去思考它存在的可能性。体育赞助现在聚焦于对伏击营销的预防,这些可以在签订合同的权利条款内进行说明。例如,保持运动场馆的"清洁",禁止出现竞争对手的名称和标志;对其他合作伙伴(赞助商和广告公司)的种类和定义规定明确的界限,与谁可以签署进一步的协议;积极采取一系列活动来利用这些权利,从而尽量不让消费者接触到竞争对手的宣传信息。

虽然人人都知道要遵纪守法,但令人遗憾的是,当体育部门出现这种"天上掉馅饼"的好事时,仍然还是会出现这种"钻空子"的行为,从而使创新的体育促销活动受到阻碍。

章 节 回 顾

整合的体育营销沟通(ISMC)是体育组织的公众面孔,它是对体育营销组合所有元素进行协调与整合的复杂过程,它是为了实现体育营销所有目标而产生的具体"战斗"计划,并在体育营销计划阶段被制订出来。没有一种固定的ISMC模式可供体育组织套用,在整个沟通过程中还可能需要和外部专业机构合作以最有效地利用稀缺资源。体育社交媒体的不断发展,为企业营销沟通创建了更多的平台,粉丝的声音在体育行业中变得越来越"大"。传统的体育媒体也将继续存在,部分原因是新体育媒体形式的生命周期太短,所以需要传统媒体进行补充。体育公关是一个重要且多功能的体育营销沟通工具,它旨在建立并保持与关键人群(体育消费者、赞助商、媒体等)的长期互利关系,它通过加深公众对体育实体的理解、改善体育实体在公众心目中的形象和声誉来增强体育沟通信息传播的可信度。体育公关可以为体育组织在市场上带来竞争优势,它不是一个可选项,而是一个必须制订的战略计划。体育组织越来越重视体育公关,因为他们意识到它对争取赞助是十分重要的。赞助也是ISMC组合的一个组成部分,在竞争日益激烈的体育市场上,赞助的重要性已经越来越凸显。赞助商正在寻求更具创新性的应用措施,以充分利用他们所获得的权利。体育组织需要制定有效的激活策略以获得赞助权带来的各种效益。对赞助效果的评估是与合作伙伴建立长期关系的关键。

在线自测题

第 8 章

体育市场营销计划的撰写

学习目标：

本章将帮助你——

1. 了解体育市场营销计划的基本结构。
2. 掌握一份体育市场营销计划的关键要素。

看起来似乎我们的市场营销旅程已经接近尾声，但事实上这只是结束的开始。从内容上来看，本章应该是"开始的开始"，因为你现在必须把前面所学的所有概念和方法综合在一起考虑来制订出一份体育市场营销计划，它是"地图""指南""游戏规则"，是每个体育组织必需的文件。体育市场营销计划最重要的部分是战略和战术计划，其中，战略计划指明了体育组织想要达到的目标，即"想做什么"；而战术计划则详细说明了将采用什么样的体育营销手段，以实现相应的体育营销目标，从而完成相应的战略，即"该怎么做"。

本章将重述前几章的许多关键原则和观点，并为体育市场营销计划的撰写提供一个"基本"框架和结构，之所以称为"基本"，是因为并不是所有现实中的营销计划书都会按照本章给出的结构来撰写，而是会根据具体情况的不同在结构上有所取舍和添加。本章的第一节将为体育市场营销计划的组成部分提供一些例子，这些例子涵盖了各种体育组织（这些组织既有英国的也有其他国家的），第二节会以一个完整的体育市场营销计划结束本章。

8.1 体育营销计划的组成部分

一份基本的体育营销计划包括了体育营销分析、规划、实施和控制阶段的所有关键内容。综合以上信息，这里给出体育营销计划的建议模板如下：

- 执行摘要；
- 背景；
- 营销环境分析；
- 体育营销优先事项和关键假设；
- 体育营销目标；
- 体育营销战略和战术；

- 资源的需求;
- 控制和评估。

整个计划应以体育消费者为中心,以实现体育产品/服务销售的增长和/或消费者的参与。

8.1.1 执行摘要

在体育营销计划的执行摘要部分通常会对公司进行简要的介绍,并简单列明计划的要点。一些需要阅读计划但没有参与计划制订的人可能不会有时间或兴趣阅读计划的全部内容,那么执行摘要就可以为他们提供一个简明的框架。虽然这一部分位于整个计划的开头,但实际上应该在完成其他部分之后再回过头来撰写,这样有助于清楚地表达全计划的要点。执行摘要的要点如下:

- 简要介绍公司,包括简要描述业务的性质、提供的体育产品/服务,以及它们在体育市场中的竞争优势。

注意:如果是一个处于运营中的企业,需要说明企业开始经营的时间,以及在目前的状态下运营了多长时间。描述体育业务活动,包括销售和客户,并突出企业取得的成就;如果是一个尚未投入运营的企业,描述开展业务具备的资格,如主要合作伙伴、以往类似的业务经验和接受的培训等。

- 陈述公司的创立理念(使命宣言)和公司目标。
- 描述公司的组织结构。是独资还是合伙?列出关键管理人员和/或董事会成员。
- 简要说明计划中包含的主要体育营销目标和战略以及财务概况。

执行摘要应当能使读者对体育营销计划的其他部分产生兴趣,从而产生继续阅读的欲望。下面的 Cyclist Repair Centre 示例,说明了如何覆盖上述要点。

示例

Cyclist Repair Centre 执行摘要

Cyclist Repair Centre(CRC)是为曼彻斯特和更广泛的西北社区服务的一个自行车体育诊所,成立于 2017 年 1 月,是一家合伙公司。Cyclist Repair Centre 期望通过集中性市场营销战略进行市场渗透,为自行车骑手提供最好的服务。

Cyclist Repair Centre 已经确定了两个不同的体育目标客户群:一是竞技自行车骑手。这一市场共有 4 500 名潜在客户,年增长率为 4%。该群体正在寻求康复治疗或培训服务,以使他们在比赛中更具竞争力。二是由休闲自行车骑手。这个群体共有 32 090 名潜在客户,年增长率为 5%。这些人可能会偶尔参加比赛,但一般来说,他们只是热爱/享受骑自行车的人。对休闲自行车人口的调研结果表明他们属于富裕(ABC1)组,即许多人"有钱但没时间"。

Cyclist Repair Centre 之所以选址在曼彻斯特是因为在曼彻斯特有英国首屈一指的

奥林匹克自行车馆和数百英里的自行车公路,英国自行车的骑行训练基地也在这里。

Cyclist Repair Centre 提供各种自行车运动医疗和训练服务,包括按摩、伤害诊断和康复、个人训练、自行车健身评估等。Cyclist Repair Centre 将会聘用若干经验丰富的个人教练,一名运动医学医生,若干名按摩治疗师,购买各种自行车专用设备,用以提供上述服务。

1.1 目标
- 在第二年年底实现盈利。
- 到第三年产生超过 40 万英镑的收入。
- 到第三年实现至少 10% 的净利润。

1.2 任务
Cyclist Repair Centre 将为客户提供个性化的诊断、治疗和培训服务。

1.3 成功的关键
- 专注于自行车运动损伤和培训。
- 提供能满足所有自行车骑手需求的服务。
- 设计并采用严格的财务控制手段,这是体育组织能有效运行的必要条件。

(摘自 www.bplans.co.uk)

8.1.2 背景

本节所讨论的背景指体育营销计划提出的背景。首先阐述愿景和/或使命,然后概述体育业务的目标,所提供的体育产品/服务,以及对于体育消费者而言的产品/服务特色。概述在体育市场中什么是好的、差的和/或需要注意的。

下述 2008 年在新西兰举行的 FIFA U-17 Women's World Cup(17 岁以下的女子足球世界杯)示例就表明了该项赛事的举办背景、增加参赛者的预计数量,并鼓励公众在比赛期间尽可能多地观看。

示例

2008 年 FIFA U-17 女子世界杯

世界女子足球在人气、参与度和技术水平上都有了巨大的增长。国际足联家庭中的每个成员现在都有女子比赛,参赛的总人数约为 4 000 万,是所有女子运动中规模最大的。

150 个国家的 1.5 亿人在 2007 年观看了上届女子世界杯,场馆平均的上座人数达到了 3.8 万。随着女子比赛技术水平的提高,国际足联决定在 2008 年推出 U-17 女子世界杯。实际上,2006 年 2 月,新西兰就表现出举办 U-17 和 U-20 赛事的兴趣。2006 年 9 月,新西兰正式被授予 U-17 的举办权,反映了该国在女子比赛上的实力和良好的群众基础。这是新西兰举办的第二次低龄 FIFA 赛事，上一次是 1999 年的 U-17 男子世界杯。鉴于男女平等，因此这场赛事也包括了 16 场小组赛，决赛入围者将来自六个不同的 FIFA 联盟。作为活动的主办方，新西兰将自动获得决赛入围资格。

新西兰队的表现将成为赛事发展的关键因素，特别是将决定人们是否有兴趣买票走进体育场，这同时也是国际足联这次比赛能否成功举办的关键之一。国际足联将为地方组织委员会（LOC）提供营销和业务指导的部分资金支持。为了在新西兰为女子足球的发展创造精神文化遗产，LOC 将把比赛目标与营销、研发和媒体的目标联系起来。新西兰足联之所以争夺该项比赛的举办权，主要原因在于它和这个国家女子比赛的发展有关，具体说来，即

- 发展足球运动——提高参与人数（不论男孩还是女孩）；
- 提高国民对足球的认识——提高女子足球的地位；
- 提高新西兰在 FIFA 世界杯上取得成功的机会。

为了协助国际足联成功举办该项赛事，所有活动的开展都必须遵循以下两个指导原则：

- 一定要让足球这项运动呈现最好的状态（务必让每一支球队满意）；
- 东道国必须做好充分的准备（务必让国际足联满意）。

为了做到以上两点，体育场馆和比赛的气氛都起着至关重要的作用。除了满足国际足联和新西兰足联的目标之外，要明确的是，这只是一个世界比赛的开端而已，如果能够成功举办，那么它将为今后其他国家举办女子 U-17 打下坚实的基础。因此，要确保本次赛事不仅能为新西兰创造精神文化遗产，还能为国际女子比赛创造出精神文化遗产。

（改编自 www.majorevents.govt.nz）

8.1.3 环境分析（SWOT 分析）

环境分析描述了体育组织当前和中长期所面临的情况。主要内容包括以下几个方面：

- 客户分析。客户分析描述体育组织目标市场的地理位置、人口统计数据、市场规模，定量和定性地分析体育目标市场人口、地理、心理和行为特征。描述试图满足的体育市场需求，分析体育目标市场的增长潜力，考虑潜在体育消费者目前不产生购买行为的原因，或为什么现有体育消费者不再购买它。对其他利益相关者进行描述，包括供应商、有偿和志愿员工、资助机构、媒体、政治或管理机构、社区团体、当地社区居民，等等。
- 营销分析。营销分析描述所提供的体育产品/服务以及现有的定价、促销、分销、实体设施、人员和管理策略，并在既有表现或有效性方面对其进行分析和评价。
- 竞争对手分析。竞争对手分析识别体育组织的竞争对手，包括它们所在的位置以

及它们的相关特征。如果可能,暗访竞争对手的销售点或与它们的客户进行交谈,悄悄地收集信息。分析竞争对手的竞争优势或独特卖点(unique selling point,USP),找到自己和竞争对手的关键区别在何处。
- 外部环境分析。外部环境分析描述和分析诸如政治、经济、文化、技术、法律等的现状与趋势。可以从当地报纸、商业杂志、政府报告、研讨会和其他来源获取信息。

SWOT 分析总结了环境分析,在图 8.1 中,我们可以看到一个体育赛事的组织委员会如何为在新西兰举行的 2010 年世界赛艇锦标赛做 SWOT 分析。

优 势	劣 势
• 赛艇项目在新西兰有较高的流行度和水准; • 新西兰赛艇队在奥运会以及以前的世界锦标赛中表现突出; • 新西兰的中学在赛艇项目上具有优势; • 新西兰赛艇项目的市场化——赛艇运动的特点使之具有较高的收益/成本比; • 新西兰赛艇项目在国际上的声誉不断提高; • 新西兰之前举办其他世界锦标赛的营销经验可作为本次比赛的借鉴与参考; • 新西兰赛艇项目粉丝的忠诚度较高; • 新西兰有着多元的文化; • 新西兰作为旅游目的地拥有很高的国际声誉; • 新西兰国际媒体较多	• 国际电视媒体对新西兰主要国际赛艇巡回赛的报道不多; • 中学生赛艇俱乐部的注册人数有下降的趋势; • 新西兰是岛国,从各国抵达新西兰的路途较远; • 帆船赛的时间安排不利于观众收看; • Karapir 湖的交通不够便利; • 在游客住宿方面,尤其是 Waikato 地区无法保证提供四、五星级的住宿
机 会	威 胁
• 存在将潜在的赛艇粉丝转变为参与型粉丝的机会; • 富有吸引力的民族市场; • 来自 VIP(FISA①,新西兰政府和新西兰国家队)的认可; • 国内赞助商对赛艇项目的商业投资较大; • 有助于提高新西兰赛艇项目的水平从而吸引国民的注意力; • 增加新西兰赛艇项目在国内和国际上的曝光率; • 吸引潜在的赞助商投资该项运动	• 2011 年的橄榄球世界杯会抢夺一部分的关注和资源; • 新西兰多变的天气不太利于赛艇比赛日程的制定; • 与中学生的考试时间相冲突; • 新西兰赛艇队的潜力不大; • 当前的经济环境对举办赛事不利; • 该比赛的感知价值不高; • 国际团队或团队成员很难从新西兰公众身上获得归属感

图 8.1　2010 年世界赛艇锦标赛 SWOT 分析

8.1.4　体育营销优先事项和关键假设(或机会分析)

这一部分需要从环境分析的信息中找到可能存在的机会、问题或差距。它属于二级分析,即可能不是一眼就能从信息中看出,需要经过详细的思考才能确定的企业近期可能

---

① The International Rowing Federation,国际赛艇联合会。

面临的问题,特别是和能力、资源相关的问题,需要结合体育目标市场找到"关键的成功因素",才有可能实现体育组织的计划。编写机会分析的一种简单方法是识别环境分析中三到六个最重要的方面。

表 8.1 给出了 K2010 世界赛艇锦标赛组织团队确定的五个优先事项,对于每一项,都指明了一个关键问题。

表 8.1　K2010 世界赛艇锦标赛的优先事项

优 先 事 项	具 体 问 题
文化环境	什么能够使人们选择观看本赛事而不是其他的活动或比赛?
认知度	如何确保本赛事在国内和国际上有较高的曝光度?
便利性	如何确保潜在的观众能够方便地买到门票并且能够方便地抵达比赛现场?
价格的制定	如何确保比赛的门票价格不会将某些群体(如学生、家庭)排除在外?
感知价值	什么能够给观众带来观看本次比赛的体验价值?

8.1.5　体育营销目标

体育营销目标表明了体育组织想要实现什么,它们和安索夫矩阵有关,必须是围绕体育产品/服务和市场展开的:

- 将现有的体育产品/服务出售给现有的目标市场;
- 为现有体育目标市场开发新的体育产品/服务;
- 将现有的体育产品/服务推广到新的体育目标市场中去;
- 为新的目标市场开发新的体育产品/服务。

对体育营销目标应该尽可能地定量描述,避免使用诸如"提高""渗透""最大"等模糊术语,特别是在描述体育组织的市场份额、销量、利润率时最好能提供相应的数值。例如:

- 3 年增加 1% 的参与度;
- 将华北地区的销量从 x 提升到 $3x$;
- 利用 y 将销售额提升 $x\%$。

下面再提供两个示例。

示例

1. K2010 世界赛艇锦标赛的营销目标

- 吸引 8 万人观看。
- 举办一场超出 FISA 和世界赛艇预期的顶级赛事。
- 为新西兰赛艇项目引来投资。
- 创造精神文化遗产,激发后代对赛艇运动的热情,帮助优秀人才从中学的俱乐部中脱颖而出进入国家队代表国家参赛。

- 提高新西兰赛艇队的公众形象。
- 为新西兰赛艇开发人口统计资料数据库。

2．FIFA U-17 女子世界杯的营销目标
- 开展迎合新西兰文化的富有创意的体育营销和媒体/公关活动。
- 为 U-17 女子世界杯带来 20 万名观众。

此外，针对新西兰足球运动的发展还确定了具体的体育发展目标：
- 将参加足球运动的女子和女童人数共增加 25%。
- 提高新西兰女子足球的水平。
- 提高新西兰女子（特别是学龄女童）对足球运动的参与度。

在以上的两个示例中，似乎并非所有体育营销目标都符合 SMART 标准，比如"提高新西兰女子足球的水平"看上去似乎无法量化，但是，借助于对比赛结果的量化分析，可以判断目前新西兰女子足球的大致水平以及此后的比赛水平是否有所提高。同样，是否创造了精神文化遗产或是否提供了顶级比赛也有相应的标准，可以用来评估它们的成就。

8.1.6　体育营销战略和战术

体育营销战略是指体育组织计划要"做什么"，体育营销策略（战术）是指具体"怎么做"。体育营销战略可以专注于对体育市场的渗透，使体育产品/服务和体育市场多样化，开发新的体育产品/服务，扩大已有的市场份额，进入利基体育市场等。目标和战略关注的是体育组织市场营销的长远目标，以及体育组织本身更广泛的商业目标。体育营销战略从总体上考虑使用体育营销组合的方法，然后在战术实施计划中给出这些方法的更多细节。

体育营销战略涉及体育营销组合的部分包括：
- 体育产品/服务组合——数量、范围、质量、差异化、定位、添加/删除服务内容。
- 体育价格——为了吸引新客户群体制定的新定价策略。
- 体育渠道/分销——开发新渠道，改善供应链。
- 体育 ISMC 组合——广告策略、整体体育促销活动、销售促进、公关策略。

TaylorMade-adidas 在其 2015 年的业务战略计划中确定了以下体育营销战略：
- 重新推出 Ashworth 品牌，重新定位于舒适、休闲的高尔夫球服（不论是专业还是非专业的高尔夫球手都适合）。
- 通过每年引进一项主要产品创新技术，强化市场领导地位。
- 吸引最有才华的职业巡回赛球员，以提高品牌曝光率和吸引力。
- 探索和执行新的创新方式，使用社交媒体（Facebook 和 Twitter）在线推广产品。
- 通过最先进的手段在零售店面展示产品的优势和设计理念。
- 通过在不同的价格水平提供最优的产品扩大市场份额。

每个战略重点都有与之对应的战术实施计划。至关重要的是,体育组织要综合运用多种营销战术,这样才可以确保将体育沟通信息准确无误地传递到体育目标市场。记住,一个体育组织通常会有多个目标市场,因此必须注意向正确的目标市场传递正确的体育沟通信息。

8.1.7　资源需求

在战术实施期间所有与体育营销相关的活动都会对资源产生需求,围绕这些需求制订的预算应作为计划、控制和评估阶段的指标,此外,它同时也为利益相关者/公众提供了清楚和明确的财务信息。体育营销计划预算要么由体育组织提前设定好,使营销计划在制订时受其约束,要么在制订营销计划时设定预算。相较于前者来说后者更加有效,因为它允许体育营销提出更具针对性的财务需求,以实现企业的目标和愿景。然而,在现实中,体育营销计划通常不得不受到整个体育组织所有活动的财务约束。表8.2显示了2010年温哥华冬奥会的营销预算情况。

表 8.2　2010 年温哥华冬奥会的营销预算

单位:美元

项　　目	预　　算
赞助、销售和服务	21 184 000
销售许可	7 225 000
商业权利管理	4 035 000
门票	9 083 000
营销沟通	6 393 000
社区关系	10 619 000
出版物	10 442 000
媒体关系	3 613 000
网络管理	7 446 000
品牌与创意服务	15 588 000
火炬接力	30 799 000
总计	126 427 000

8.1.8　控制和评价

监测战术实施过程和程序并向有关部门报告体育营销目标实现的进展,是十分重要的。应评估所有的具体行动,特别是体育沟通的有效性,其主要衡量指标有赞助率、网站点击率、形象强化/体育目标消费市场的品牌意识提高、财务相关指标等,这些指标对体育营销过程的整个阶段都很重要。

示例

FIFA U-17 女子世界杯锦标赛的主要评价指标

1. 出席人数
- 通过在比赛日期间对所有体育场的门票进行统计。

2. FIFA、LOC 的工作人员、志愿者和参赛队伍的满意度
- 在比赛结束后的一周,通过电子邮件向 * FIFA、LOC 的工作人员、志愿者以及所有参赛队伍进行调查。
- 重点关注是否为他们提供了满意的体验,总结成功之处以及需要改进之处。

3. 球迷满意度
- 志愿者尽可能多地收集球迷填写的调查问卷,对数据进行分析和整理。
- 可以在任何地点采取任何方式进行,如开场前的纸质问卷调查、比赛后的电子邮件问卷等。

4. 赞助收入
- 计算政府赞助和媒体合作伙伴提供的总货币价值。

5. 票务收入
- 由票务代理机构提供数据。

此外,体育营销计划应该确定用于跟踪每种类型的体育营销活动的方法。跟踪有助于监测体育营销战术实施的有效性,特别有助于对整体计划的评估。以下给出了一些媒体,以及如何跟踪其有效性。根据体育产品/服务和体育目标市场的不同,技术会各有不同:

- 展示广告。跟踪可以通过在不同广告牌上显示不同的电话号码、二维码或特殊优惠(特定于广告或出版物),来电或进入二维码链接时,工作人员必须记录信息,以便为该展示物统计结果。
- 直销。由于与邮政邮件相联系,所以跟踪相对简单。在邮件标签上注明与邮件列表相对应的代码(称为关键代码或源代码),以便知道哪个地区的销售效果最好,并通过向体育消费者询问代码来指示员工记录信息。还可以通过给体育消费者编号,并记录重复订单,而无须将其信息重新输入数据库。当然,这些技术工作可外包给邮政部门来做,让他们直接向自己提供相关数据即可。对于电话营销活动,跟踪也相对简单,因为在大多数情况下,员工与体育消费者一直都处于沟通状态。
- 电视或广播广告。电视或广播广告也可以通过使用唯一的电话号码、二维码或特殊优惠(特定于该广告)来进行信息跟踪。如果你的广告投入规模非常大,那么一个不太精确的方法是及时跟踪广告播出的时间和销售数据。
- 网络营销。网络营销通常很容易跟踪,因为网站管理员能够提供数据分析报告,

指出实际对体育产品/服务购买的次数或点击次数。还有"唯一链接"的方法,可以跟踪用户对特定促销或广告系列的回复。

- 销售促进。大多数"封闭"的促销活动基本上是"自我跟踪",因为它们需要体育消费者做出相应的行为才能获得优惠,例如填写报名表、提交优惠券、返回回扣单、登录某网站领取奖品,以上这些都是可跟踪的。"开放"式的销售促进,如清仓销售,则需要更多的工作来跟踪,比如可以通过计算在某时间段、某商店(地区)增加的销售额或其他销售指标来进行不太精确的跟踪。
- 贸易展览会。通过在展会上收集准确的信息并跟进,可以跟踪贸易展览会的效果。这些结果也必须记录和计算。贸易展览会是否成功可以通过计算在体育组织的展位前的咨询人数来衡量。

8.2 体育市场营销计划实例

为了强化本章第一节介绍的内容,在第二节里我们会学习一个完整的体育市场营销计划案例——Shropshire 和 Telford & Wrekin[①](STW)的合作营销计划。如案例所示,执行摘要的主要内容是陈述目标,在背景部分给出了本计划其他的一些相关战略方向。SWOT 分析总结了对环境的审计,并为确定体育营销战略的优先事项提供了依据。在本计划的最后给出了执行活动的预算以及控制和评价的具体办法。虽然本节的营销计划是作为一个示例给出的,但并不代表它就是一个完美的案例,在作者看来,它至少包括以下两个疏漏点:一是需要给出有关计划执行反馈方面的规定与描述;二是应在战术实施计划中明确具体的责任方,从而完善问责制中非常重要的组成部分。

8.2.1 执行摘要

1. 现状概述

1)目前状态

由于之前合作关系下,各方的体育营销及沟通活动出现了一些问题,且缺乏一种系统的方式来沟通和分享信息,因此,对于现在更加广泛的受众而言,过去的合作关系已经无法获得合作伙伴的认可。

2)机会

- 共享所有权以及合作伙伴的支持,共担责任和义务。
- 良好的伙伴关系和紧密的联系。
- 利用网络可以向对方进行及时的咨询以及分享最佳的管理方法。
- 改进后的报告程序,能够带来资金增加。

---

① Shropshire,什罗普郡,英国英格兰西米德兰兹(West Midlands)的郡;Telford & Wrekin,特尔福德-里金郡,是英格兰西米德兰兹地区拥有自治市镇的单一区域。

3) 关注领域
- 系统性的双向沟通渠道。
- 与非竞技体育部门、私营部门以及媒体的联系。
- 统一双方不同的人口统计学方法和工作方法。
- 继续投资的方向。

2. 期望实现的目标

1) 总体目标

增加两郡各地的沟通交流机会,提高沟通效率,寻求最佳的工作方法,使体育运动成为 STW 大众日常生活的一部分。

2) 阶段目标

- 第一年目标

开展品牌宣传活动,为伙伴关系做好准备,并创建高效的沟通渠道,通过这种沟通渠道,建立并强化伙伴关系意识。第一年将引入中央数据库/管理信息系统,以有效地对绩效进行评估。

- 第二年目标

提高两郡的品牌认知度以及对 SPA(sport and physical activity)机会的意识。鼓励合作伙伴通过发展双向沟通渠道和定期的咨询及反馈来分享信息和最佳工作方法。数据库将把统计口径扩大到更广泛的群体,并增加合作伙伴的数据输入和使用频度。

- 第三年目标

创建合作关系的品牌所有权,并为所取得的成就和工作实践建立示范 CSP(county sport partnership),这种 CSP 将能够用来保持持续、有效的咨询、监测和评估,以对合作伙伴的需求做出反应。将 SPA 机会成功地推广到更广泛、更难接触到的群体。

3. 目标受众及信息

1) 目标受众

本体育营销计划将为两郡的沟通协调工作提供一个框架,以促进对目标受众的信息传播。本计划的目标受众为积极和非积极的体育活动参与者,以及以下部门中的各种组织:公共和私营部门中的体育组织、教育组织、青年团体、股份公司等。

2) 信息的主题

- 激活个人——不是只有运动员才能享受运动。
- 激活生活——不积跬步无以至千里。
- 激活声音——聆听来自 SPA 的声音。

4. 首要行动

行动计划中的优先事项包括创建和推广品牌;开发新网站和电子新闻服务;建立积极的媒体关系;制作促销出版物、报告和通讯稿;建立市场营销活动的支持;开发中央数据管理系统。

5. **资源**

营销预算：24 500 英镑。

6. **评估内容、方法及标准**

- 专项小组年终对伙伴关系进行调研。
- 在线调查的反馈表。
- 积极的媒体报道、监测和评估。
- 合作网站的在线注册情况。
- 电子新闻服务。
- 参与人数。
- 是否在预算内完成。

8.2.2 背景

1. **简介**

Shropshire 和 Telford & Wrekin 体育伙伴关系（STW CSP）是致力于建立可持续发展的基础设施的一种合作伙伴关系，它期望为所有社区提供一个综合、统一的体育运作体系，从而使其从 SPA 中受益。

简单且有效的体育营销沟通原则是清楚知道沟通的信息以及沟通的对象——这显然是 STW CSP 的工作基础。英国体育局认为"营销和沟通"是 CSP 需要关注的三个关键战略领域之一，以实现其目标和目的。所有目标中的重中之重是努力建立一个统一、高效的英国体育体系，向公众宣传 SPA 的好处，以期增加 1% 的 SPA 参与率，提高体育活动的认知度和参与度。

我们的目标是建立一个强有力的伙伴关系，使之朝着我们想要实现的目标迈进。建立并实施有效的体育营销沟通计划能确保我们的合作伙伴和主要目标群体知道：

- 什么是 STW CSP。
- 它能做什么。
- 它为谁服务。
- 如何服务，以及如何支持 SPA。

2. **现状**

之前合作关系下的体育营销及沟通活动出现了以下问题：

- 品牌识别——STW CSP 目前没有自己的 logo 或广泛被大众认可的身份，因此此次合作为伙伴关系全面推广全新的身份提供了机会。
- 网站——网站 www.shropshiresport.gov.uk 由 Shropshire 郡议会主办。统计显示，该网站在用户开发和搜索引擎方面的潜力还有待挖掘，它的视觉风格看起来也不统一，一部分的信息也没有做到定期更新。在网站的反馈报告中，用户对网站易访性的评价非常高（满分 10 分，评价为 9.7 分），但用户的满意度却非常低（分数低于 2.5）。

- "@action Replay"杂志——流通量为 10 000，且在新学期开始的时候，为了和新学期同步，印刷量会增加三倍。它针对年轻人、家长和俱乐部，并通过学校、图书馆、青年协会和体育休闲中心分发。该杂志在俱乐部的联系信息和新推出的教练课程介绍方面做得较好，但仍旧有两个方面需要改进：一是由于内容既针对少年，又针对成年人，所以该杂志相较于其他专业杂志而言，"针对性"不够强；二是二次传阅问题——相较于其他信息沟通形式，这种沟通形式缺乏效率，且性价比不高。
- 沟通——除了@ction Replay之外，没有系统的或常规的沟通方式使信息在所有目标群体中得以共享，因此需要在体育营销沟通或新的体育营销工具中创造其他更可靠、更高效的手段。

3．愿景与目标

制定有效的体育营销策略，改善与合作伙伴、目标群体之间的沟通过程，从而成功地实现伙伴关系的总体目标，使 SPA 成为每个人日常生活的一部分。体育营销的本质是战略规划与协调。STW CSP 希望将一个年度的体育营销计划，以周全、有效的方式与所有促销活动整合在一起。为了将 STW CSP 提升到一个新的水平，品牌宣传活动将成为第一阶段的重点，作为我们和更多部门接触的跳板。

1）体育营销与沟通目标
- 在公众心目中为 STW CSP 建立鲜明的形象和良好的声誉，且符合 STW CSP 的愿景与价值观。
- 开发和维护中央数据库系统，以支持有效的绩效评估。
- 与合作伙伴建立有效的双向沟通，分享实践成功经验，积极参与伙伴关系工作的各个方面。
- 与公众积极沟通，以提高他们对 STW CSP 的认同，同时向他们积极宣传体育活动的好处，从而提高公众的体育活动参与度。
- 利用国内体育比赛和相关体育活动，提高两郡的 SPA 水平。

2）战略主题与目标

体育营销目标是以伙伴关系的战略主题和关键的沟通目标为基础确立的，每个主题相应的体育营销目标如后所示。

4．关键信息

体育营销和传播战略已经确定了以下关键信息：
- 激活个人——为每个人提供 SPA 的机会，不是只有运动员才能享受运动。
- 激活生活——使 SPA 成为日常生活的一部分，"不积跬步无以至千里"。
- 激活声音——为 STW 制定统一的 SPA 宣传声音，使公众聆听来自 SPA 的声音。

8.2.3 环境分析

1. 优势
- 专业的核心团队。
- 所有权共享和合作承诺。
- 英国体育局的认可。
- 没有竞争对手。
- 与合作伙伴之前的合作基础。
- 青少年运动会的成功举办。
- 合作方的广度和深度。
- 与 STW 的 LSP[①] 有良好的关系。

2. 劣势
- 没有明确的品牌。
- 网站有待完善。
- 合作伙伴之间的双向沟通。
- 现有的媒体关系存在一定问题。
- 地理区域太大。
- 冗长的决策过程。
- 私营部门的参与不足。
- 与非竞技体育部门的联系不够。
- 凝聚力不够,没有两郡的统一行动。
- 缺乏中央数据库或信息系统。

3. 机会
- 更好的咨询方式。
- 数据充分的投资分析报告。
- 一个分享最佳工作方法的网络。
- 国内大型体育赛事和体育活动。
- 能够利用国家提供的资金。
- 信息和数据的集中存储。
- 人们的生活方式变得越来越健康。
- 调研提供了基础数据。
- 其他多元化的体育活动领域。
- 吸引更广泛的公众参与——16 岁以上、不爱运动的目标群体。

---

① Local strategic partnership,存在于英国几乎所有的地方当局。它们汇集了地方司法、志愿者、社区和私营部门的代表,致力于解决当地的一些问题。

4．威胁

- 对合作伙伴"角色"看法的不同。
- 与合作伙伴不同的人口统计学和工作实践方法。
- 继续合作的资金问题。
- 其他短期融资问题。
- 难以进入"久坐群体"市场。
- 老龄化问题（主要在 Shropshire）。
- 对合作伙伴关系的期望值可能过高。

8.2.4　营销优先事项和关键假设（或机会分析）

- 开发全民健身路径——开发一个简单、统一的健身路径，让人们根据自己的需求选择性参与，从而最大限度地开发他们的运动潜力。
- 合作的效率和伙伴关系的建立。
- 教育与终身学习——利用 SPA 促进学术发展和成人教育，使 STW 的个人和两郡经济受益。
- 社区发展与健康改善——使用 SPA 帮助当地社区，以帮助人们实现健康积极的生活方式。

8.2.5　体育营销目标

1．第一年目标

- 宣传之前合作关系（active sport）和现在 CSP 之间的区别。
- 通过向公众大力宣传品牌形象来建立公众对本合作品牌的意识，强化伙伴关系的存在。
- 引入有效的沟通渠道，为合作关系的进一步发展和相互的业务咨询奠定良好的基础。
- 开发中央数据库和信息管理系统，以支持有效的业绩评估。

2．第二年目标

- 强化积极的合作关系，使更多的公众了解本品牌。
- 实现有效的双向沟通，鼓励信息共享和最佳工作方法的经验交流。
- 有效利用数据库/管理信息系统，让更多的群体受益。
- 定期举办咨询和反馈交流会，持续改进营销和沟通活动。
- 为两郡提供更多的 SPA 机会，让更多的人了解 SPA 的益处。

3．第三年目标

- 保持积极的合作伙伴关系。
- 创建合作品牌的所有权。
- 获得本地/国家对合作成就和工作实践的认可。

- 通过持续的咨询、监测和评估,高效且有效地满足合作伙伴的营销和沟通需求。
- 提高更多受众(如久坐群体)对 SPA 好处的认识和参与机会。

8.2.6 体育营销战略和战术

表 8.3 给出了本营销计划的战略和战术。

表 8.3 STW 合作营销计划的战略和战术

战略和战术	目标和时间表	衡量标准	资源需求
建立企业形象和声誉			
宣传之前 active sport 队伍和 CSP 之间的区别	• 8 月发行新闻稿; • 9 月之前,伙伴关系的核心团队与各方人员见面; • 将介绍伙伴关系团队的宣传信息发送到学校和体育活动组织; • 学校的沟通时间要与新学期的开学时间一致,并同步更新 @ction Replay 上新的俱乐部的联系网址	• 是否至少在 2 月底之前整理出伙伴关系调查小组获得的正式调研反馈; • 媒体报道是否准备就绪; • 因体育活动的开展而产生的新合作关系的数量是否达标	为伙伴关系调查小组拨款 1000 英镑
为 STW CSP 开发新的"统一"身份	• 9 月 13 日之前就简报的设计问题达成一致; • 核心团队和合作伙伴将在 11 月之前采用新的身份	• 在沟通中使用新徽标的合作伙伴数量是否达标; • 特别调研小组将在新身份采用后的一年内成立,以评估新身份是否成功	1500 英镑
向合作伙伴和公众宣传新的合作品牌; 推出适当的"预告"活动; 创建新网站,发布合作通讯稿和电子新闻,以配合新品牌的推出	• 品牌于 2 月的年会上正式推出; • 品牌宣传计划将于 10 月达成一致	• 参加会议的人数; • 特别调研小组的调研	品牌的宣传费用包括在 6 000 英镑的促销预算中
促进伙伴关系——提升核心团队的地位,并通过制定的各种营销手段实现定期的成功经验分享: • 网站上有关核心团队介绍的页面; • 新闻稿; • 电子新闻; • 季度/年度报告和出版物; • 合作伙伴颁奖晚会	每月至少将一个内部的好消息发布在所有宣传渠道上	核心团队的感受和看法将作为特别调研小组的一部分调研内容进行评估; 对第三年之后的合作资金是否做出承诺	从促销预算中扣除相应的费用

续表

战略和战术	目标和时间表	衡量标准	资源需求
与公众建立积极的沟通，提高他们对合作伙伴关系的认识，向其宣传体育活动的好处，对其参与体育活动的水平产生积极的影响			
建立与媒体相联系的数据库，并与当地、国家的相关新闻广播电视媒体发展关系，发行合作伙伴出版物、专业体育和体育活动出版物；将媒体使用数据库的情况纳入媒体评估、分销统计和人口统计；用数据库帮助缺乏媒体知识的合作伙伴——核心团队为合作伙伴的媒体活动提供咨询和支持	在9月完成媒体数据库	建立内部新闻剪辑系统，监督媒体报道	
识别和积极推广能够支持合作伙伴的关键信息；积极撰写新闻故事，优先考虑以下群体的新闻故事： • 女性； • BME① 群体； • 残疾人群体； • 低收入群体； • 45岁以上的人	每月至少发布一次新闻稿，使公众意识到合作伙伴及其工作的存在		印刷费和邮费都是促销预算的一部分
与合作伙伴一起确定现有的、新的网站内容及文学出版物是否合适，即在内容和可用性方面是否满足了公众和用户的需求	• 9月更新现有网站，12月推出新的合作网站； • 持续监测体育文学与指南的相关内容	网站的使用和反馈情况	部分网站开发预算
与STW的私营部门/主要雇主建立联系，鼓励其在员工中宣传积极的生活方式；将合作伙伴信息/新闻纳入适当的内部沟通渠道，并为合作伙伴找出潜在的合作机会	12月前确定5家公司	• 是否确保内部的沟通是正面且积极的； • 为员工引入新的SPA举措的组织数量是否达标	部分促销预算

8.2.7 资源需求

在英格兰体育局的支持下建立和发展伙伴关系，体育营销和沟通计划的资金得到了保障。体育营销和沟通的预算总额为 24 500 英镑，预算明细（单位：英镑）如下：

1. 体育营销与沟通活动
   - 合作关系调研特别小组　　　　　　　　　　　　　　　　　　1 000

---

① black and minority ethnic，在英国BME通常用来表示非白人血统的人士。

- 新品牌/身份的推出　　　　　　　　　　　　　1 500
- 年报　　　　　　　　　　　　　　　　　　　1 000
- 管理信息系统　　　　　　　　　　　　　　　10 000
- 网站和电子新闻创作　　　　　　　　　　　　5 000

2．促销预算明细
- 新闻稿和媒体拍照　　　　　　　　　　　　　800
- 新品牌的宣传　　　　　　　　　　　　　　　1 000
- 正在进行的网站开发　　　　　　　　　　　　700
- 每发出一个新闻通讯稿　　　　　　　　　　　1 300
- 促销文学、传单和广告　　　　　　　　　　　1 000
- 媒体(报纸杂志)的订阅　　　　　　　　　　　200
- 对其他国内和郡级体育赛事的宣传　　　　　　1 000

(例如 SYG,DFest&Coach Conference)

8.2.8　控制和评价

我们已经为每项行动确定了评估标准,以确保活动符合其目标,并能带来投资回报。体育营销和沟通行动计划的具体评估办法如下:

- 特别调研小组的调研。
- 年度调查。
- 在线反馈表。
- 积极的媒体报道和评价。
- 网站在线注册情况和电子新闻浏览情况。
- 内部和外部活动的参与人数。
- 是否在预算内交付。

每个关键活动的目标和时间表将由业务发展经理定期监控,业务发展经理直接向合作伙伴经理报告。在每次的管理委员会会议上将会对活动的进展情况进行报告,并按季度通知给其他的合作伙伴。

章 节 回 顾

体育市场营销计划概述了体育组织想要实现的目标、如何实现这些目标,以及是否真正实现了这些目标。它几乎汇集了体育市场营销的所有概念、观点、工具和技术,并将其付诸实践。本章给出了一种体育市场营销计划的撰写框架,但需要强调的是这仅仅只是"一种",并不是每一份计划书都必须采用这种框架,现实中的每一份计划书都应该结合体育组织的具体情况对框架进行灵活运用。

在线自测题

参 考 文 献

[1] 陈林祥. 体育市场营销[M].北京：人民体育出版社，2013.
[2] 符国群. 消费者行为学[M].武汉：武汉大学出版社，2003.
[3] 甘碧群. 市场营销学[M].武汉：武汉大学出版社，1997.
[4] 耿力中. 体育市场[M].北京：人民体育出版社，2002.
[5] 何海明，袁芳. 体育营销——2011十大经典案例[M].北京：企业管理出版社，2012.
[6] 梁晓龙. 当代中国体育若干基本原理问题[M].北京：人民体育出版社，2003.
[7] 刘清早. 体育赛事运作管理[M].北京：人民体育出版社，2006.
[8] 刘勇. 体育市场营销[M].第2版.北京：高等教育出版社，2007.
[9] 卢泰宏. 行销体育[M].成都：四川人民出版社，2003.
[10] 卢元镇. 中国体育社会学评说[M].北京：北京体育大学出版社，2003.
[11] 伞洪光. 体育营销[M].北京：航空工业出版社，2014.
[12] 肖沛雄. 论体育市场和大众传播[J].体育科学，2001(1).
[13] 杨晓生，程邵同. 体育赞助导论[M].北京：高等教育出版社，2004.
[14] 张林. 职业体育俱乐部运营机制[M].北京：人民体育出版社，2001.
[15] 张忠元，向洪. 体育资本[M].北京：中国时代经济出版社，2002.
[16] 张业云.我国体育电视媒体的特征与发展现状研究[D].芜湖：安徽师范大学，2014.
[17] 贺龙吉.北京市大众高尔夫运动参与人群现状研究[D].北京：北京体育大学，2015.
[18] Armstrong G，Kotler P. 2005. Principles of Marketing[M]. London：Prentice Hall.
[19] Beech J，Chadwick S. 2007. The Marketing of Sport[M]. London：FT Prentice Hall Financial Times.
[20] Bennett G，Lachowetz T. 2004. Marketing to Lifestyles：Action Sports and Generation Y[J]. Sport Marketing Quarterly, 13：239-243.
[21] Beverland M，Ewing M. 2005. Slowing the adoption and diffusion process to enhance brand repositioning: The consumer driven repositioning of Dunlop Volley[J]. Business Horizons, 48：385-391.
[22] Black. 1993. The essentials of public relations[M].London：Kogan Page.
[23] Bonoma T. 1984. Making Your Marketing Strategies Work[J].Harvard Business Review, 62(2)：69-76.
[24] Bovee C，Thill J. 1992. Marketing[M]. New York：McGraw-Hill.
[25] Cornwell T B，Weeks C S，Roy D P. 2005. Sponsorship-linked marketing：opening the black box [J]. Journal of Advertising, 34(2)：21.
[26] Croteau D，Hoynes W. 2003. Media Society：Industries，Images and Audiences[M]. Thousand Oaks：Pine Forge Press.
[27] Curran N. 2008. Digital Sports Competition Strategies[M]. London：Inside Business Media.
[28] Cutlip S M，Center A H，Broom G M. 2000. Effective Public Relations[M]. London：Prentice Hall.

[29] DiFonzo N, Bordia P. 2000. How top PR professionals handle hearsay: corporate rumors, their effects, and strategies to manage them[J].Public Relations Review, 26(2): 173-190.

[30] Drummond G, Ensor J. 1999. Strategic Marketing: Planning and Control[M]. Oxford: Butterworth-Heinemann.

[31] Durchholz, Woratschek. 2010. Benefit segmentation of women's soccer spectators regarding FIFA Women's World Cup 2011 in Germany[C]. European Association of Sport Management Conference 2010.

[32] Eagleton J R, McKelvie S J. de Man P. 2007. Extraversion and neuroticism in team sport participants, individual sport participants, and nonparticipants[J].Perpetual and Motor Skills, 105(1): 265-275.

[33] Fahy J, Farrelly F, Quester P. 2004. Competitive advantage through sponsorship: a conceptual model and research propositions[J]. European Journal of Marketing, 38(8): 1013-1030.

[34] Feldt T, Metsäpelto R, Kinnunen U, et al. 2007. Sense of Coherence and Five-Factor Approach to Personality[J].European Psychologist, 12(3): 165-172.

[35] Fullerton S. 2007. Sports Marketing[M]. Boston: McGraw-Hill.

[36] Giulianotti. 2002. Supporters, Followers, Fans, And Flaneurs: A Taxonomy Of Spectator Identities In Football[J]. Journal of Sport & Social Issues, 26(1): 25-46.

[37] Gladden J M, Milne G R, Sutton W A. 1998. A Conceptual Framework for Assessing Brand Equity in Division I College Athletics[J]. Journal of Sport Management, 12(1): 1-19.

[38] Gratton C, Solberg H A. 2007. The economics of sports broadcasting[M]. Abingdon: Routledge.

[39] Gratton C, Taylor P. 2000. The Economics of Sport & Recreation[M]. London: Spon Press.

[40] Grunig J E, Hunt T. 1984. Managing Public Relations[M]. Orlando, FL: Holt, Rinehart & Winston.

[41] Hunt K A, Bristol T, Bashaw R E. 1999. A conceptual approach to classifying sports fans[J]. Journal of Services Marketing, 13(6): 439-452.

[42] Hopwood M K. 2005. Public relations practice in English county cricket[J]. Corporate Communications: An International Journal,10(3): 201-212.

[43] Hopwood M, Skinner J, Kitchin P, et al. 2010. Sport Public Relations and Communication[M]. London: Butterworth-Heinemann.

[44] Janssen I, Katzmarzyk P T, Boyce W F, et al. 2005. Comparison of obesity prevalence in school aged youth in 34 countries and their relationships with physical activity and dietary patterns[J]. Obesity Reviews, 6(2): 123-132.

[45] Kotler P. 1997. Marketing Management: Analysis, Planning, Implementation and Control[M]. Englewood Cliffs, NJ: Prentice-Hall.

[46] Kotler P. 1997. Principles of Marketing[M]. Harlow: Pearson Education.

[47] Kotler P, Keller K, Brady M, et al. 2009. Marketing Management[M]. Harlow: Pearson Education.

[48] Krautman A C, Berri D J. 2007. Can We Find It at the Concessions? Understanding Price Elasticity in Professional Sports[J]. Journal of Sports Economics, 8(2): 183-191.

[49] Lamb C W, Hair J F, McDaniel C. 2009. Essentials of Marketing[M]. Mason, OH: Cengage Learning.

[50] Levitt T. 1960. Marketing Myopia[J]. Harvard Business Review, 38 (4): 59-80.

[51] Martin J H. 1994. Using a Perceptual Map of the Consumer's Sport Schema to help Make Sponsorship Decisions[J]. Sport Marketing Quarterly, 3(3): 27-33.

[52] Masterman, G. 2004. Strategic Sports Event Management: An International Approach[M]. Oxford: Butterworth-Heinemann.

[53] Masterman G. 2007. Sponsorship for a return on investment[M]. London: Butterworth-Heinemann.

[54] McDonald M. 1984. Marketing Plans: How to Prepare Them, How to Write Them[M]. Oxford: Butterworth-Heinemann.

[55] McDonald M. 2007. Marketing Plans: How to Prepare Them, How to Write Them[M]. Oxford: Butterworth-Heinemann.

[56] Milne G R, Sutton W A, McDonald M A. 1996. Niche Analysis: A Strategic Measurement Tool for Managers[J]. Sport Marketing Quarterly, 5(3): 17-22.

[57] Mueller S, Peters M. 2007. The personality of freestyle snowboarders: Implications for product development[J]. Original Scientific Paper, 56(4): 339-354.

[58] Mullin B J, Hardy S, Sutton W A. 2007. Sport Marketing[M]. Champaign, Ill: Human Kinetics.

[59] Parasuraman Zeithaml and Berry, 1988. SERVQUAL: a multiple-item scale for measuring customer perceptions of service quality[J]. Journal of Retailing, 64(1): 12-40.

[60] Pederssen P M, Miloch K S, Laucella P C. 2007. Strategic Sport Communication[M]. Champaign, Ill: Human Kinetics.

[61] Pickton D, Broderick A. 2005. Integrated Marketing Communications[M]. London: Financial Times Prentice Hall.

[62] Porter M E. 1984. Competitive Strategic Management[M]. Upper Saddle River, NJ: Prentice Hall.

[63] Rogers E M. 1962. Diffusion of innovations[M]. New York: Free Press.

[64] Seital P. 2001. The practice of public relations[M]. Upper Saddle River, NJ: Prentice Hall.

[65] Shank M, Lyberger M. 2014. Sports Marketing: A Strategic Perspective[M]. London: Routledge.

[66] Smith A C T. 2008. Introduction to Sport Marketing[M]. Oxford: Butterworth-Heinemann.

[67] Spicer C. 1997. Organizational public relations: a political perspective[M]. Mahwah, NJ: Lawrence Erlbaum Associates, Inc.

[68] Sports Business Group. 2007. Sponsorship Works: Brand Marketer's Casebook[M]. London: Sport Business Group.

[69] Stuart J. 2008. "Compelling Insights' & Encapsulating Change", Digital Sports Competition Strategies[M]. London: Inside Business Media.

[70] Tapp A, Clowes J. 2002. From "carefree casuals" to "professional wanderers" Segmentation possibilities for football Supporters[J]. European Journal of Marketing, 36(11/12): 1248-1269.

［71］ Taylor Report .1990. The Hillsborough Stadium Disaster Final Report[M]. London：HMSO.

［72］ Verity J. 2002. Maximising the marketing potential of sponsorship for global brands[J]. European Business Journal，14(4).

［73］ Wells W D，Tigert D J. 1971. Activities，interests and opinions［J］. Journal of Advertising Research，11(4)：27-35.

［74］ Wann D L. 1995. Preliminary Validation of the Sport Fan Motivation Scale[J]. Journal of Sport and Social Issues，19(4)：377-396.

［75］ Wann D L，Grieve F G，Zapalac，R. K，et al. 2008. Motivational Profiles of Sport Fans of Different Sports[J]. Sport Marketing Quarterly，17：6-19.

［76］ Young D. 1995. Looking at your company's fragile reputation[J]. Public Relations Quarterly，40(4)：7-14.

教师服务

感谢您选用清华大学出版社的教材！为了更好地服务教学，我们为授课教师提供本书的教学辅助资源，以及本学科重点教材信息。请您扫码获取。

▶▶ 教辅获取

本书教辅资源，授课教师扫码获取

▶▶ 样书赠送

市场营销类重点教材，教师扫码获取样书

 清华大学出版社

E-mail: tupfuwu@163.com
电话：010-83470332 / 83470142
地址：北京市海淀区双清路学研大厦 B 座 509

网址：http://www.tup.com.cn/
传真：8610-83470107
邮编：100084